本书得到陕西理工大学中国语言文学省级重点学科资助

钱穆与心性之学

Qian Mu and
the Theory of Xin-Xing

石力波 著

你是中国人，不要忘记了中国！
——钱穆

中国社会科学出版社

图书在版编目（CIP）数据

钱穆与心性之学/石力波著．—北京：中国社会科学出版社 2024.3

ISBN 978-7-5227-3372-2

Ⅰ.①钱…　Ⅱ.①石…　Ⅲ.①钱穆(1895-1990)—性格—哲学思想—研究　Ⅳ.①B848.6

中国国家版本馆 CIP 数据核字(2024)第 065972 号

出 版 人	赵剑英
责任编辑	宋燕鹏
责任校对	李　硕
责任印制	李寡寡

出　　版	中国社会科学出版社
社　　址	北京鼓楼西大街甲 158 号
邮　　编	100720
网　　址	http://www.csspw.cn
发 行 部	010-84083685
门 市 部	010-84029450
经　　销	新华书店及其他书店
印　　刷	北京明恒达印务有限公司
装　　订	廊坊市广阳区广增装订厂
版　　次	2024 年 3 月第 1 版
印　　次	2024 年 3 月第 1 次印刷
开　　本	710×1000　1/16
印　　张	19
字　　数	268 千字
定　　价	108.00 元

凡购买中国社会科学出版社图书，如有质量问题请与本社营销中心联系调换
电话：010-84083683
版权所有　侵权必究

目 录

导 论 ……………………………………………………………（ 1 ）

第一章 钱穆心性思想的学术分期 …………………………（ 39 ）
  第一节 狭义心性之学时期（"西化心学"时期）………（ 40 ）
  第二节 广义心性之学时期（"文化心学"时期）………（ 50 ）

第二章 钱穆对中国传统心性之学的重要阐释 ……………（ 64 ）
  第一节 四部之学即心性之学 ……………………………（ 66 ）
  第二节 儒家心性之学概述 ………………………………（ 87 ）
  第三节 中西对比中的中国心性之学 ……………………（107）

第三章 钱穆的"历史心与文化心" ………………………（117）
  第一节 "历史心与文化心"的析出过程 ………………（117）
  第二节 "历史心与文化心"的思想内涵 ………………（129）
  第三节 "历史心与文化心"的理论特征 ………………（141）

第四章 钱穆的"情""欲"之辨 …………………………（157）
  第一节 钱穆眼中的中国"重情"传统 …………………（159）
  第二节 在"情""欲"对举中凸显"情"的价值 ………（168）
  第三节 "情"在钱穆心性之学中具有核心地位的缘由 …（185）

第五章 钱穆心性之学体现的学术风格 ……………………（194）
  第一节 "尚通学为通人"的会通之学 ……………………（194）
  第二节 "一天人，合内外"的万物一体思维 ……………（209）
  第三节 "摄知归仁"的客观经验论 ………………………（229）

第六章 钱穆心性之学与现时代 …………………………………（243）
  第一节 心性之学之于现时代的价值 ………………………（246）
  第二节 钱穆心性之学之于现时代的价值 …………………（258）

参考文献 ……………………………………………………………（277）

后　记 ………………………………………………………………（299）

导　论

　　心性之学，又称为心性学、心性思想、心性论、心性哲学等，有时也简称为"心学"，是关于心性的思想、学说及相关理论。心性之学是一门集中探讨人之所以为人、人如何为人、人成为什么样的人的学问，所要回答的是生命成德的依据、方法、标准及样态问题。因此，这一研究不仅涉及"心"与"性"的问题，还涉及天与人、理与气、理与性、性与情、情与欲等很多相关问题。不仅如此，心性之学还关涉本体论、宇宙论、认识论、修养论、境界论的内容。可以说，只要与"人"相关的方面，在中国思想史的语境下，都不能离开对心性问题的探讨。蒙培元作出以下阐述。

　　　　中国心性论，既是本体论，又是价值论；同时还包含许多认识论和心理学问题。它以探究人的本质、本性、使命、价值、理想和人生终极意义为根本的内容，以揭示主体精神、主体意识为特征的存在认知、本体认知为基本方法。一句话，它所讨论的是关于人的存在和价值的问题。①

　　因此，理解心性之学，是理解中国传统学术思想的关键。在一定意义上，我们也可以说，心性之学在中国传统思想文化中居于核

---

① 蒙培元：《中国心性论》，（台北）学生书局1990年版，"绪论"第1页。

心地位。唐君毅、牟宗三、徐复观、张君劢四先生在《为中国文化敬告世界人士宣言》①中指出，儒家心性之学就是中国学术思想的本源和核心。

为方便后文论述的展开，我们先梳理一下中国传统心性之学的大致情况。

一 中国传统心性之学概述

心性之学早在先秦时期就已出现。中国传统心性之学具体涵盖以下几个方面：首先是心性本然问题，即心性是什么及心性本源的问题；其次心性指向问题，即心性的特点、作用、价值等问题；最后是心性修养问题，也就是传统的功夫论及境界论问题。在对心性之学进行研究的过程中会牵涉很多的概念、范畴，如果对一些居于核心、枢纽地位的概念、范畴不甚明了，那么将直接影响后文论述的展开。因此，笔者在此拈出"心""性""情""欲"四个概念，拟对其进行大致的分析。

（一）核心概念

1. 心

在中国传统语境下，"心"不仅是人体器官，还具有认知作用、道德属性，甚至有时还被视为宇宙间万有的本体。人的生理、心理、伦理等属性可以互不相妨地统一于"心"上，这是中华文化的一个特色。

上古时候，中国境内的原住民认为人身上最宝贵的东西是心脏，所以在进行天神祭祀时，往往将人心用双手捧着献给天神，捧心的双手合在一起就构成了"心"字的外部轮廓，这是关于"心"字来

---

① 该文全名为《为中国文化敬告世界人士宣言——我们对中国学术研究及中国文化与世界文化前途之共同认识》，参见李瑞全、杨祖汉编《中国文化与世界——中国文化宣言五十周年纪念论文集》，（台北）"中央"大学儒学研究中心2009年版，第583—625页。

源的一种解释。还有一种解释,就是"心"字在状人或动物心脏之形。在甲骨文中,"心"就是象形文字"〇";在金文中,"心"字多了中央一点,写作"〇",可看作心脏中流淌着血液;在小篆里,"心"字多了一条向右撇的曲线,写作"〇",可看作心脏连带着血管;从楷书开始,通用的"心"字就出现了。

在中国思想史上,孔子、老子都曾谈到"心",但都没有展开论述。一般认为,最早从哲学角度探讨"心"的是儒家的孟子。孟子首先以"心"为思维器官,认为"心之官则思"(《孟子·告子上》);其次,孟子还认为"心"具有认知作用,他说,"人有鸡犬放,则知求之;有放心,而不知求。学问之道无他,求其放心而已矣"(《孟子·告子上》);最后,在孟子那里,"心"还具有道德本性,主张"仁义礼智根于心"(《孟子·尽心》),其著名的"四心"说就是明证。

孟子以后,"心"的内涵越来越丰富。韦政通在《中国哲学辞典》中作了总结。

> 心在孟子以后,就一直是哲学上最重要的观念之一,它在不同的时代,伴随着不同的重要观念,不断扩大其内涵:在邵雍,心与太极结而为一;在朱熹,与理结而为一;在王阳明,又与良知结而为一;到刘宗周、王船山,心与物又合而为一。[①]

确实如此。在先秦时期杂家著作《管子》中也有大量论及"心"的文字,集中体现在《心术上》《心术下》《内业》等各篇中。《管子》论"心",侧重从心与感官的关系角度突出"心"的主导作用,如"我心治,官乃治;我心安,官乃安。治之者心也,安之者心也"(《管子·内业》)。不仅如此,在《管子》中也有对"心"的认识作

---

① 韦政通:《中国哲学辞典》,王冰校勘,吉林出版集团有限责任公司2009年版,第192页。

用的强调，如"心以藏心，心之中又有心焉"（《管子·内业》）。

先秦时期，对"心"的阐发最为细致、完备的是儒家的荀子。在荀子看来，"心"具有多方面的作用。首先，心能统领五官、认识外物，谓之"天君"；其次，内在之"心"能主导外在之"形"，"人何以知道？曰心……心者形之君也，而神明之主也，出令而无所受令"（《荀子·解蔽》）；最后，"心"还具有掌控情欲、主导行为的作用，"……欲过之而动不及，心止之也。心之所可中理，则欲虽多，奚伤于治？欲不及而动过之，心使之也。心之所可失理，则欲虽寡，奚止于乱？故治乱在于心之所可，亡于情之所欲"（《荀子·正名》。荀子论"心"还有一个与宋明理学共同关注之点，就是将"心"分为"人心"和"道心"。最早论及"心"有"人心"与"道心"之分的，是古佚书《道经》，古文《尚书·大禹谟》中也有记载。《荀子·解蔽》中说："故《道经》曰，'人心之危，道心之微。'危微之几，唯明君子而后能知之。"可惜荀子没有对此展开论述，即便如此，也没有影响"人心""道心"之分对宋明理学心性论产生的巨大影响。

随着思想不断向纵深方向发展，到了秦汉之际，"心"的内涵已经开始有了形而上的趋向，如《礼记·大学疏》中的一句"总包万虑谓之心"，明显表述方式更加抽象化。但是，从整体来说，汉代受道家自然主义天道观的影响，对"心"的理解主要还是基于自然层面，"心"经常被理解为具有知觉或感情作用的人身之主宰，如西汉董仲舒说，"凡气从心；心，气之君也"（《春秋繁露·循天之道》），"身以心为本"（《春秋繁露·通国身》）。东汉许慎在编著的《说文解字》中也仅从五行角度解释"心"："人心，土藏，在身之中。象形。博士说以为火藏。凡心之属皆从心。息林切。"可以说，以"心"为本体，从高度抽象意义认识"心"的思想，在佛教传入之前还没有出现。对此，张岱年做了以下阐述。

先秦两汉，并无以心为世界本原的观点。佛教传入，"唯心"思想逐渐流传。南北朝时,宋人宗炳著《明佛论》,宣扬"心作万有、诸法皆空"(《弘明集》卷二)。梁武帝萧衍著《立神明成佛义记》,宣称:"夫心为用本,本一而用殊,殊用自有兴废,一本之性不移……故知生灭迁变酬于往因,善恶交谢生乎现境,而心为其本,未曾异矣。以其用本不断,故成佛之理皎然;随境迁谢,故生死可尽明矣。"(同书卷九)以心为世界的本体,主要是陈述佛家的教义。①

到了隋唐时期,受佛教以"心"为一切精神现象总称观念的影响,人们对"心"的理解(除某些特殊含义外)基本上都泛指一切精神现象。"心"的本体化倾向更加明显,如"三界唯心""一心三观"等,在这种语境下阐发的"心"与"识""意"等概念,其基本意义相通。唐代的宗密在《禅源诸诠集都序》中概括佛教的"心"大致有四种类型。

> 泛言心者,略有四种,梵语各别,翻译亦殊。一、纥利陀耶,此云肉团心。此是身中五藏心也。二、缘虑心,此是八识,俱能缘虑自分境故。此八各有心所、善恶之殊。诸经之中,目睹心所,总名心也,谓善心、恶心等。三、质多耶,此云集起心,唯第八识,积集种子生起现行故。四、乾果陀耶,此云坚实心,亦云贞实心。此是真心也。②

"肉团心"即肉体之心,"缘虑心"即认知心,"集起心"特指第八识阿赖耶识,"贞实心"即"真心",指心所具有的常恒不变的清净性质,是众生的形上本体。

---

① 张岱年:《中国古典哲学概念范畴要论》,载《张岱年全集》(增订版),中华书局2017年版,第188页。
② (唐)宗密:《禅源诸诠集都序》(卷一),载石峻等编《中国佛教思想资料选编》第2卷第2册,中华书局2014年版,第429页。

这样，"心"的含义就可以简明地归纳为两种：一是作为主体的"心"，二是作为本体的"心"。前者可称之为心用，后者可称之为心体。①

佛教的"心"虽然内涵丰富，理论深邃，但本质上仍然是超越世俗、舍弃伦常的真如本性、法性等，无法广泛适用于宗法社会，而且会对现实社会的纲常伦理造成冲击，对儒家偏于形而下的心性思想提出理论挑战。儒家要想对抗佛教，必须在心性论层面进一步发展。唐代中期的学者如韩愈、李翱等虽然在对抗佛教心性论方面进行了一定程度的努力，但他们只是拉开了儒家心性之学本体化的序幕，并未担负起这一时代赋予的理论重任。真正构筑起儒家心性之学本体化、系统化大厦的，是宋明理学诸儒。正如韦政通指出："心在宇宙论的意义，在孟子郁而未发，要等到宋明时代，才有重要的发展。"② 宋明理学中有像数学、理学、气学、心学等多个流派，但无论哪个流派，都立足于孔孟，广泛吸纳道、释等各家思想，对"心"进行了独特的阐发。

象数一派以邵雍为代表。邵雍的学术根基在易学，其易学的根本是先天八卦图。先天八卦图的特点是强化太极意识，重视阴阳观念。因此，在邵雍的心性思想体系中，"心"与"太极"具有同等重要的地位。邵雍还以"心"为宇宙的本体，称"心为太极"（《观物外篇》），认为"物莫大于天地，天地生于太极，太、极即是吾心，太极所生之万化万事，即吾心之万化万事也"（《渔樵问答》）。邵氏家学崇儒重道，体现在邵雍的心性思想之中，也明显具有了儒道兼综的特点。

气学一派的张载也重视易学，《宋史》称他是"以《易》为宗，

---

① 杨维中：《论中国佛教的"心"、"性"概念与"心性问题"》，《宗教学研究》2002年第1期。
② 韦政通：《中国哲学辞典》，王冰校勘，吉林出版集团有限责任公司2009年版，第192页。

以《中庸》为体,以孔孟为法,黜怪妄,辨鬼神"(《宋史》卷四百二十七《道学传》)。但是,与邵雍偏于道家思想相比,张载学术思想中的儒家伦理纲常意识非常浓厚,其心性论思想也以孟子心性论为主要生发点。张载心性论思想的突出贡献体现在对"性"的二分上,他以天地之性(或义理之性)与气质之性的划分,独辟蹊径地解决了人性善恶来源的问题,并对后世产生了深远影响。他对"心"的认识也很独特,认为知觉属心的一部分,"合性与知觉,有心之名"(《正蒙·太和》),并认为"心统性情是也"(《张载集·语录》),这一观念对朱熹的心性思想构成了重要影响。

程朱一派对"心"的理解有一个逐渐深化、逐步推进的过程。在二程那里,更注重"心"与"性""情"等概念的统一,"在天为命,在义为理,在人为性,主于身为心,其实一也"(《二程遗书》卷十八)。朱熹对"心"的解读主要体现在两个方面。一是从作用或功能角度言"心",认为"心"即知觉,为身之主宰。朱熹说,"心者,人之知觉,主于身而应事物者也"(《朱文公文集》卷六十五《大禹谟传》)。二是从本质角度言"心",认为心是伦理本性(即"理")与道德感情的统一体,可以说朱熹的这一观点导源于气学一系的张载。他说,"心统性情者也,寂然不动,而仁义礼智之理具焉,动处便是情"(《朱子语类》九八)。朱熹还将心、性、情作了明确区分,认为"灵处只是心,不是性。性只是理"(《朱子语类》九八),认为心是统一于性和情的,"性是未动,情是已动,心包得已动未动。盖心之未动则为性,已动则为情,所谓心统性情也"(《朱子语类》卷五)。朱熹的心性论思想是中国心性论史上的一个高峰,以后的思想家无论是否赞成朱熹的观点,在立论时都无法漠视朱熹的思想与结论。

陆王一派是中国思想史上唯一以"心学"命名的儒家学派,可见"心"在其思想体系中的核心地位。陆王一派也承认心的知觉作用,如陆九渊说"人心至灵"(《象山先生全集》卷二十二《杂说》),王守仁说"知觉处便是心"(《传习录下》),但陆王更强调心的伦理道德本性，认为"心即理"，心是人的本质所在，如陆九渊说，"四端者，即此心也。天之所以与我者，即此心也。人皆有是心，心皆具是理，心即理也"（《象山先生全集》卷十一《与李宰书》）；王守仁也说，"心即性，性即理"（《传习录》三六）。他们还将心与情、心之知觉作用和伦理本性看作同一的，如陆九渊说，"情、性、心、才，都只是一般物事，言偶不同耳"（《象山先生全集》卷三十五《语录下》），王守仁说，"夫心之本体，即天理也；天理之昭明灵觉，所谓良知也"（《阳明全书》卷五《答舒国用》）。这些思想，都围绕着陆王学派的核心命题——"心即理"展开。明末刘宗周受陆王心学的影响，认为"心在天地万物之外，非一膜之能围。通天地万物为一心，更无中外可言。体天地万物为一本，更无本心可觅"（《刘子全书·语录》，把心发展为通于天地万物的精神本体。

"心学"在王守仁去世之后逐渐走向分裂，以泰州心学和浙中心学影响最大，"心学"也向普及化和玄虚化两个极端发展，不再如阳明心学般知行并重、知行合一，阳明后学使心学发扬光大的同时也把心学引向了末路。正因如此，清初的很多学者对"心学"产生较大的不满，在解读"心"的概念时，都想越出理学家的范围，从更加本来的意义上理解"心"，认为有血肉之躯而后方有心，有五官之感觉而后方有心知。如明清之际的王夫之认为心是思维器官，有认识作用，知觉是心的特殊功能，"一人之身，居要者心也，而心神明，散寄于五脏，待感于五官……一官失用，而心之灵已废矣"（《尚书引义》卷六）；作为王门后学的黄宗羲也力图修正王学末流玄虚化弊端，将实体性的"气"引入对"心"的探讨，提出"心即气"的论点，认为"盈天地之间皆气"（《明儒学案·蕺山学案》），又说"盈天地皆心也"（《明儒学案·序》），认为宇宙的本质即气即心。这种将"心""实体化"的倾向，在顾炎武那里体现得更加明显。他用气禀来解释精神，"气之盛者为神。神者，天地之气而人之心也"（《日知录·游魂为变》）。这种对"心"的解读，在清初的戴震直接表述为,"有血气,夫然后有心知"(《原善中》)。

近代以来,对"心"范畴的研究更加深入,龚自珍提出"自尊其心"的命题,谭嗣同为了"冲决罗网",为维新变法作张本,特别强调"心力"的作用。

2. 性

中国思想史上有关"性"的学说十分丰富。整体来看,在中国思想文化的背景下,关于"性"的探讨就是关于人性的探讨;而关于人性的探讨又集中体现为"人性善"还是"人性恶"的探讨,其中虽不乏自然人性论,但居于主流的还是德性人性论。思想家们通过对性与命、性与心、性与习诸多范畴之间关系的探讨,直接或间接地回答了善与恶的来源、为善去恶的途径或手段问题,为与之相关的政治思想、教育思想等提供了理论前提。

"性"的概念早在商周时期就已出现,但甲骨文中有"生"字无"性"字。甲骨文中的"生"字写成"￬",如初生之苗。现今所知最早的"性"字为金文,也写成"￬"。《康熙字典》中这样解释"性":"息正切,音姓。《中庸》天命之谓性。《注》性是赋命自然。《孝经·说曰》性者,生之质也。若木性则仁,金性则义,火性则礼,水性则知,土性则信。又《通论》性者,生也。《周礼·地官·大司徒》以土会之法,辨五地之物生。杜子春读生为性。《贾疏》性亦训生,义既不殊,故后郑不破之也。又《貉隶注》不生乳。刘音色敬切。又无为而安行,曰性之。《孟子》尧舜性之也。又姓。又[集韵]新佞切,音胜。心悸也。《淳曰》性字从生从心,是人生来具是理于心方名曰性。考证:(《周礼·地官·大司徒》以士会之法,辨五地之物生。杜子春读生为性。《释文》性亦训生。)谨照周礼原本释文改贾疏。"《康熙字典》基本把"性"与"生"的关系解说清楚。

如上文所说,"性"最初即为"生",是生而具有之质。后来因为人们是集中在"心"上认识"性",所以创制出心字旁的"性",

这既是从字源学意义上认识"性"也是使"性"与"心"相联系的开始。但是,无论如何不能否认,远古先民对万事万物都很敬畏,所以对于比"心"更加抽象的"性"字更加抱有宗教情怀,这种情形从"性"出现之日就已存在。丁四新进行了具体阐述。

> "性"概念是在天命论和宇宙生成论的双重思想背景下产生出来的,它联系着"天命"和"生命体"的双方。①

这种情形到宋明理学时期开始有明显改变,尤其是程朱理学认为"性"是天所赋予人之"理",使得中国思想史语境下"性"的人文色彩越来越浓厚。正因如此,张岱年在《中国哲学大辞典》中认为"性"字在中国哲学史上一般指人性,当然偶尔也有从"天性""物性"等角度解释"性",但不是主流。②

通常认为,春秋时期的孔子最早开始探讨"性"。自从他提出"性相近也,习相远也"(《论语·阳货》)的命题之后,关于性来自哪里、有什么特点与内容、人性与物性有何区别等问题,各家各派,就开始纷纷表达自己的见解。

在"性"的善恶问题上,最早的看法来自战国初期的世硕。他"以为人性有善有恶"(王充《论衡·率性》)。之后,关于"性"最具影响力的争论当属孟子与告子的人性、物性之辩。告子曾旗帜鲜明地提出"生之谓性"(《孟子·告子上》)的命题,认为"食色,性也"(《孟子·告子上》),"性无恶无不善"(《孟子·告子上》),无关乎道德;孟子却认为,"性"就是体现人与禽兽根本不同的地方,即"人之所以异于禽兽者"(《孟子·离娄下》),人高于动物的属性才是人性,认为性是生而具有的"不可学,不可事"的方面,

---

① 丁四新:《作为中国哲学关键词的"性"概念的生成及其早期论域的开展》,《中央民族大学学报》2021年第3期。
② 参见张岱年《中国哲学大辞典》(修订本),上海辞书出版社2014年版,第26—27页。

食、色之欲的自然本能不能谓之人性，"性"应是"人之所以异于禽兽"的本质属性。沿着孟子的这一思路发展，就演变出性善论。需要说明的是，性善论不等于性纯善论，孟子认为的性善只是说人有善端，从善端到至善还要下很多的功夫。

孟子与告子的人性、物性之辩以后，儒家一般都将道德之性（善性）视为人的本质。这一思想到了《中庸》那里，就直接理解为"性"只是天所命，所谓"天命之谓性"（《礼记·中庸》），人还要率性而为，按照"道"的原则去修养完善自身，"率性之谓道，修道之谓教"（《礼记·中庸》）。这之后，人性善虽然成了中国传统社会的主流认识，但为了更合理地解释人性中为什么也有"恶"存在的问题，孟子之后的思想家纷纷从不同方面着眼去试图解决问题，比如性三品说、性情三品说、性善情恶说等。西汉"仲舒览贤孙（荀）孟之书，作情性之说"（《论衡·本性》），认为"天两有阴阳之施，身亦两有贪、仁之性"（《春秋繁露·深察名号》），并把"性"分为已善、有"善质"、无"善质"三等。到了唐代，韩愈正式提出"性三品"说；李翱则主张"性善情恶"。到了宋明时期，理学家们从"理""气"关系的角度论性，提出人性的"天命之性"和"气质之性"的二分，认为前者即"天理"所赋，"无不善"；后者为气禀所成，"有善与不善"，是恶的根源，这就从气禀的角度解释了人性本然至善但现实中却存在"恶"的问题。

"气禀"说在汉代已经萌芽，东汉王充即提出人性善恶纯系由"气禀"决定的观点，认为"禀气有厚泊，故性有善恶也"（《论衡·率性》）。北宋"二程"继承了"气禀"的说法，并进一步发挥，说"天之付与之谓命，禀之在我之谓性"（《遗书》卷六），程颐又说，"在天为命，在人为性"（《遗书》卷十八），认为性即天之禀命，故称性为"天命之性"。而张载更是综合各家学说，直接将"性"进行了二分式处理，提出了天地之性与气质之性的不同，来解释理想人性与现实人性存在出入的问题，"形而后有气质之性，善反之，则天地之性存焉。故气质之性，君子有弗性者焉"（《正蒙·诚明》)。这一说法受到了朱熹的极力推崇，但也遭到了一些学者的抨击。明代王守仁则从"心"一元论出发，认为"心之体，性也，性即理也"（《答顾东桥书》），又说"性一而已""无不善"，是"吾心之良知"，既是"天理"，又是"天理之昭明灵觉处"。

　　明清之际的王夫之继承并发展了张载的人性论，合"理"与"欲"言性，指出"盖性者，生之理也……故仁义礼智之理，下愚所不能灭。而声色臭味之欲，上智所不能废。俱可谓之为性"（《张子正蒙注·诚明篇》），进而提出"习成而性与成"的命题。在肯定人有"初命"之性即"先天之性"的同时，又强调有"后天之性"，认为"先天之性天成之，后天之性习成之也"（《读四书大全说》卷八），并且认为"后天之性"是"因乎习之所贯"而"自取自用"造成的。颜元更以"气质"一元否定分性为"天命之性"和"气质之性"，指出"形性不二"，认为"气质正性命之作用，而不可谓有恶，其所谓恶者，乃由'引蔽习染'四字为之祟也"（《存学编》卷一）。之后，戴震又有"血气心知，性之实体"（《孟子字义疏证》中）之说，在他看来，"血气"是指感官及其感性功能，"心知"是指思维器官及其理性功能，"人生而后有欲，有情，有知。三者，血气心知之自然也"（《孟子字义疏证》下）。"有血气，则有心知；有心知，则学以进于神明，一本然也"（《孟子字义疏证》下）。需要说明的是，戴震所谓的"性善"，特指"心能辨夫礼义"，察乎事物而不谬的机能，并不是善端或纯善的本性，戴震还据此否定"宋儒以理与气质为二本"的观点。

　　以上是关于人性善的相关探讨，接下来就是关于人性恶的探讨。

　　与告子"生之谓性"的思路相类似的还有一系列学说。例如，自然人性论、性朴说、性善恶相混说，有的甚至极端化发展，演变成性恶论。中国思想史上道家、法家还有部分儒家学者都持有类似的关于人性的看法。《庄子·马蹄》认为性本"素朴""自然""无知无欲""无善无恶"；"同乎无知，其德不离；同乎无欲，是谓素朴。素朴而民性得矣"（《庄子·马蹄》）。荀子认为，"生之所以然者谓之性"(《荀子·正名》)。商鞅、韩非等法家代表都认为人天生"好利""自为"(利己)。西汉扬雄认为"人之性也,善恶混"(《法言·修身》)。三国魏王弼称"万物以自然为性",人也以"自然"为性,"虚静"朴实,"无善无恶"。明末李贽则认为人性本有"私心",明清之际的黄宗羲也认为"人各自私""自利"。到了近代,很多资产阶级思想家也肯定自然人性。

除了中国本土思想对人性有深入的探讨外,虽属于外来思想但后来被中国化的佛教,也有很多关于人性的精深见解。佛教的人性论主要体现在"佛性"说上,即从成佛的原因("佛因")和可能性角度阐发人性。东晋竺道生认为,从心与理两方面言之,"佛性"既内在于众生本性,即"佛性即我""本有佛性,即是慈念众生也"(《大般涅槃集解·如来性品》,《大正藏》卷三十七);又以"理"即佛教真理为佛性,"从性故成佛果,理为佛因也""成佛得大涅槃,是佛性也"(同上),并首先提出包括一阐提人在内的"众生皆有佛性"的观点。《瑜伽师地论》中说:"云何性?谓诸法体相。若自相,若共相,若假立相,若因相,若果相等。"佛教中又有"法性"一语,意为"诸法实相",也就是诸法的最本质属性即"空性"。在此所言的"性"的两种含义,前者与"心"相联系构成"心相"或"心用";后者在中国佛教心性论中略同于"理体"。

以上大致梳理了中国思想史上关于"性"的看法,因为"性"和"心"不可分离,不能离开"心"来认识"性",所以在阐发"性"的含义的时候,在中国思想史的语境下,都要依托"心"来认识"性"。韦政通在《中国哲学辞典》中,总结了心与性关系的几种情形:心与性一;心属内在,性属超越;性无形而心有形;心性虽不同,但不相离。[①] 事实上,这也只是就一般情况而言,关于"心""性"关系的理解,在任何一个思想家那里都没有这样明晰,

---

① 韦政通:《中国哲学辞典》,王冰校勘,吉林出版集团有限责任公司2009年版,第198页。

这一点在孟子那里就有鲜明的体现。虽然孟子基本上持心与性一的立场，但他主张从"心"来认识"性"，因为相比于"心"，"性"是更加抽象、不好把握与言说的。《孟子·尽心上》说，"尽其心者，知其性也，知其性则知天矣"，认为只有立足于具体之"心"，才能认识抽象之"性"与"天"。而在荀子那里，"心"是"形之君"，能够主宰身体，节制"性"，从而改变人的本性。程朱理学认为理出于天，理赋予人为性，性就是人心所具之理。"程子（颐）曰：'心也，性也，天也，一理也。自理而言谓之天，自禀受而言谓之性。'"（朱熹《孟子·尽心上》集注）以天理统心性，排除人欲于人性之外。王守仁也认为心、性、理是一回事，《传习录上》说："心之本体，原自不动。心之本体即是性，性即是理。"戴震反对理学家心性即是理的说法，认为仁义之心为"性之德"，耳目百体之所欲为"性之欲"。"性之欲"，源于天地造化，在天为天道，在人为人道，以论证人欲不可去。

虽然儒学内部关于"心""性"关系有着不同的理解，基本上可以分为以心为主还是以性为主两大类，但整体上都倾向于强调二者的统一。佛教各宗都盛谈心性，但佛教中关于"心性"的理解与儒家有同有异。相同之处在于，有时佛教（主要是禅宗）认为心即是性，如《黄蘗传心法要》上说，"心性不异，即心即性"，倡明心见性，顿悟成佛；相异之处在于，佛教所言之"心性"，经常指不变的心体，即所谓"自性清净心"，如《圆觉经》上说，"以净觉心，知觉心性"，《起信论义记》上说："所谓心性，不生不灭。"

3. 情

"情"也是中国心性之学中的一个重要范畴，而且是与"心""性"密切相关的一个范畴。

从字源学来看，迄今未发现甲骨文中有"情"字，但有"青"字。"青"（"𠂔"）字由两上下部分组成，上半部像从土地中长出来的小苗，下半部分像发出小苗的土壤及根部。金文中的"青"

("𭄲")字上半部分的植物形状更加突出,生命之意明显,与现在的字形已经很像。再之后,"青"字的字形就与现在通行字形一样了。从"青"字的字形变化可以看出,"青"最初即有生命之意。

大篆中出现了"情"字,字形就是心字旁加上"青"字,之后再无改变。所以,理解"情"字的最初含义,还是要从"青"字入手。《说文解字》中这样解释"青"字:"青,东方色也。木生火,从生、丹。丹,丹青之信,言象然。"可见"情"的字源"青""生"都与自然、真实有关,"情"一开始就是指"信实""情实"。

最早谈到"情"字的文献可能是《尚书·康诰》,其中这样写道:"天畏棐忱,民情大可见,小人难保。"这里的"情",应理解为"情实",还不具备情感义。在先秦时期,"情"字出现的频率还不高。

孔子之前或孔子在世的年代,"情"字的运用频率是非常低的,《易经》《春秋》和《老子》诸籍均无此字,《诗经》仅一见,《论语》也不过出现两次。[①]

《说文解字》解释"情":"人之阴气有欲者。从心青声。疾盈切。"清代段玉裁《说文解字注》解释说:"人之阴气有欲者。董仲舒曰。情者,人之欲也。人欲之谓情。情非制度不节。礼记曰:何谓人情?喜怒哀惧爱恶欲。七者不学而能。左传曰:民有好恶喜怒哀乐。生于六气。孝经援神契曰。性生于阳以理执。情生于阴以系念。从心。青声。疾盈切。十一部。"《说文解字》中将"情"视为"阴气",以"欲"言"情";段玉裁则径直将"情"与"欲"对提,甚至称"人欲"为"情",但没有将"情"与"性"的关系作进一步的讨论。《康熙字典》释"情"时,就突出了"情"与"性"的关系:"性之动也。"《诗序》中则突出了"情"与"物"的关系:"六情静于中,百物荡于外。"《辞海》中解释"情"字有六种含义:

---

① 胡家祥:《"情"的字义转化》,《通化师范学院学报》2004年第1期。

感情；情况，即实情；情面，即私情；爱情；情趣；情态。韦政通《中国哲学辞典》中关于"情"有以下解读：有情与无情；情绪；恶情；善情；情与性；情与心；泛情说。

以上的解释，还是依托于中国历代思想家们对于"情"的解读。具体关于"情"字的含义及其演变情况，学界有已经有了相当多的研究。通常认为，"情"字最初出现的时候，不具备感情义，先秦时期的文献中出现的"情"主要指本性、真实、确实、信实等。那时经常使用"心""意""志""气"等概念来表示"感情"意义。孔子喜欢用"仁"来说明人的情感，并且孔子对于人的正当、合理的感情一直都进行正面的、积极的阐发与弘扬，认为"唯仁者，能好人，能恶人"（《论语·里仁》）。同时，孔子也反对忧、戚、惧、迁怒等负面的情绪或情感。与孔子由近及远、有差等的仁爱不同，墨子推崇一视同仁、无差等的兼爱。兼爱的主张必然要克服个人的情绪，使情感达到至大至公的状态，"必去喜、去怒、去乐、去悲、去爱、去恶"（《墨子·贵义》）。道家与主张基于情感去思考解决社会问题之道的儒、墨两家不同，道家认为情感是个性化的，会使人背离自然之道，于是庄子主张消弭一切情感，做到"有人之形，无人之情"（《庄子·德充符》）。

最早以"情"指代感情的是《列子》、郭店楚简和《庄子》等文献。①《列子·黄帝》中有"五情"之说："黄帝即位十有五年……昏然五情爽惑。"严北溟等注"五情"为"喜、怒、哀、乐、怨，亦泛指人的情感"。《左传·昭公二十五年》中有"民有好、恶、喜、怒、哀、乐，生于六气"的提法。《荀子·正名》中则正式提出"六情"说："性之好、恶、喜、怒、哀、乐谓之情。"《礼记·礼运》篇则明确提出"七情"说："何谓人情？喜、怒、哀、惧、爱、恶、欲，七者弗学而能。"郭店楚简《性自命出》篇中明言

---

① 参见曹晓虎《"情"字考——先秦文献断代的重要依据》，《中国社会科学报》2019年5月7日。

"情生于性",这是性、情分离的较早说法。《性自命出》中还说:"凡至乐必悲,哭亦悲,皆至其情也。""用情之至者,哀乐为甚。"用"悲""乐""哀"等情感来解读"情",从中不难看出这一时期"情"的含义中感情义已经越来越多。

最早对"情"进行学术解释的是荀子。《荀子·正名》中有这样的话:"情者,性之质也。"认为情是人性的特质与表现。荀子不仅对情作了明确界定,而且主张对感情要疏导、节制、调整,即"矫饰人之情性而正之""扰化人之情性而导人"(《荀子·性恶》),使之"怒不过夺,喜不过予"(《荀子·修身》)。

荀子对"情"的见解直接影响了汉代学者。西汉董仲舒以情为恶,主张"辍其情以应天"(《春秋繁露·深察名号》)。三国魏王弼综合儒道对于情之说,主张以性统情,谓"然则圣人之情,应物而无累于物者也"(何劭《王弼传》)。唐代韩愈认为情同性一样,也分为三品,"情之品有上、中、下三,其所以为情者七:曰喜、曰怒、曰哀、曰惧、曰爱、曰恶、曰欲"(《原性》),主张使人的情感能"动而处中",以符合封建道德原则。李翱则主张"情有善有不善",但倾向情恶论,"情者,妄也,邪也"(《复性书》中),认为情干扰人的本性,阻碍了善性的扩充。佛教一般认为情危害"佛性",主张只有清除一切情感欲望才能成"佛"。

北宋程颐主张以"情"为"理","夫人之情发而难制者,唯怒为甚;第能于怒时遽忘其怒,而观理之是非"(《答横渠先生书》)。南宋朱熹论情则谨守《中庸》发而中节说,认为"性之所感于物也动,则谓之情。……人皆有之,不以圣凡为有无也"(《答徐景光》)。同时认为,与"心""性""情"三者相比,"心"更根本,"人多说性方说心,看来当先说心。古人制字,先制得'心'字,'性'与'情'皆从'心'"(《朱子语类》卷五性理二)。明代王守仁说,"喜怒哀惧爱恶欲,谓之七情,七情顺其自然之流行,皆是良知之用,不可分别善恶,但不可有所著"(《传习录》),主张情顺"良知",不著私意。清代颜元反对"无情"说,认为"看圣人之心,随触便动，只因是个活心"（《四书正误》）。戴震则将情、欲并论，指出，"性之征于欲，声色臭味而爱畏分。既有欲矣，于是乎有情"（《原善》），认为"情""欲"是人的自然特性（人性），"人生而后有欲、有情、有知，三者，血气心知之自然也"（《孟子字义疏证》）。

纵观整个中国思想史，虽然先秦时期原始儒家有重情的倾向、主张，但多数思想家都对"情"存在着不同程度的"不放心"，甚至将"情""欲"并提，将"情"直接等同于"欲"。这个情况到了明末清初之际有了很大的改善，这一方面是由于心学开始走向世俗，另一方面是由于实学的复兴，自然要肯定世俗的情欲。晚明的吕坤在其《呻吟语·世运》中就极力肯定"情"的存在价值："六合是情世界，万物生于情，死于情。至人无情，圣人调情，君子制情，小人纵情。"韦政通认为中国的传统哲学是一种"有情的宇宙观"，这种哲学的基础在于一个"情"字。

> 人与人之间的不隔，由于情；人与物之间的不隔，由于情；物与物之间的不隔，也由于情；人与天地万物，统被联系在情的交光网中，此之谓有情的宇宙观。[①]

除了在与"欲"的关系中理解"情"外，中国思想史上还经常在与"性"的关系中把握"情"，并经常将二者连用。张岱年《中国哲学大辞典》将二者的关系进行了很好的梳理。

> 中国哲学史的一对范畴。指"性"与"情"及其关系。《孟子·告子上》："乃若其情则可以为善矣，乃所谓善也。若夫为不善，非才之罪也。"东汉赵岐注："性与情相为表里，性善胜情，情则从之。"孟子认为，情乃性之才质，其本然都是善的。西汉董仲舒认为性有善有恶，性为仁，性中之恶者为情，

---

① 韦政通：《中国文化概论》，岳麓书社2003年版，第48页。

情为贪。"天两有阴阳之施，身亦两有贪仁之性……安得不损其欲而辍其情以应无?"(《春秋繁露·深察名号》)刘向认为性有善恶，情亦有善恶，但性情的善恶相应一致。"性情相应，性不独善，情不独恶。"(见荀悦《申鉴·杂言下》)唐韩愈亦持此说，认为"性也者，与生俱生者也；情也者，接于物而生者也"(《原性》)，并将"性"和"情"分为互相对应的上、中、下三品（参见"性情三品说"）。李翱则主性善情恶论，指出："人之所以为圣人者，性也；人之所以惑其性者，情也。"(《复性书》)北宋王安石认为性无善恶而情可善可恶，说："性生乎情，有情，然后善恶形焉，而性不可善恶言也。"(《原性》)同时还强调"性"与"情"是一致的，"性者，情之本；情者，性之用。故吾曰：性情一也"(《性情》)。宋儒对性情的看法，主要有性善情恶论和性情善恶一致论两种，但其论性情时提出了气质之性、义理之性（天地之性）等思想，与前人已大不相同，对后世影响颇大。①

4. 欲

"欲"同样是中国传统心性论中的一个重要概念，但相比于"心""性""情"，"欲"也是最不受重视和受到抨击最多的一个概念。笔者翻阅了现有的各种哲学类辞典，都没有发现关于"欲"的独立词条。

"欲"的最初含义既与"欲"自身的字形相关，也与"谷"与"慾"这两个字的字形及含义相关。

"欲"字最古形体为战国文字，小篆"欲"写作"欲"。隶书变成楷书后写作"欲"。《说文·欠部》解释为："欲，贪欲也。从欠，谷声。""欠"表示有所不足，故产生欲望。从"欲"本身来理解"欲"，可以解释为谷物欠缺就会产生对谷物的需求，引申为对某一

---

① 张岱年：《中国哲学大辞典》（修订本），上海辞书出版社2014年版，第35页。

外物的获取之欲。《诗经》中已较常见"欲"字。《诗经·大雅·民劳》中有"王欲玉女，是用大谏"的话。

以"谷"来表示"欲"，大概从西周时期开始。西周金文中虽不见"欲"字，但用"谷"来表示欲望。《师询簋铭文》中有这样的话："率以乃友敦敌王身，谷（欲）女弗以乃辟函于艰。"这一用法在后来也一直沿用，清代段玉裁在《说文解字注》中对此进行了说明："欲者衍字……感于物而动。性之欲也。欲而当于理。则为天理。欲而不当于理。则为人欲。欲求适可斯已矣。非欲之外有理也。古有欲字，无慾字。后人分别之，制慾字。殊乖古义。论语申枨之欲、克伐怨欲之欲。一从心、一不从心。可征改古者之未能画一矣。欲从欠者、取慕液之意。从谷者、取虚受之意。易曰。君子以征忿窒欲。陆德明曰。欲、孟作谷。晁说之曰。谷古文欲字。晁氏所据释文不误。"

从上文段玉裁的总结可以看出，与"欲"的含义有密切关系的另外一个字是"慾"。"慾"在字形上是"欲"加上"心"，明显看出古人认为欲望的一切根源在于心，所以用"慾"字更能凸显两者的关系，"欲"（"慾"）即为内心想要，是人内心的欲望。宋代苏洵《六国论》中有这样的话："然则诸侯之地有限，暴秦之欲无厌。"

将"欲"解释为内心想要，这个想要的状态就是欲望。因为欲望涉及的是人与外物的关系，是普遍存在且不好把握程度的，所以如果不对欲望加以限制、约束，那必将产生很严重的社会问题。正因如此，历来对于"欲"思想家们普遍采用严厉的态度，主张以道制欲、以理统欲，提出了诸如节欲、制欲、控欲、导欲等主张，甚至还有人提出应禁欲、灭欲。当然，也有个别思想家出于对人的合理欲望的肯定，主张存欲；更有甚者走向了另一个极端，主张纵欲。这样，在对待"欲"的问题上，也如对待"情"相似，出现了明显的两极分化。近代新儒家的开山熊十力则以自己的方式，对思想史上一直众说纷纭、莫衷一是的关于"欲"的主张进行了分辨。他说：

"节便是性，中节者，则情也。矩是性，不逾者情也。戴震反对程朱言天理，而曰欲当即为理，却不思欲如何而得当耶？若非自性固有天理，则无矩无节，欲可当乎？天理岂是以意见安立者耶？如戴震之说，乃真意见耳。"（《读经示要》卷一）从熊氏的分辨中，我们一方面能看到新儒家对反理学学者观点的不认同，力图将之挽回到程朱陆王，甚至挽回到孔孟的思想倾向；另一方面也可以看出，对"欲"的理解，应在相关概念的分疏中进行。

与"欲"关系密切的概念有"性""情""理"等几个，其中，关系最密切的概念当属"情"。不仅如此，因为"情""欲"关系密切，有时很难分辨，所以又经常将二者连用。因此，仔细分疏"情""欲"的同与异，合理对待"情"与"欲"，也就成了中国心性论中的一个重要论题。

探讨"情"与"欲"的关系，在先秦时代已经开始。中国思想史上关于"情""欲"关系最集中的表述就是将"欲"视为"情"之一种，自古以来就有"七情六欲"的说法。那么，什么是"七情"呢？《礼记·礼运》上说："喜、怒、哀、惧、爱、恶、欲，七者弗学而能。"由此可见，"情"是喜怒哀乐这些情感的表现，或者相应的心理活动，"欲"属于七情之一种。佛教也有"七情"的提法，与儒家的"七情"说大同小异，也把"欲"放在七情之末，指的是"喜、怒、忧、惧、爱、憎、欲"，只不过把"哀"变成了"忧"，把"恶"变成了"憎"，实质区别不大。中国传统的中医学理论中也有关于"七情"的说，具体包括"喜、怒、忧、思、悲、恐、惊"这七种情绪状态；并且认为，这"七情"中的"五情"——怒、喜、思、忧、恐，在过度的情况下都是致病的缘由。《黄帝内经·素问·五运行大论》中分析说："怒伤肝""喜伤心""思伤脾""忧伤肺""恐伤肾"，并且"百病生于气也，怒则气上，喜则气缓，悲则气消，恐则气下，寒则气收，炅则气泄，惊则气乱，劳则气耗，思则气结"（《黄帝内经·素问·举痛论》）。但是，中医学中没有把"欲"列入"七情"。

那么，什么是"六欲"呢？"六欲"的概念在《吕氏春秋·贵生》中首次提出："所谓全生者，六欲皆得其宜者。"高诱为此注释说："六欲，生、死、耳、目、口、鼻也"，认为"六欲"泛指人最基本的生理欲望、需求，具体包括求生，畏死，满足耳、目、口、鼻的生理欲望。这六种欲望与生俱来，非后天习得。此后来有人将这六种欲望概括为"见欲、听欲、香欲、味欲、触欲、意欲"。佛教也有关于"六欲"的说法。《大智度论》中认为，"六欲"是指色欲、形貌欲、威仪姿态欲、言语音声欲、细滑欲、人相欲，基本把"六欲"视为世俗之人对于异性天然产生的六种欲望，这也就相当于现代人所说的"情欲"。

对于"情""欲"关系有代表性的论述来自南宋湖湘学派的胡宏。他以水为喻来谈"性""情""欲"的关系。他说："性譬诸水乎！则心犹水之下，情犹水之澜，欲犹水之波浪。"（《知言》卷三）也就是说，在他看来，"性"就好像水，"心"就好像"水"的本性是向下流淌，"情"就像水之波澜，"欲"就好像水的波浪。

除了在与"情"的关系中理解"欲"，中国传统思想还主要在与"理"的关系中把握"欲"，但这种情形下的"欲"就是完全被否定的方面。韦政通《中国哲学辞典》中解释"存天理，去人欲"时基本对"理""欲"关系的历史进行了梳理。

> 在中国，首先提出这种主张的，是《礼记·乐记》，在同一篇又有"以道制欲"之说。古代哲学中，道家是最先主张"无欲"的，所以《乐记》的这种思想，很可能是受到道家的影响。就在宋代理学家大倡"存天理、去人欲"的同时，胡五峰就已提异议，他认为理、欲同体而异用，二者都是出自天性。稍后的叶水心，也有批评。到了明清时代，反对的思想，就更加多了，其中反对最激烈的是戴东原。①

---

① 韦政通：《中国文化概论》，岳麓书社2003年版，第109页。

(二) 发展情况

中国传统的儒家、道家、佛教都有完备而系统的心性论思想。

1. 道家

道家的心性论与其整体的思想主张是一致的，也是围绕"道"而展开。"道"是道家心性论的基础和根据。在道家的思想体系中，"道"是万物之源、天地之本，是人安身立命、治国安邦的根本依据。"道"既外在也内在，在具体事物上"道"就显现为"德"。德在人即为人性，人性显于人心，人心可见人性，由"性"而"心"，就是由先天向后天的具体落实。个人修为就要循"道"而为，立足自身个体生命，贵己养生，通过"致虚极，守静笃"，摒弃外界对个人心性的干扰，追求"微妙玄通"的生命体验，使得"收视反听""耳目内通"，借以达到自我超越与精神净化的悟道、体道境界。道家独特的心性学说，在内丹学那里有着鲜明的体现。在内丹学看来，性是先天，心是后天；性无形，心有形；性以心为载体，心以性为主人，即"心是地、性是王"，并进一步提出了与佛教心性理论相近的"见性明心"主张。道家视人性为"自然无为""以无为本"，这就是在提倡超越性情、欲望、认知和道德善恶的绝对的精神自由，否定人的生理、心理、伦理和理智认识的合理性。

2. 佛家

心性论是佛教教义的基础。佛教虽然两汉之际才来到中国，但其心性思想最先成熟，而儒家、道家心性论受其影响也巨大。佛教所说的"心性"通常是指众生（即六道轮回之中的一切生命体）的本性或心的本性。但由于佛教内部宗派林立，因此其对"心""性"的理解千差万别，其心性思想也不尽相同。大致说来，佛教心性论可分为"性论"与"心论"，这两个方面通常来说是浑然贯通、难分彼此的。"性论"可以理解为佛性论，重点在于揭示众生成佛的依据。"心论"主要指本心论，与"色"相对。虽有这样的区别，但从根本上说,"本心"就是"本性"。

在某种意义上可以说,佛教心性论也是人性论,只不过是一种比较特殊的人性论,因为它打通了本体论、修行解脱论与人性论之间的隔膜,并将三者较为完满地结合在了一起,具有人本化、人心化、伦理化、形而上等特征。仅从心性论角度来看,佛教也在努力思考人的价值,只不过不是立足于此岸世界,而是立足于彼岸世界,在超自然的层面上认识人本身,也在否定人本身。但是,在进行超越性思考的过程中,佛教也为中国思想史提供了本体论思维,这是它对中国传统心性之学的最大贡献。

3. 儒家

作为中国传统思想的主要方面,"儒家哲学思想样态丰富、内容复杂,然而心性论却是其毋庸置疑的核心部分"①。不同于道家侧重从自然、佛教侧重从超然角度论述心性,儒家侧重从实然的角度论述心性。正因如此,儒家所言之心性是以现实宗法社会所必需的仁义之道为基础和前提而建构起来的。虽然儒家心性论以整个天下、国家、社会的和谐发展为根本追求,但在具体做法上依然从个体角度入手,以个体成德为着眼点,所以本质上还是一种"为己之学"。儒家心性论经过先秦时候的萌芽、秦汉魏晋隋唐时期的发展,到了宋明时期达到顶峰,形成了儒、道、佛相互融会贯通的局面,在形而上抽象思辨层面也达到了前所未有的高度。

宋明时期的心性论对后世影响巨大,对中华民族的思维方式、族群性格、日常用语都产生了重要的影响。蔡方鹿作了以下说明。

> 心性关系问题是宋代理学讨论的核心问题,理学之所以被称为心性之学,是因为心性论在宋代理学范畴和理论体系中占有十分重要的地位,它充分体现了宋代理学乃至整个中国哲学

---

① 郑开:《作为中国古代哲学范式的心性论》,《中国社会科学报》2018年4月24日。

的特点。在中国哲学发展史上，宋代理学心性论，集先秦儒家孔孟荀心性伦理与唐代佛教心性哲理于一体，并给予批判性的总结和创造性的发展，完成了世俗化的伦理与哲学的结合，使中国哲学及其心性论的发展走上了一条注重道德理性，突出主体思维，重视伦理价值，强调内省修养，培养理想人格，合本体论、认识论、伦理学、人性论、修养论为一体的发展道路。由此而形成了与西方哲学迥然相异的特点，并影响了宋以后中国哲学发展的方向。①

这一时期的陆王心学对整个东亚地区都产生了持续而深远的影响，日本就是以"心学"为理论武器完成了明治维新的伟业。

明末清初，随着清军入关与明朝灭亡，阳明心学末流"蹈虚"学风弊端凸显，兴起了视"心学"为对立面的"实学"，"心性之学"一度式微。明清之际大儒顾炎武认为明王朝灭亡就是王学空谈误国的结果。他说："以明心见性之空言，代修己治人之实学，股肱惰而万事荒，爪牙亡而四国乱，神州荡覆，宗社丘墟。"（《日知录》卷七）顾炎武认为王学末流是"内释外儒"，其历史罪过"深于桀纣"。顾炎武不仅抨击陆王心学，也批评程朱理学。在他看来，程朱理学也不免流于禅释："今之君子……是以终日言性与天道，而不自知其堕于禅学也。"（《日知录》卷七）"今日《语录》几乎充栋矣，而淫于禅学者实多，然其说盖出于程门。"（《文集》卷六）从顾炎武的言辞中不难看出，他之所以不满宋明时期理学家的心性论思想，根源即在于这些心性论带来了蹈虚的弊端，因此，顾炎武志在改造学术，使之由虚转实。他虽然看到问题的所在，却没能给出更好的时代性解答，最后只能选择回到经学，"以复古作维新"。不仅顾炎武，与其同期的很多学者也都如此。他们看到了宋明理学心性论带来的社会弊端，却没有办法给出更好的解决方案，但

---

① 蔡方鹿：《宋代理学心性论及其特征》，《哲学研究》1992年第10期。

王夫之是一个例外。

王夫之学术的治思路径与张载很相似，他依托于实有之"气"来反对空谈心性，将中国传统心性论的理论水平提到一个新的高度。在他看来，"心"首先是知觉心，然后才是能够认知"理"的道德心。他说："知所放所求之心，仁也；而求放心者，则以此灵明之心而求之也。仁为人心，故即与灵明之心为体；而既放以后，则仁去而灵明之心固存，则以此灵明之心而求吾所性之仁心。以本体言，虽不可竟析之为二心，以效用言，则亦不可概之为一心也。"①"性"是"性质中之性"，是实有的一元之"性"，没有天地之性与气质之性之别，并且，气不断变化，性也不断变化。他在《尚书引义·太甲二》中说："夫性者生理也，日生则日成也。则夫天命者，岂但初生之顷命哉！"认为人性不是一成不变的，它的形成与后天的教育、环境有很大关系，"习与性成者，习成而性与成也"②。

基于现实环境的原因和理论发展的逻辑，王夫之之后，学术大势出现了重汉学轻宋学、重考据训诂轻心性义理的转向。直至晚清时期，中国传统心性之学才在现实民族危机中再一次受到高度重视，如曾国藩、李鸿章等人都从不同角度对中国传统心性思想进行了阐发，尤其是维新变法时期，康有为、谭嗣同等人将"心学"中高扬主体精神的特点发挥到了极致，可惜的是都没有实质性的理论推进。

可以说，经过了先秦两汉时期儒、道、释等各家心性理论的"殊途"发展之后，在魏晋南北朝各家心性思想实现了第一次交融，玄学和"六家七宗"的格义佛学的出现就是代表性的成果。到了隋唐时期，各家心性思想进一步融会贯通，最明显的标志是天台宗、三论宗、华严宗、净土宗、律宗、密宗、禅宗等中国化

---

① （明）王夫之：《读四书大全说》，载王夫之《船山全书》第6册，船山全书编辑委员会编校，岳麓书社2011年版，第1084页。
② （明）王夫之：《周易外传》，载《船山全书》第1册，船山全书编辑委员会编校，岳麓书社2011年版，第1008页。

佛教宗派的出现,道教重视玄学、内丹理论的兴盛。可以说,这一时期来自印度的佛教心性论思想在大量吸收、借鉴中国传统心性思想的基础大放异彩。正因为佛教心性论大盛,严重影响了儒家心性思想对世人的教化和对世俗社会的管理,宋明时期一些儒家的有识之士开始有意识地吸纳释老心性思想的精华,对儒学心性论进行精细化改造与抽象化提升,代表性的成果就是宋明理学。从整个中国心性之学的发生、发展、演化、研究的历程来看,中国心性思想研究经过了由隐到显、由分到合、由浅到深、由具体到抽象、由愚夫愚妇能知到仅为士人君子能道的变化过程。正因为有了这样的变化过程,关于中国心性的理论也越来越多,也越来越难懂。

(三) 研究现状

1. 国内

民国时期,西学东渐使中国传统学术经受了近代化的冲击与近代思维的审视,"心性之学"也是如此。中国传统心性论在西学的冲击下又迎来一次重要的理论转向,转向的标志是开始用西方哲学式思维疏解中国传统心性之学。这一时期的思想家往往学贯中西,虽然他们也大谈国粹,畅谈心性,但这时所言之心性已不是传统意义上的以经史之学为背景的心性思想,而是以心性为本体的形而上学。换个说法,真正意义上的"中国心性论"这一命题应该是从这一时期开始的,以前的研究只能算作心性之学。梁漱溟、熊十力、贺麟等人,都是这一时期心性论研究的代表性人物。也正是因为这一重要的学术转向,新儒家群体的心性论开始在学术舞台上大放异彩,受到学界瞩目。

梁漱溟把人类放在整个生物界中进行考量。在他看来,人异于其他生物之处,在于在生物机体"身"之外发展出生命现象——"心"。人类之"心"既可以以理智观物得到"物理",又可以以理性判物得到"情理"。熊十力则凭借佛教唯识论重建了儒家以"仁"

为核心的形上道德本体。在他看来，心学的"本体"是将天地万物合于一体、将宇宙人生打成一片的"一体之仁"。但是，这个"一体之仁"必须经由后天的功夫，即道德实践或社会实践才能达成，只有如此，方能实现内圣与外王的统一。

贺麟的"新心学"是中西文化会通的产物，他用新黑格尔主义的"绝对唯心主义"的观点来印证中国传统的陆王心学的观点，在此基础上提出"心为物之体，物为心之用。心为物的本质，物为心的表现"① 的"新心学"本体论思想。

近年来，第二、三代港台新儒家群体兴起，使心性论研究又掀起了一次高潮。牟宗三基于康德道德形上学，将宋明理学判为三系：从胡宏到刘宗周为一系，该系"以心著性"，承北宋周敦颐、张载和程颢而来，在功夫上侧重"逆觉体证"；从陆九渊到王阳明为一系，该系注重"一心之朗现，一心之遍润"，在功夫上同样注重"逆觉体证"；从程颐到朱熹是一系，该系强调"只存有而不活动"之理，在功夫上注重后天涵养，落实于格物致知，是"顺取之路"。从文本依据来看，前两系虽思路不同，但都重视《论语》《孟子》《易传》《中庸》，可会通为"纵贯系统"；而程朱一系重视《中庸》《易传》《大学》，尤其看重《大学》，可名之曰"横摄系统"。但是，在牟宗三看来，中国儒家的正统观念是视"心性为一"的，即认为"本心即性"，其中，"心"可以"自主""自律""自决""自定方向"，"性"也是"即活动即存有者"之"理"。如果视"性"为"只存有而不活动"之"理"，那么就是儒家的别出，可视为"别子为宗"。② 基于这样的判定，牟氏认为程朱一系将知识问题与成德问题混于一处，将超越之理与后天之心对列对验，使经验知识成为成德之教的决定因素，导致主体精神被削弱。因此，牟氏以纵贯系统为

---

① 贺麟：《哲学与哲学史论文集》，商务印书馆1990年版，第133页。
② 参见牟宗三《心体与性体》（上），吉林出版集团有限责任公司2013年版，第98—99页。

正统，以横摄系统为歧出。这样一种学术史梳理做法一经发布，就在学界引起巨大震动，因为它代表了一种研究范式由传统经史之学向近代哲学的转换。

可以说，近年来在哲学进路下研究中国传统心性思想，就是运用西方的一些概念、原理对心性论进行某些新的梳理、阐释与评判，这一做法固然拓宽了研究路径，加深了我们对一些概念、命题、思想的理解，但也不能否认，近年来学界对中国传统心性论的解读，将西方哲学传统与中国传统学术相会通、以哲学进路疏解中国传统思想命题，也已经背离了中国传统学术的经史传统。或者说，将中国原来具有经史内涵的概念、范畴、命题、思想与经史之学母体相割裂，导致了一定程度的偏读与误读。因此，回归传统，也就是回归中国传统学术本身。而这一理解阐释路径，就是典型的史学路径，而这正是钱穆为学的特点。因此，研究中国传统的心性之学，研判中国心性论的发展演变趋势，不能绕开钱穆的心性之学研究。

大陆的心性论研究在改革开放以前主要采用唯心、唯物两军对垒的方式进行。改革开放以后，大陆学者开始突破原有研究模式的藩篱。1990年，蒙培元在台湾学生书局出版了《中国心性论》。这是大陆学者第一部全面、系统研究中国心性问题的学术专著。近年来，随着学术环境的优化，大陆学界也掀起了心性论研究的热潮，涌现了一大批对心性论感兴趣并作出突出贡献的学者，如杨国荣、杨泽波、李景林、蔡方鹿、韩强、郑开、杨维中等，出版了大量关于心性学的专著。这些专著除了侧重研究中国传统的儒、道、佛三家的心性论[①]外，还拓宽研究视野、转换研究视角来审视中国传统的

---

① 代表性的著作如杨祖汉《儒家的心学传统》，（台北）文津出版社1992年版；李景林《教养的本原：哲学突破期的儒家心性论》，北京师范大学出版社2009年版；蔡方鹿《宋明理学心性论》（修订版），巴蜀书社2009年版；罗安宪《虚静与逍遥：道家心性论研究》，人民出版社2005年版；杨维中《中国佛教心性论研究》，宗教文化出版社2007年版；陈兵《佛教心理学》，陕西师范大学出版社2015年版。

心性论。① 基于中国传统视角和西方近现代视角研究"心性"都大有人在，前者以"儒学心性论"成果最多，以"佛教心性论"最为艰深，以"道家心性论"兴起最晚，以"历史心性论"最为欠缺；后者以牟宗三的"道德形上学心性论"影响最大，以中山大学倪梁康等的"心性现象学"和华中师范大学高新民等的"心性哲学"等最为新锐。

即便如此，也不能否认，近年来学界对心性论问题的关注度一直不高，每年以"心性论"为主题发表的论文就十几篇，而近3年又呈小幅下降趋势。整体来说，近年关于心性论的研究呈现出以下特点。

第一，儒家一些重要思想家的心性论思想和儒家重要的心性论命题一直是学界关注的重点。② 如郑开在《试论孟子心性论哲学的理论结构》中指出，孟子哲学的理论形态是心性论，它是儒家哲学的"基本理论范式"，是孔子与孟子中间那个时期儒家人性理论发展的必然"蜕变与升华"，并成为儒家精神境界理论的"重要基础"。

> 从理论结构层面分析，孟子关于人性的双重性的阐述、关于心的概念深层揭示，以及对精神境界的超越性和不可思议性的提示，为真正内在地理解儒家心性论确立了不可或缺的前提条件。③

---

① 代表性的著作如王明珂《历史事实、历史记忆与历史心性》，上海人民出版社2020年版；葛鲁嘉《心性心理学：中国本土文化源流中的心理学》，浙江教育出版社2019年版；倪梁康《心的秩序：一种现象学心学研究的可能性》，江苏人民出版社2010年版；张任之《心性与体知：从现象学到儒家》，商务印书馆2019年版。

② 吴宜珊、储昭华：《张载"心解"视域下的心性论》，《唐都学刊》2022年第3期；史逸华：《从郭店楚简〈五行〉篇"惪"字看先秦儒家心性论》，《西部学刊》2022年第3期；秦晋楠：《罗钦顺哲学理气论与心性论关系再探讨》，《现代哲学》2022年第1期；丁四新：《作为中国哲学关键词的"性"概念的生成及其早期论域的开展》，《中央民族大学学报》（哲学社会科学版）2021年第3期；朱光磊：《由天到仁：孔子心性论的天道渊源与架构特征》，《中共宁波市委党校学报》2020年第6期；白辉洪：《孔孟之间的德性心性论开展》，《道德与文明》2020年第6期。

③ 郑开：《试论孟子心性论哲学的理论结构》，《国际儒学》（中英文）2021年第2期。

第二,心性论研究的视野在拓宽,喜欢在比较哲学视域中研究心性论。①。例如,张维的《禅机与神机:论惠能与李道纯心性论的异同》一文指出:

> 禅宗心性论对于李道纯内丹心性论的成熟发展是有一定作用和意义的。更为重要的则是,李道纯立足于禅宗心性论之上,建立起了具有三教合一特色的内丹心性论,使得全真教内丹心性论更加的系统化与完善化。②

对儒家一些不是很知名学者的心性论思想开始进行探讨。③ 有学者在心性传统的几大流派之外,注意到了其他一些思想家的独特见解。如陈鹏、聂毅在《许孚远心性辨析》一文中指出,许孚远心性论在整体上显示了综合朱王的思想线索,并且指出,许孚远的"心性之喻"别具特色,是对朱子用皮包馅、碗盛水来比喻心与性的关系的一个修正。④

---

① 参见张峥《"性即理"与佛教心性论之关系——程颐"性即理也,所谓理性是也"考辨》,《中国哲学史》2022年第2期;刘长春《宋初儒学"心性论"转向的一个重要环节——论智圆、晁迥〈中庸〉新释的意义》,《学习与探索》2021年第4期;王希《〈天方性理〉的心性论及其思想来源——兼论伊儒会通》,《世界宗教研究》2021年第3期;陈钰、关沁《比较哲学视域下的中西心性论》,《今古文创》2021年第2期;马珍、马晓琴《明清回儒心性论之学术史述评》,《回族研究》2021年第2期;马晓琴《明清回儒心性论探析》,《西北民族大学学报》(哲学社会科学版)2017年第6期。

② 张维:《禅机与神机:论惠能与李道纯心性论的异同》,《五台山研究》2022年第1期。

③ 张立文、董凯凯:《永嘉学视野中的理体学与心体学——项乔的理气心性论》,《浙江工商大学学报》2021年第6期;梁杰、吕惠卿:《〈庄子义〉的心性论探讨》,《齐鲁师范学院学报》2019年第1期;李璐楠:《李材的心性论及其定位》,《中国哲学史》2018年第1期。

④ 原文:"譬诸灯然,心犹火也,性则是火之光明。又譬诸江河然,心犹水也,性则是水之湿润。然火有体,光明无体;水有质,湿润无质。火有体,故有柔猛;水有质,故有清浊,而湿润无清浊。火之明,水之湿,非一非二,此心性之喻也。"参见《明儒学案》卷四十一《甘泉学案五》,中华书局1986年版,第979页。

第三，关注传统心性论的当代转化问题。① 如王觅泉在《重提儒家心性论的现代化课题》一文作了具体阐述。

> 自然主义在当今世界哲坛风头正劲，儒家心性论研究也有必要采纳自然主义进路，破除人—动物、社会属性—自然属性、生物性—道德性等二元论，重视人之心性的发展性与复杂性。将儒家心性论自然化，是儒家思想现代化的重要途径。②

可以说，近年来对心性论的研究虽然在关注的内容、研究的角度等方面有所拓宽与推进，但整体而言，创新性不足，没有办法为中国传统心性论思想的创造性转化提供强有力的理论助推。

2. 国外

中国传统的心性之学在宋代以后，逐步向世界尤其是东亚各国传播。日本、韩国等周边国家对"心性之学"的研究，是在中国传统学术框架下开展的，并进行了一定程度的本土化。

在印度，佛教最具特点的学说之一是其对心性思想的阐发。印度原始佛教中虽然没有鲜明的心性论思想，但很早就有"心识说"；部派佛教时期，出现了"心相说"和"心性说"，心的本性是否染净，是各部派相互讨论的重点，由此产生了"心性本净"和"性本不净"的不同判断；大乘佛教将部派佛教的"心性说"发展为"如来藏—佛性"说，以后又与"阿赖耶识"相调和。印度佛教主流持心性清净说。

西方与"心性之学"相近的学术语言是"心灵哲学"。心灵哲学（the Philosophy of Mind）是哲学的一个分支学科，这门学科着眼于人类心灵的研究，重点探讨人类心灵与身体之间的关系。与中国

---

① 参见吴恺《新儒家学者心性论思想探析》，《河北青年管理干部学院学报》2022年第2期；陈光军《试论儒家内圣心性论及其现实意义》，《华夏文化》2018年第4期；刘树升《孟子的心性论思想及当代启示》，《山东省社会主义学院学报》2018年第4期。

② 王觅泉：《重提儒家心性论的现代化课题》，《管子学刊》2019年第3期。

具有"求善"传统的"心性之学"不同,西方的"心灵哲学"以"求真"为导向。亚里士多德、布伦塔诺、罗素等人都曾对心理内容问题予以关注和思考。笛卡儿基于二元论的立场,把身心看作两种不同的实体,开了西方心灵哲学中二元论倾向的先河。通常情况下,学界把笛卡儿视为近代西方心灵哲学的奠基人。

现代西方心灵哲学是在否定传统的形而上学,尤其是笛卡儿的心灵哲学的基础上产生和发展起来的。20世纪40年代以后,以语言分析为特征和基础的心灵哲学迅速崛起,并成为当代西方心灵哲学的主流或占主导地位的倾向。在语言分析的心灵哲学形成和发展的同时,随着物理主义的发展、科学实在论的兴起,特别是系统论、信息论、控制论、计算机科学、神经科学的突飞猛进,科学主义的心灵哲学悄然兴起,成为可以与语言分析的心灵哲学相抗衡的一股强大的思想倾向。

20世纪中叶以来,西方心灵哲学研究迅猛,具有开拓意义的研究成果不断问世,如约翰·R.塞尔的《意向性:论心灵哲学》、约翰·麦克道威尔的《心灵与世界》、约翰·海尔的《真实心灵的本质》、大卫·J.查默斯的《有意识的心灵》、金在权的《物理世界中的心灵——论心身问题与心理因果性》,等等。

心灵哲学虽然属于新兴学科,但从近年来发展的趋势看,却呈现后来居上之势,如今已经发展成为哲学领域中具有基础意义的一门学科,有著作甚至称其为当今哲学百花园中的"重心之重心、基础之基础"[1]。近年来,西方心灵哲学在继续重视"求真"性的同时,也表现出对中国"求善"性"心性之学"的靠拢。

总而言之,中华文化中有着非常丰富的心性论思想,体现在儒、道、佛等各家。其中,尤其以儒家的心性思想对中华文化特质的形成、对中华民族凝聚力的传成产生了至关重要的影响。儒学在中国已有两千余年的发展,儒家的心性思想经历了先秦的奠基、两汉魏

---

[1] 高新民、储昭华:《心灵哲学》,商务印书馆2002年版,"前言"。

晋隋唐的发展、宋明的高峰、清代的式微、清末民初的转向和现代的多元（主要有西化与复古两大类），不仅内涵丰富，而且牵涉众多。可以毫不夸张地说，理解了儒家的心性论，就基本解透了中华文化。

二 钱穆心性之学研究现状及意义

近代以来，受西学激荡，中国传统的心性之学呈现出越来越多的理论面向。以1958年发表的《为中国文化敬告世界人士宣言》为标志，港台学者的心性之学研究越来越受到关注。之后，牟宗三在《心体与性体》中展现的以西方哲学诠解中国传统学术的研究进路，逐渐成为心性之学研究的新范式。

近年来，随着中华民族伟大复兴步伐的加快，深度融合中国固有思想资源，以构建适应中国当前与未来发展的哲学社会科学体系，已成为时代课题。在这样一种背景下，多方面、多层次、多角度阐释中国传统心性论思想资源，自然是必要之举。用西方式的哲学进路疏解中国传统心性命题的主流做法固然是学术资源整合的必经阶段与学术思想创新的必要环节，但要想进行学术的发展与创新，仅仅这样做是不够的。中国传统学术思想的载体是经史之学，如果偏离经史传统来畅论中国传统心性思想，则误读在所难免。因此，以经史之学为依托，立足于现时代，从史学角度重新阐发中国传统心性之学，已成为一种新的学术趋势。

钱穆是学贯古今的近现代中国思想史大家，他的心性之学与众不同。他立足于中国传统的经史之学来畅谈心性，提出了很多既具传统性，又具时代性的心性思想与命题，体现出一种有别于哲学进路的经史之学进路。因此，系统梳理、研究钱穆的心性之学，是很有必要的学术之举。

（一）研究现状

近年来已有学者关注到钱穆独特的心性之学，涌现了一定数量的研究成果，也取得了不少成绩。

1. 成绩

目前学界对钱穆心性之学的研究大致涉及三个层面。

第一，揭示心性之学在钱穆思想体系中的核心地位。罗义俊较早地注意到了这个问题。

> 从儒学中疏释出历史心与文化心之概念，是钱穆一突出之贡献，亦可谓是其儒学之一"新"之所在。①

陈勇在《钱穆传》中也指出，钱穆在研究儒学时特别突出了心性之学在中国文化中的核心地位，把它视为中华文化的"中心思想"和本源所在。②宋薇进一步指出，钱穆的贡献在于重新立"心"。③

第二，概括钱穆心性之学的独特属性。徐国利从史学立场出发，概括钱穆的心性之学为"历史本体'心性论'"④。钱门弟子戴景贤对钱穆心性之学特性的把握方式不同于其他人，他基于思辨哲学视角，认为钱穆有关道德本源之"心""性"观念是"经验式之理解"，而非"形而上学"设论，其哲学立场比较偏近于"实在论"。⑤

第三，发掘钱穆"心即史"的时代价值。自从胡适把钱穆归入"保守主义"阵营，钱穆就一度被视为文化保守主义的重要代表，其心性思想的时代价值也随之被湮没。近年来，已有学者意识到这方面存在的问题，开始尝试着发掘钱穆"心即史"观念的时代价值。

---

① 罗义俊：《钱穆学案》，载方克立、李锦全主编《现代新儒家学案》，中国社会科学出版社1995年版，第414—415页。
② 参见陈勇《钱穆传》，人民出版社2001年版。
③ 宋薇：《钱穆"心"论探析》，《河北学刊》2012年第4期。
④ 徐国利：《钱穆的历史本体"心性论"初探——钱穆民族文化生命史观疏论》，《史学理论研究》2000年第4期。
⑤ 参见戴景贤《钱宾四先生与现代中国学术》，东方出版中心2016年版。

高新民、胡水周认为,"钱穆的安心之学最具典型意义",它"成功解决了中外哲学一直没能很好解决的幸福与道德的二律背反问题","为世界价值性心灵哲学的发展做出了积极贡献"①。于梅舫认为,钱穆心学"乌托邦"与共产大同思想隐相呼应。②

综上所述,海内外学者对钱穆心性之学的研究已取得了一些成果,注意到了钱穆心性之学的独特性,提出了很多富有启发性的观点,这为以后研究的展开打下了坚实的基础。

2. 不足

虽然学界对钱穆的心性之学有所关注,并取得了一定的成绩,但也不能否认,还存在着一些不足,这主要体现在以下四方面。

首先,基于钱穆全部文本对其心性思想的研究比较欠缺。钱穆传世文字在 1700 万字以上,涉及经史子集四部。学界对钱穆心性之学的研究多是从其部分文字入手,很难把握其全貌。

其次,对钱穆心性之学特性的提炼不够全面。钱穆心性之学有很多新的表述与论断,如"历史心与文化心",虽然有学者关注并且进行研究,但还不够系统,对于其析出过程、理论特征等方面都没有探讨。还比如钱穆提出的"客观经验论",学界对其体现的深层逻辑及学术价值也没有进行深入的研究。

再次,在对比中深入探讨钱穆心性思想特点的研究不足。已有研究对钱穆心性思想与中国传统心性之学的继承与创新关系,与西方人性论、心灵哲学的比较与沟通关系,要么仅少量涉及,要么就语焉不详。

最后,对钱穆"心即史"观念时代价值的研究不全面、不系统。已有对钱穆心性之学时代价值的研究中,有的侧重宏观的学术综述,有的侧重微观的个案分析,宏观与微观相结合的研究明显不足。

---

① 高新民、胡水周:《钱穆"安心之学"——价值性心灵哲学的视角》,《伦理学研究》2018 年第 2 期。
② 于梅舫:《心学"乌托邦":钱穆〈国学概论〉之理路与志趣发微》,《中山大学学报》2020 年第 3 期。

整体来说，目前学界对钱穆的研究主要集中在史学、朱子学、清学史、中西文化观等方面，对其心性之学的关注远远不够。从以往国家社科基金的立项情况来看，有关"钱穆"的课题仅有 2 项，分别是芮宏明的"钱穆文艺思想研究"（2011 年）和陈勇的"钱穆与民国学术研究"（2016 年），还没有关于钱穆心性之学的课题立项。

（二）研究意义

钱穆的心性论，其思想丰富且独特，完全可以看作当代新儒学中另一种有独特价值的理论体系之代表。众所周知，钱穆学通四部，而其心性论思想则是其四部融通之学的点睛之处。并且，钱穆的心性论思想，不仅有对中国传统儒释道心性论思想的继承、发扬，更有翻转式的推进。因此，系统梳理、分析、研究钱穆的心性思想有着非常重要的理论意义与现实意义，具体体现在以下两方面。

1. 理论意义

首先，有望较为客观地把握钱穆心性之学的全貌。已有研究对钱穆心性之学的特性有过一些重要揭示，但有的过于概括而缺乏具体的剖析论证（如罗义俊的"心性中心论"），有的失于偏颇而需要深入地辨析研究（如戴景贤的"实在论"）。本书立足于钱穆的全部文本来解读其心性思想，有助于更为客观地把握其心性之学的全貌。

其次，有助于中国传统学术的会通。"四部"是中国传统的学术分类体系，经史子集本为一体。近代自借用西方的学术分科体系以来，学问向专门化、精深化方向发展的同时，也使学科之间壁垒渐多，鸿沟渐深。以钱穆的心性之学为纽带与突破口探讨传统学术的会通，这是已有研究中很少涉及的。

最后，有助于中国传统哲学的创造性发展。中华民族屹立世界历千年而不衰，很大程度上是因为拥有"心性之学"这一"文化韧带"。系统研究钱穆对传统心性之学的创造性阐释，探讨其心性思想对于中国哲学创造性发展的意义，已有研究中也很少涉及。

2. 现实意义

首先，有助于祖国统一大业的推进。钱穆的"心性之学"，就是在寻找台湾地区与大陆共同的文化心理基础，有利于祖国统一大业的推进。已有研究中只偶尔涉及这方面，还没有出现系统的探讨。

其次，有利于加强中国共产党的执政能力建设。"心性之学"对执政党的实践价值越来越受到重视。截至 2022 年 6 月 30 日，在知网以"心学"和"共产党人"为主题搜索到的文章中，绝大部分为 2016 年以后发表的。党史专家石仲泉在 2019 年连续发表两篇《关于共产党人"心学"的几个问题》的文章，突出强调"心学"建设对共产党人的必要性与重要性。借助钱穆对传统心性之学的创造性阐释服务于共产党的执政能力建设，目前还没有相关研究成果。

最后，有助于中国话语权体系的构建。拥有自己的话语权体系，是国家文化软实力的集中体现。文化之强有赖于在文化资源整合的基础上，提高文化内生力。文化内生力的形成，离不开对中国传统心性之学的全面继承与创新。唯有如此，中国提出的人类命运共同体等体现大国担当的理念才有望成为世界共识。

第一章　钱穆心性思想的学术分期

作为一名传统士子，钱穆最初接受的是四部之学教育。随着时代环境的变化，富有强烈家国情怀的钱穆开始思考现实危局产生的深层原因。于是，他在力所能及涉猎中西各类前沿之学的基础上，于比较之中着力阐发传统学术思想与近代学术思维的不同，进而坚定地认为：只有回归文化母体，重新挖掘中国传统心性之学的理论精华，才能长久地解决中国人的现实问题。基于这样的考量，钱穆一生都在着力揭示民族意识的本质和民族精神的核心，并思考如何在现实中抟聚民族意识和振奋民族精神的问题。这样一个思考，随着钱穆所处的外界学术与生存环境的改变有着一个不断深入与演变的过程，这也就使钱穆心性思想具有明显的历史分期。钱穆心性思想的整体走向是由狭义走向广义，从学术辨析走向文化定性。具体而言是由偏内走向偏外，由陆王走向程朱。

钱穆心性思想的学术分期与时代环境的变化、人生足迹的不同和治学重心的转变有着密切的关联。大致说来，其心性之学根据所关涉范围的大小可分为狭义心性之学时期与广义心性之学时期，基本上是以抗日战争全面爆发为界。① 在前一时期，因为钱穆开始运用西方的学术观念（如自由、平等、进化论、唯心、唯物等）来疏解中国传统的心性命题，所以这一时期也可姑且叫作"西化心学"时期；在后一时期，因为钱穆在解读心性命题时，加入了更多的民族历史因素的考量，更加着眼于民族精神的会通，所以其对心性命题的解读有了更加开阔的文化视野，所以此一时期也姑且叫作"文化心学"时期。

第一节 狭义心性之学时期（"西化心学"时期）

钱穆在大陆任教共 38 年，从 1912 年开始，至 1949 年结束。这一时期，他先是在小学任教 11 年，然后在中学任教 8 年，最后在大学任教 19 年。其中，在大学任教的 19 年中又可分为两个阶段：北平高校阶段和南方各省高校阶段。大致说来，钱穆的狭义心性之学时期（西化心学时期）主要指 1922 年到 1937 年执教于中学与北平高校的这 15 年②。

---

① 以"抗战"为界划分钱穆学术研究的时期，基本得到了学界的认同。所需要注意的是，钱穆固然在抗战之前重视考据，抗战之后转向文化研究，如学者所指出的那样："尤其值得注意的是抗战时期，刻意要提出中国文化在世界文化中之特殊性，至此，钱氏似已脱离旧辙，要以一个新的体系来对抗新文化运动以来的体系。决裂之后的钱穆，再度成为荒野中的英雄，他逐渐脱离考证，转向心性义理之学，转向历史文化的大论述，希望从传统历史文化中寻得一种通解，并为实现指出一个确当的方向。"（参见王汎森《近代中国的史家与史学》，复旦大学出版社 2010 年版，第 183 页）但是，自始至终，钱穆都重视思想史、学术史，并且，其心性思想也是一脉相承的，只不过有了特点的不同。

② 这样的表述只是大致的看法，其实钱穆自新文化运动开始后，就一直关注这一时代潮流的发展变化，其思想也受到了很大的影响。1921 年，钱穆在上海《时事新报》副刊《学灯》上发表第一篇文章《意志自由与责任》。之后，他陆续在新式报刊上发表 20 多篇文章，已深度卷入新文化运动的时代潮流中。在三兼小学任教时曾"遍读严（复）译各书"和胡适之的作品，同时，他还从《新青年》《东方杂志》《时事新报》等各种报刊了解西方文化。对于西方的思想家，他比较感兴趣于柏格森的"创化论"，而这一影响在他心性理论中鲜明的体现。

一 任教于中学时期

钱穆自1922年执教于中学，至1930年，共在中学任教8年，在这8年中，钱穆的心性思想初步形成，这一时期他于心性之学持狭义的见解，最为推崇阳明心学，以《国学概论》和《王守仁》为代表。

1912年新年之初，时年18岁的钱穆就已步入教坛。当年，钱穆尚未中学毕业就在无锡三兼小学开始执教生涯。后来，又在家乡的鸿模学校（即原果育小学）、无锡县立第四高等小学任教，在后宅初级小学出任校长。他在任教小学期间，就已出版有《论语文解》，这是钱穆生平第一部著作。在《孔子与论语》的出版说明中，作了如下说明。

> 钱穆四先生毕生崇扬孔学，其最先出版第一种著作，即为《论语文解》，时维民国七年。民国十三年任教于无锡江苏省立第三师范学校，编撰《论语要略》；……收并入《四书释义》中。二十四年出版《先秦诸子系年》，于孔子生平历年行事，多所考订。……出版《论语新解》，通释《论语》全书。……又撰有《孔子传》，详述孔子生平，考论复有超出于旧著之上者。[1]

虽然此时钱穆已开始"崇扬孔学"，但《论语文解》的写作体例仿照《马氏文通》，仅把《论语》原文按"起、承、转、合"的思路标明句法，并未从义理角度进行深入思考。所以，即使钱穆后来认为"孔学即心学"，但在其任教小学时期，这一思想还未产生。

1922年中秋节后，钱穆28岁时，赴厦门集美学校任教，为其担任中学教师之始。1923年秋，他又开始任教于江苏省无锡县省立第

---

[1] 钱穆：《孔子与论语》，九州出版社2010年版，"出版说明"。

三师范学校。1927 年秋，转任苏州中学教师。

在中学任教其间，尤其是任教无锡省立第三师范时期，钱穆心性思想开始萌芽。当时，钱穆任学校的国学教席，且这一职务是随班递升。同时，学校还要求除国文正课外，教师每年都要有新的课程。钱穆第一年讲了"文字学"，第二年讲了"论语"，第三年讲了"孟子"，第四年讲了"国学概论"。这一系列课程，促使钱穆对孔孟之学进行了较为系统的整理与归纳，其独具特色的心性思想也初显端倪。这一时期其心性思想的代表性作品有《论语要略》《孟子要略》《国学概论》和《王守仁》。《论语要略》成书于 1924 年，1925 年 3 月由上海商务印书馆出版；《孟子要略》成书于 1925 年，1926 年由上海大华书店出版；《国学概论》成书于 1928 年，1931 年由上海商务印书馆出版；《王守仁》① 系 1928 年春受上海商务印书馆之邀而作，收到该馆所编"万有文库"，于 1930 年 3 月出版。

《论语要略》《孟子要略》原为钱穆在江苏省无锡县省立第三师范学校任教时之讲义，二书无论是在行文体例、文字风格还是思想内容上都有着强大的相似性与一贯性。在论及"孔子之学说"时，钱穆有从人心、人情角度阐发"仁"的思想，在论及"孟子之性善论""孟子之修养论"时，钱穆也从人心、人情角度揭示"性善"的本义。试举几段文字为例。

> 孔子与弟子论行己处世之道，最重"仁"字。仁者，从二人，犹言人与人相处，多人相处也。人生不能不多人相处。自其内部言之，则人与人相处所共有之同情曰"仁心"。自其外部言之，则人与人相处所公行之大道曰"仁道"。凡能具仁心而行仁道者曰"仁人"。……人之相处，首贵直心由中，以真情相感通。②

---

① 1954 年 10 月，钱穆将原书略加改定，更名为《阳明学述要》，交由（台北）正中书局于 1955 年 3 月再版。

② 钱穆：《论语要略》，载《四书释义》，九州出版社 2010 年版，第 55 页。

> 心者，身之主也。非极吾心之善端，则不知性之善也；故曰："尽其心者，知其性也。"性为天之所赋于我者，非知我之性，则不足以知天；故曰："知其性，则知天矣。"心不存则放，性不养则戕，我之心性赋于天，故存心、养性所以事天也。夫极乎我心之量，而达乎性之至善，任则至重也，道则至远也，死而后已者也；故夭寿不贰，修身以俟之矣。此虽天之所以命我者，而贵乎我之能自立其命，此之谓"立命"也。此章可谓孟子论修养之大纲极则也。①

在任教中学时期，钱穆对于孔子、孟子的思想开始进行整体的阐发。无论是对于孔子的"仁"，还是对于孟子的"性善"，钱穆那时就已开始从人之心性角度加入剖析。这一点，在钱穆七十余年的治学生涯中是一以贯之的。与后期他在阐发中国传统学术之旨时不同的是，钱穆在此一时期对儒学的理解还是就事论事的，并未从整体上进行打通式的解读，因此，也并未如前后期那样，将儒学整体定义为"心性之学"。这一点，在《国学概论》中有鲜明的体现。

《国学概论》一书偏重对学术史的梳理与概括，于先秦两汉魏晋时期中国传统心性思想尚未有关注，直到佛教传入，中国化佛教宗派出现，尤其在分析禅宗时，钱穆才开始对心性进行分析。那一时期钱穆对心性思想的阐发具体体现在先是从佛教角度阐发心性之学的特点，进而从宋明理学角度进一步分析其主要特征。

> 故佛学之兴，其先由乎汉儒说经，支离繁委，乃返而为内心探求。接步庄老，体尚虚无。而机局转动，不能自已，翻经求法，不懈益进。驯至经典粲备，教义纷敷，向外之伸展既尽，乃更转而为心源之直指。于是以禅宗之过渡，而宋明学者乃借

---

① 钱穆：《孟子要略》，载《四书释义》，九州出版社2010年版，第215—216页。

以重新儒理。其循环往复转接起落之致，诚研治学术思想者一至可玩味之事也。①

从上引文字不难看出，钱穆此时认为，在中国，心性之学本质上是一种"反动"，是对儒家经学从外在支离烦琐的解读的反动，是源自对佛教经典的"向外之伸展"的反动。而宋明理学在佛教禅宗的基础上，又将儒学学术思想从心性角度向前推进了一步。也就是说，这一时期，钱穆虽然开始关注与解读了心性之学，但并未将心性之学定义为中国传统学术的本质属性，而仅将其视为宋明理学特有的理论特征。进一步说，其实此时的钱穆也不认为心性之学是全部宋明理学的共性特征。

在钱穆看来，宋明理学思想中有"唯物"和"唯心"之别②，像周敦颐、邵雍、张载等人，都是从外在的宇宙本体角度入手立论人生正道，因此属于"唯物"路径。

> 故要而论之，此三人者，皆以惟物之观念，说明宇宙之本体。皆以化小己为大我，奉为人道之正鹄。③

也就是说，在钱穆看来，北宋时期的周、邵、张虽属理学家，但其向外的运思路径决定了他们的学说是"唯物"的，所以不能从心性之学角度入手进行阐发。但是，这一情况到了二程那里有了变化。

---

① 钱穆：《国学概论》，（台北）联经出版事业股份有限公司1998年版，第214页。
② 钱穆所说的"唯物""唯心"，只是在表述上与马克思主义哲学相同，其内涵则相去甚至。在钱穆看来，先从外在的宇宙本体角度立论，进行转入对人生大道的阐发，这是一种由外而内、由远及近的"唯物"运思路径；而相反，直接从人内在的心性本身入手阐发人生大道的则为"唯心"。
③ 钱穆：《国学概论》，（台北）联经出版事业股份有限公司1998年版，第228—229页。

第一章　钱穆心性思想的学术分期

> 其后有二程（明道与伊川），而学风乃一变。①

那怎么变的呢？

> 则二程之勿尚玄言，专贵真修，断可识矣。②
> 而二程论学，亦自有别。明道之学，首本"识仁"。③

二程（尤其是程颢）一系不喜欢"玄言"，喜欢从人本身入手进行"真修"，这无疑走的是有别于"唯物"的"唯心"路径。具体说来，程颢要通过"识仁"来体认人生正道，程颐要通过"居敬求理"来践行人生大道。

> "仁者浑然与物同体"，则仍是体认大我之意。然只就此心当下识取，则不须远索之于人物未生、宇宙未分以前，冥漠虚无之境，而必为太极无极、阴阳五行之纷纷也。故曰："识得此理，以诚敬存之而已，不须防检，不须穷索。"盖濂溪、百源、横渠，皆不免悬空探索，造一宇宙缘起，人物本原之理，而以工夫为凑合。明道则鞭辟近里，谓心苟不懈，存久自明，即以吾心为宇宙，即以本体属工夫，而更不劳有勉此赴彼之迹也。故识仁而后可以"定性"。④

从中不难看来，虽然此时钱穆已开始研究心性思想，还不系统，但已能看出其早年心性思想偏于"陆王心学"的特点，确切来说，是偏于阳明学。对于阳明学，钱穆早年是极为推崇的。

> 自阳明出，而理学之天地乃一新。⑤

---

① 钱穆：《国学概论》，（台北）联经出版事业股份有限公司1998年版，第229页。
② 钱穆：《国学概论》，（台北）联经出版事业股份有限公司1998年版，第236页。
③ 钱穆：《国学概论》，（台北）联经出版事业股份有限公司1998年版，第237页。
④ 钱穆：《国学概论》，（台北）联经出版事业股份有限公司1998年版，第238页。
⑤ 钱穆：《国学概论》，（台北）联经出版事业股份有限公司1998年版，第261页。

及阳明出，单提"致良知"一语，从行事着眼，而后"吾心"之与"外物"，"居敬"之与"穷理"，皆可以沟通而无阂。盖明道、象山偏于内，其失也涵养持守而无进学，不免于空疏。伊川、晦庵偏于外，其失也记育博览而无凑泊，不免于支离。惟阳明即本吾心之真诚发露，而一见之于行事，即知即行，相寻而长，乃可以超乎居敬穷理之上，而收心物兼济、内外交尽之功也。故言宋明理学者，濂溪、横渠究极宇宙万物本原一派，终不免为断港绝潢。虽朱子《格物补传》之说，汪洋恣肆，汇为大观，亦得非朝宗所极。而明道"识仁"之意，至姚江出而言"致良知"，乃然后心物兼赅，体用一源，为可以无遗憾也。故理学之有姚江，如百川之赴海，所谓不达而不止者也。①

从上引文字不难看出钱穆对于阳明学的推崇。在那时的钱穆看来，宋明理学诸家除阳明外，为学都有所偏重，或偏于内，或偏于外，唯有阳明能做到"即知即行""心物兼济、内外交尽""体用一源"，之所以能如此，就在于王阳明的"致良知"学说简易直接，是真正的"本吾心之真诚发露，而一见之于行事"，这在钱穆眼中才是心性之学的最正当表述。当然，后来，钱穆对自己早年在《国学概述》中阐发的某些观点有所修正。他曾在1955年"新版附识"中作了如下解释。

此稿成于三十年前，迄今回视，殆所谓粗识大体，未尽精微者也。……此次再版，于本章原文，亦一仍其旧，绝不再加增删。此非谓当时叙述，便成定论。盖使读者获知三十年前人对其当时学术思潮之一种看法。此亦可作一种史料视耳。②

---

① 钱穆：《国学概论》，（台北）联经出版事业股份有限公司1998年版，第270—271页。
② 钱穆：《国学概论》，（台北）联经出版事业股份有限公司1998年版，第5—6页。

第一章 钱穆心性思想的学术分期

对自己早年某些学术认知进行一定程度的否定，非常突出地体现在钱穆对于阳明学的看法上。可以说，对宋明理学的心性思想，钱穆早期是非常推崇阳明学的，但到了晚年居台时期，钱穆的治学重点转向了朱子学，对朱子心性思想的推崇与对阳明心学的批判是并列呈现的。① 此为后话。

任教中学时期，钱穆推崇阳明心学的做法除在《国学概论》中有所体现外，还在《王守仁》中有大量表述，试举几例。

> 天理两字，是北宋以来理学家最认真寻讨的问题，其实天理只是分善别恶的一个总名，除去分善别恶，便无天理可见。至于善恶的标准，推极本源，只在人心的自然灵觉处。所以天理只从人心上发，除却人心，不见天理。那个天理本源的人心，便叫良知。②

> 据普通一般见解，阳明自是偏向象山，归入唯心的一面了；其实阳明虽讲心理合一，教人从心上下工夫，但他的议论，到底还是折衷心物两派别开生路，并不和象山走着同一的路子。……他在心、物之间特别指点出一个感应来，这是王学的超过朱、陆处。③

以上，说的是钱穆早期对心性之学的理解具有狭义性的特点，这是从范围上说；除此之外，如果从治学思维上说，这一时期钱穆对传统心性命题的解读还具有了"西化"的特点。再举例加以印证。

> 盖孟子道性善，其实不外二义：启迪吾人向上之自信，一

---

① 对于钱穆为学的由阳明学转向朱子学的一番学术经历，可参见作者的一篇论文《从"高明"到"粗疏"——钱穆的阳明学研究述评》，《大庆师范学院学报》2014年第1期。
② 钱穆：《王守仁》，商务印书馆1931年版，第54页。
③ 钱穆：《王守仁》，商务印书馆1931年版，第65页。

也。鞭促吾人向上之努力,二也。故凡无向上之自信与向上之努力者,皆不足以与知孟子性善论之真意。若从别一端论之,则孟子性善论,为人类最高之平等义,亦人类最高之自由义也。人人同有此向善之性,此为平等义。人人能到达此善之标的,此为自由义。凡不主人类性善之论者,此皆不主人类有真平等与真自由者。爰特揭此二义于先,以为考论孟子性善论之大纲焉。①

孟子之意,仅主人间之善皆由人性来,非谓人之天性一切尽是善。吾所谓启迪吾人向上之自信,与鞭策吾人向上之努力者,必自深信人性皆有善与人皆可以善始。否则自暴自弃,不相敬而相贼,而人类乌有向上之望哉?②

"性善论",是儒家心性思想之根。对孟子首倡的"人性善",历代学者紧随孟子的思路主要从善端角度切入,到了宋明理学有了明显的本体论特征。钱穆则基于稳健的史学立场,在大量运用打通时空脉络的历史思维的同时,还从当时流行的"平等"与"自由"观念入手③,在古老的思想命题中加入时代的流行观念,将二者有机结合,使传统的"性善论"思想与近代学术思维接轨,使得这一古老命题焕发出时代的生机。

二 任教于北平高校时期

抗战之前,钱穆主要在北平高校任教,心性思想与考据学、通史观、文化观时有交错地并存于他的学术视野中,其早先所持的狭义心性观逐渐容纳了更多的学术资源,开始丰富发展起来,以《中国近三百年学术史》为代表。

---

① 钱穆:《孟子要略》,载《四书释义》,九州出版社2010年版,第192—193页。
② 钱穆:《孟子要略》,载《四书释义》,九州出版社2010年版,第194页。
③ 可参见作者的一篇论文:《从人性本善、向善到人性应善、必善——钱穆对传统"性善论"思维的继承与发展》,《管子学刊》2013年第2期。

1930年秋，钱穆36岁，受顾颉刚推荐，钱穆被聘为北平燕京大学国文讲师，开始了其人生的另一重要阶段。钱穆由南方来北平八年，陆续在燕京大学、北京大学等名校授课，并在清华大学、北平师范大学等校兼课，这一时期，是他学术生涯中的第一个高峰期。他不仅完成了与梁启超同名学术史著作《中国近三百年学术史》①，以一人之力讲授《中国通史》(为其后来写作《国史大纲》作了前期铺垫)，还有机会与学界名家切磋学问，进行学术争鸣，为其学术思想走向成熟打下了坚定的基础。从客观来说，这时期钱穆治学的重点在考据而非义理，因此，其心性思想在学术视野上与任教中学时期并未有太大的变化，最大的不同体现在此时的他开始用进化论思维分析中国传统命题。

> 里堂言性善，以人之有智慧言之，又以人之能进化言之。其说亦本于东原，而人类之自以其智慧而进化者，其一段之历程，里堂名之曰"变通"，变通之所得即善也，仁义则善之大者。故曰："人性所以有仁义者，正以其能变通，异乎物之性也。以己之心通乎人之心，则仁也。知其不宜，变而之乎宜，则义也。仁义由于能变通，人能变通，故性善；物不能变通，故性不善。(正义《性犹杞柳》章)"人类何以必出其智慧以求变？里堂则曰变化所以为利。②
>
> 里堂以人智之进化言性善，故不喜言赤子之心。③

同样是阐发孟子"性善论"之旨，在《孟子要略》中，钱穆是用"自由""平等"近代观念加以解读，而在《中国近三百年学术史》中，钱穆以"进化"说"变通"，以西方式的学术思维解说自

---

① 本书为钱穆在北京大学讲授"中国近三百年学术史"一课时所编讲义，由上海商务印书馆于1937年出版。
② 钱穆：《中国近三百年学术史》，九州出版社2011年版，第500页。
③ 钱穆：《中国近三百年学术史》，九州出版社2011年版，第501页。

《易经》流传下来的变易之道，不能不说，这是钱穆为学日进的一种体现。一直以来就有学者称钱穆为文化保守主义的代表，其实仔细阅读钱穆的文字就可发现，他并非墨守成规、顽固不化，他一直在关注时代、广泛涉猎，只不过他是择善固执罢了。

第二节　广义心性之学时期（"文化心学"时期）

从全面抗战爆发，一直到1986年告别杏坛，一方面由于北平高校任教期间学术视野更加开阔、学术积淀更加丰厚，另一方面时局动荡、现实难题急需学术提出应对之道，钱穆对传统的心性之学开始转向持广义的见解。当然其间也有一个视野逐步拓宽、分析逐步加深、学问逐步贯通的过程。也就是说，虽整体来看钱穆的心性思想是从广义上立论，但也有着明显的阶段性特征。具体而言，钱穆此一时期的心性之学基本上可以概括为两个阶段，分别是任教于南方各地高校时期（1938—1949年）和港台办学定居时期（1949—1990年）。

一　任教于南方各地高校时期

1937年，全面抗战爆发后，钱穆随北京大学南渡，先后在西南联合大学、齐鲁大学、武汉大学、浙江大学、华西大学、四川大学、昆明五华书院、云南大学、江南大学、广州私立华侨大学等高校任教，主讲文史课程。其间，钱穆一方面于辗转流离中心忧国运，另一方面思以学术救国以文化凝聚人心，于流离中将学术研究与家国情怀统一起来，1939年《国史大纲》① 完成后，紧接着续写其姊妹

---

① 钱穆在北大讲授中国通史四年，在西南联大续讲两年，每年所讲内容虽有所增删但大宗旨不变。其在西南联大时，正值国运蜩螗，同事陈梦家两次力劝钱穆应时代的迫切需要，为中国通史写一本教科书，以使全国青年受益。钱穆采纳了这一建议，怀着"写中国最后一本通史"的悲壮情绪，开始了著名的《国史大纲》的写作。该书的写作自1938年5月开始，至1939年6月完成，历时13个月脱稿，50余万字。几经周折，于1940年6月由上海商务印书馆出版。该书自初版以来，版行无数，被列为中华民国国民政府教育部大学用书，风行全国。

篇《中国文化史导论》①，是为其广义心性思想的开端。1948年，钱穆任无锡江南大学文学院院长，课余又撰写随笔《湖上闲思录》②，体现了学问上的与时俱进和融会贯通。

《国史大纲》是钱穆学术生涯中一座丰碑，不仅在学术界产生重大影响，还因为以该书为界，之后，钱穆的治学兴趣由历史学明显转入文化史，其心性思想也由狭义转向广义。这一点在《中国文化史导论》中得到了明显的体现。

> 论语里的"仁"字，这是儒家理想中人道的代表。仁是一种人心的境界与功能，人与动物同有心，但动物的心只限于个体求生存的活动，只有人类心，其功能和境界，超出一般动物之上，在同类中间可以互相感通，不仅为个体求生存，并有为大群文化的意义。这种心能和境界，在人类文化史里，也正在不断的演进和完成，其范围极广泛，但又极幽微，骤难确指。儒家常喜用孝弟两字为做这一种心的境界和功能之示例。孝弟便是人类超个体而相互感通的一种心境。孝是时间之直通，弟是空间之横通，故人心有孝，则人生境界可以悠久无尽；人心有弟，则人生境界可以广大无穷。孔子论语，除却孝弟外，又常说到"忠恕"。"尽己之谓忠，推己之谓恕"，忠恕也是指点人心而言。譬如人子尽他的心来孝顺父母，此便是其忠。要孝顺父母，必须先意逆志，了解父母的心理，此便是其恕。故孝、弟、忠、恕仍只一心，惟孝弟专对家属言，忠恕则泛及朋类。

---

① 本书写于《国史大纲》之后，是钱穆专就通史中有关文化史的内容所作的专门导论，也是钱穆第一部讨论中国文化史而同时兼치中西文化异同的有系统性的著作。钱穆自言，自此以后46年，对中西文化问题的商榷讨论，大体论点并无越出本书所提主要纲宗之外。该书于1943年由重庆正中书局出版。

② 1948年春，钱穆任无锡江南大学文学院院长，时政局不稳，又值胃病初愈，课余之暇，常徜徉于湖山胜景之中，对宇宙人生乃至中西文化有了很多独特的思考。适逢其友谢幼伟为上海《申报》副刊《学津》邀稿，钱穆就以"湖上闲思随笔"应之。历时四个月积成三十余篇文字。后几经波折，至1959年秋由香港《人生杂志》陆续刊布，于1960年由人生出版社结集出版。

这种孝、弟、忠、恕之心，便是孔子最看重的所谓仁，也便是人与人相处之道。随后孟子又补出"爱敬"二字。（论语里虽亦说到爱与敬，但把此两字特别提出，合在一起，认为人类心智里面的"良知良能"，则是孟子。）孝弟忠恕全只是爱敬。人人莫不想望获得人家的爱与敬，我即先以此爱与敬施之人，即此便是孝弟忠恕，亦即此便是仁，即此便是道。①

在前文引用《论语要略》中关于"仁"的见解时曾提到，钱穆那时解释"仁"时已开始从人心、人情角度入手来分析，着眼于人与人"真情感通"方面揭示其内涵；在《中国文化史导论》中再阐发"仁"的含义时，钱穆已开始从"大群文化""人类文化"角度着眼，泛论人心的境界与功能，将"仁"视为人与人相处之大道。这样一种发于人心的大道，合而言之为"仁"，分而言之为"孝悌忠恕"，思想命题的解读与文化精神的揭示已有机贯通，狭义的心性之学有了文化意蕴。"人心之仁"不仅可以打通时空贯通人道，而且可以浸透人道思想的方方面面，以此显示其无所不在的"文化"意蕴，"礼"即如此。

  孔子讲的道，有时像是依然要保留当时封建社会阶级性的礼的精神，但孔子在礼的后面已安放了一个新的灵魂，即是他常说的人心之仁。孔子认为礼由仁生。礼虽似阶级的，而仁则是平等的。礼虽似宗教的，而仁则是人道的。那时在政治化的宗教里的最大典礼，要算郊天之礼了，只有天子可以郊天，这是十分表示着阶级性的，但孔子不注重尊天而注重孝父母。孔子认为祭礼最庄严处即在发自人类内心的仁，祭天与祭父母，一样要由人类内心之仁出发。仁既为人人所共有之心境，则祭礼的庄严，亦应为人人所共有，无分贵贱。天子可以祭天，而

---

① 钱穆：《中国文化史导论》，河南人民出版社2017年版，第67—68页。

人人可以祭父母。人人能在祭礼中获得一种心的最高境界，使其内心之仁自然流露。人心能常有此种训练与此种认识，则世界自可到达理想的人道。①

孔子的教训，只在指点出人心中一种特有的境界和功能而加以训练。使之活泼流露，好让人自己认识。然后再根据此种心能来改进现世真实的人生，孔子拈出一个人心中仁的境界，便不啻为中国古代经典画龙点睛。②

儒家之"礼"看似外在，实则依然以"人心之仁"为灵魂。在钱穆看来，"礼由仁生""祭礼最庄严处即在发自人类内心的仁，祭天与祭父母，一样要由人类内心之仁出发"。"礼"可以使"内心之仁自然流露"。长此以往，人类社会自然就会达成"理想的人道"，即"仁"道。正因如此，在钱穆看来，孔子"拈出一个人心中仁的境界"是"为中国古代经典画龙点睛"，即集中体现心性之学精神内涵与精神境界的"仁"，是中国传统思想中最为重要、最为核心的命题。理解了"人心之仁"，就理解了中国传统文化。通过这样的分析与综合，钱穆将"心性"的探讨与文化的揭示统一了起来，他的"文化心学"致思路径就此形成。

如果说《中国文化史导论》开钱穆"文化心学"之端倪，那么，《湖上闲思录》就是融会钱穆大陆时期心性思想之精华。《湖上闲思录》写于1948年春，可视为钱穆离开大陆前的最后一本重要著作。虽然此书很短，仅九万字，但字字珠玑，言浅意深，既有史家之沉潜与细密，又有哲人之深邃与严谨，同时还有文学家之灵透与光彩。该书在内容上就人类精神和文化领域诸多或具体或抽象的相对命题作了细腻而深刻的分析与阐发，如情与欲、理与气、善与恶等，从两相对照的视角思索了人类存在的一些基本

---

① 钱穆：《中国文化史导论》，河南人民出版社2017年版，第67—68页。
② 钱穆：《中国文化史导论》，河南人民出版社2017年版，第68页。

性问题。1958年时钱穆重阅旧稿,认为"与平日素所蓄藏,无大悬别",可见此书思想之价值。读者于该书中随处可见钱穆于心性之学融会贯通后看似随意实则深思熟虑的创造式解读。接下来试举几例加以分析。

> 儒家并不在人类自心之外去另找一个神,儒家只认人类自心本身内部自有它的一种无限性,那即是儒家之所谓性。人心是个别的,因而也是各偏的,不完全而有生灭的,相对而有限的。但人心亦有其共通的部分。这些共通部分,既不是个别的,又不是各偏的,而是完全惟一的无起灭而绝对永存的。儒家之所谓"性",即指此言。①

"性",是心性之学中的核心概念。不同于《孟子》以"善端"说"性",也不同于《中庸》以"天命"说"性",宋明理学家以本然与实然二分的"天地之性""气质之性"来说"性",钱穆在人类心灵的同然处说"性"。在钱穆看来,"性"是"共通"的、"无限"的、"惟一"的"无起灭而绝对永存"。这样一个表述有类于佛教所说的"佛性"。钱穆为何要这样阐发"性"的意旨呢?这与钱穆对儒家是"人道教"的理解或者追求使中国心性文化成为一种"人道教"的为学目标有关。他曾在《略论中国宗教》一文中进行过论述。

> 孟子言:"尽心知性,尽性知天。"中国人观念中之"天",即在其一己性命内。所谓"通天人,一内外"者,主要即在此。离于己,离于心,则亦无天可言。故中国人所最重要者,乃为

---

① 钱穆:《二五 性与命》,载《湖上闲思录》,生活·读书·新知三联书店2005年版,第122页。

己之教，即"心教"，即"人道教"。①

在钱穆看来，"人道教"即"心教"，即中国传统的尽心知性之学。这样的一种学问与一般意义上的宗教是截然不同的。

> 宗教家惟其认有一神超越于自己小我有限之上，则此有限内心如何与此至高无限之神相交接，其普通必有之手续即为祈祷。祈祷遂成为宗教之精髓与宗教之神魂。祈祷是宗教上之必有手续，与必有实践。儒家既认性之至善即在我心，故儒家教义不须有祈祷。但此至善之性，究竟也是我心内较高较深的部分，虽在我心之内，而贯通于心与心之间，则又若超越于我心之外，因此我心有限，而我心之性则无限。②

一般意义上的宗教，"神"超越于"自己小我"之上，有限之人心与无限之神灵只有靠"祈祷"方能"相交接"。儒家的"心教"不如此，因为有既本于人心之内又"贯通于心与心之间"，既有限又无限的"性"的存在，这就使得个体生命有了由小我达成大我的趋向与可能，这种说法其实就相当于近些年流行的"内在超越"③ 说。可以说，中国传统思想文化中关于心性的探讨，为中国文化不追求彼岸世界、立足此岸世界的"内在超越"的自我提升之路提供了扎实的前提与基础。

以上简单摘录了《湖上闲思录》中的一些文字，分析钱穆在此一时期关于心性的看法。可以看出，钱穆此时依然关心文化问题，依然喜欢从宏观的视角辨析文化类型的不同，分析中国传统心性之

---

① 钱穆：《略论中国宗教 一》，载《现代中国学术论衡》，生活·读书·新知三联书店 2001 年版，第 1 页。
② 钱穆：《二五 性与命》，载《湖上闲思录》，生活·读书·新知三联书店 2005 年版，第 122—123 页。
③ "内在超越"是 20 世纪 50 年代初期由唐君毅、牟宗三等人提出，而真正流行是在 30 年后。

学的特质及价值,而其得出的结论已明显不同于先贤们关于心性的见解,具有了汇通中西又戛戛独造的特点。

二 港台办学定居时期

受时局影响,钱穆在1949年远走香港。在香江办学前期,因为行政事务繁忙,钱穆于学术方面投入的精力有限,虽然也出版了大量的学术著作,但很多都是从前的存稿或再版,其于心性之学的贡献更多地不在理论上的创辟而是实践上的力行。这一点在《新亚遗铎》①收录的有关新亚办学的相关资料中就有鲜明的体现。先看一下钱穆作词的《新亚校歌》。

> 山岩岩,海深深,地博厚,天高明,人之尊,心之灵,广大出胸襟,悠久见生成。珍重珍重,这是我新亚精神。珍重珍重,这是我新亚精神。十万里上下四方,俯仰锦绣;五千载今来古往,一片光明。五万万神明子孙。东海西海南海北海有圣人。珍重珍重,这是我新亚精神。珍重珍重,这是我新亚精神。
>
> 手空空,无一物,路遥遥,无止境。乱离中,流浪里,饿我体肤劳我精。艰险我奋进,困乏我多情。千斤担子两肩挑,趁青春,结队向前行。珍重珍重,这是我新亚精神。珍重珍重,这是我新亚精神。②

歌词一共两段,除"珍重珍重,这是我新亚精神"这一反复出现的主题句外,其他处都是钱穆结合现实体现中国传统心性之学的地方,无论是运思的路径,还是展露的思想,都是如此。以第一段

---

① 该书主要以新亚书院出版的《生活周刊》(后改《生活双周刊》,又改《生活月刊》)为资料来源,汇集钱穆主持校政16年中对学生的各种讲演以及其他相关资料,于1989年成书,交由(台北)东大图书公司出版。

② 钱穆:《新亚遗铎》,(台北)联经出版事业股份有限公司1998年版,"序"。

为例。第一句由"山""海""地""天"起笔,为中国传统"易"学思维由天及人、由外及内、由大及小的运思方式的体现;第四句体现的依然是"易"学思维(宇宙思维),由空间到时间,一方面讴歌祖国广袤的大好河山,另一方面赞美华夏悠久的历史文明;第五、六句由物及人,体现的是中国传统的圣贤思维,而且"东海西海南海北海有圣人"完全化用了陆九渊心学①的思想。如果说歌词的第一段着重体现的是中国传统心性之学的运思路径的话,那么第二段着重体现的则是中国传统心性之学的思想内容,而且很明显,由"饿我体肤劳我精""艰险我奋进,困乏我多情"来看,更多的是体现孟子的心性之学思想。从以上分析不难看来,钱穆已经将中国传统心性之学的理论运用于办学实际,以心学精神鼓舞、勉励师生共同奋进。这样的特点钱穆在1955年4月诠释"新亚校训"时也有体现。

> 我们要做到"诚"字的第一步工夫,先要"言行合一"、"内外合一"。口里说的、心里想的、外面做的、内心藏的,要使一致,这始叫作"诚"。
> 我们做到"诚"字的第二步工夫,便要"人我合一"。我们只要真做到第一步工夫,自然能了解到第二步。譬如我们在独居时,访如在群居时。我们在人背后,该如在人面前。我们不欺骗自己,同时也不欺骗别人。我们不把自己当工具,同时也不把别人当工具。循此渐进,便到人我合一的境界。这样的人,别人自会说他是一位诚实人。
> 我们要做到"诚"字的第三步工夫,便是"物我合一"。如何叫物我合一呢?我有我的真实不虚,物有物的真实不虚。

---

① 原文为:"东海有圣人出焉,此心同也,此理同也;西海有圣人出焉,此心同也,此理同也;南海北海有圣人出焉,此心同也,此理同也;千百世之上有圣人出焉,此心同也,此理同也;千百世之下有圣人出焉,此心同也,此理同也。"陆九渊:《年谱》,载(宋)陆九渊集《陆九渊集》(卷36),钟哲点校,中华书局1980年版,第483页。

要把此两种真实不虚,和合成一,便也是诚了。如我饮食能解饥渴,这里有事实、有实效,便是诚。但是有些物,饮食了能解饥渴;有些物,饮食了不能解饥渴,不仅不能解饥渴,而且会生病,这里便有物的真实。所以人生便是这人的真实和物的真实之和合。试问:做人如何能不真实,对物又如何能不真实呢?

我们要做到"诚"字的第四步工夫,便要"天人合一",也可说是"神我合一"。如何叫天人合一呢?

你若问:天地间何以有万物,何以有人类?我处在此人类中、万物中,何以能恰到好处,真真实实,完完善善地过我此一生?你若懂从此推想,从此深思,你便会想到天、想到神,你便会想到这里面纯是一天然,或说是一神妙呀!因此你只要真能真真实实,完完善善地做一人,过一生,那你便可到达于"天人合一"、"神我合一"的境界了。①

钱穆在阐发"诚"字内涵时分四步工夫进行,分别用到了四种"合一":第一步为"言行合一""内外合一",第二步为"人我合一",第三步"物我合一",第四步"天人合一""神我合一"。这四步"合一",第一步是从自身着眼,第二步是从社会角度着眼,第三步是从自然角度着眼,第四步是从天地角度着眼。这四步"合一",由小到大,由浅到深,由低到高,循序渐进地分析着"诚",实现着"诚",使这一古老深邃的观念现实平易。这使心性之学由内及外,实现了理论向现实的转化。

以上举了两例,说明香港办学时期(20世纪五六十年代)钱穆对心性之学的贡献主要在于将理论运用于实践。1954年4月,新亚书院得到美国雅礼协会资助,之后又得哈佛资助,学校办学

---

① 钱穆:《新亚校训诚明二字释义》,载《新亚遗铎》,生活·读书·新知三联书店2021年版,第76—77页。

规模逐步扩大,教学运行步入正轨,钱穆渐渐可以抽出时间继续进行深入的学术研究,这一段时间和定居台湾之后的时间合到一起,构成了钱穆的学术生涯的又一黄金时期。钱穆这一时期首先问世的有关心性之学的重要著作,可推于1963年出版的孔学力作《论语新解》。《论语》一书向来为钱穆重视,其生平第一部著作即是研究《论语》的。但是,《论语新解》与其早期在大陆时期的相关论著相比,有了很大的不同,文化的意味、信仰的意味更加浓厚,从该书中使用了700余个"心"字上就能见出端倪。他此时着力从文化的角度解读心性,使心性之学的含义更加宽泛并体现了凝聚人心、弘扬民族精神的旨归。他在解读"本立而道生"时有如下的分析。

> 本立而道生:孔子之学所重最在道。所谓道,即人道,其本则在心。人道必本于人心,如有孝弟之心,始可有孝弟之道。有仁心,始可有仁道。本立而道生,虽若自然当有之事,亦贵于人之能诱发而促进之,又贵于人之能护养而成全之。凡此皆赖于学,非谓有此心即可备此道。①

"本立而道生"一句中,没有一个"心"字,但钱穆在解读此句时用了5个"心"加以分析。他用"心"来阐释"道",用"孝弟之心"阐释"孝弟之道",有"仁心"阐释"仁道",但"心"与"道"不能简单等同,还有赖于"学",最后得出的结论是"凡此皆赖于学,非谓有此心即可备此道",从而凸显了"学"在"即心即道"达成中的重要性与关键性。而"学"作为工夫,本身就是心性之学在实践环节的重要彰显。因此可以说,无论是问学,还是求道,都必须以"人心"作为根本,而孔子之学之所以高明,就在于"本人心以立教"。

---

① 钱穆:《论语新解》,生活·读书·新知三联书店2007年版,第6页。

> 孔子即本人心以立教，好高骛远以求之，乃转失其真义。①

"本人心以立教"的儒学是切问近思的学问，如果舍近求远反而不得要领，失其本真。儒学讲究个"内圣外王"，如果说"立教"偏于"内圣"的话，那么"论政"则偏于"外王"；"立教"要本"人心"，"论政"同样要本"人心"。

> 孔门论政主德化，因政治亦人事之一端，人事一本于人心。德者，心之最真实，最可凭，而又不可掩。故虽蕴于一心，而实为一切人事之枢机。为政亦非例外。此亦孔门论学通义，迄今当犹然。②

"孔门论政主德化"，"德"则"心之最真实，最可凭，而又不可掩"者。因此，"论政"不能与"人事"相悖，不能脱离"人心"。所以，可以说，孔门的一切学问，都是立足于人的真性情，归本于人心。

> 孔门论学，主要在人心，归本于人之性情，学者当深参。③

概括来说，从人心、人性、人情角度解读《论语》，是钱穆治孔学的一大特色。基于这样的体认，钱穆越来越将心性之学广义化。在他看来，不仅孔子本人的学问是心学，孔子后学的学问也无不是心学；不仅儒学是心学，连同道家思想、佛教思想也无不是心学。也可以说，从此开始，孔子广义化的文化心学开始真正形成，在这一时期与之后的很多著作中都有体现，如《中国文化精神》④《朱子

---

① 钱穆：《论语新解》，生活·读书·新知三联书店2007年版，第20—21页。
② 钱穆：《论语新解》，生活·读书·新知三联书店2007年版，第30页。
③ 钱穆：《论语新解》，生活·读书·新知三联书店2007年版，第31页。
④ 最初由（台北）三民书局于1971年出版。

新学案》①《孔子与论语》②《灵魂与心》③《晚学盲言》④ 等。接下来再列举几例加以简单分析。

  孟子曰："尽心以知性，尽性以知天。""心"与"性"与"天"之三者，有其层累而上之阶次。自孔孟以下，至于宋儒，莫不最看重人之"心"。故宋儒性理之学，又可称为"心性之学"。其实孔子以下中国儒家之最大贡献，即在此心性学上。⑤

  宋明理学中，又分为两大派：一曰程朱理学，一曰陆王心学。因陆王主张"心即理"，而程朱则主张"居敬穷理"。后人遂疑居敬穷理，则似理在心外；心即理，始是理在心内。于是遂分之以为二。依我个人意见，程朱同亦主张理在心。而且穷理工夫主要端在心，仍必从心做起；因于格物而所穷得之理，非与吾人心中之理有不同。穷外界事物之理，即是穷吾人内心之理。因此程朱之学，亦可谓是心学，只与陆王所讲稍不同。或许是讲得更精些！⑥

从孟子的尽心知性知天，到宋明理学诸家的大谈心性，在钱穆看来，足以说明儒学即是"心性之学"。虽然在理学家那里，似乎有偏于"心即理"与"居敬穷理"的不同，但从本质上来说，都没有离开"心"来谈"理"，因此都属于"心学"范畴。可以说，此一时期钱穆谈"心"已经完全是从广义的层面，或者说文化的层面来谈，接下来我们继续看来的分析。

---

① 最初由（台北）三民书局于1971年出版。
② 最初由（台北）联经出版事业有限公司1974年出版。
③ 最初由（台北）三民书局于1976年出版。
④ 该书为钱穆晚年最后一部正式撰写著作，成书于1986年秋，翌年由（台北）东大图书公司出版发行。
⑤ 钱穆：《孔子与中国文化及世界前途》，载《孔子与论语》，九州出版社2010年版，第320页。
⑥ 钱穆：《孔子之心学》，载《孔子与论语》，九州出版社2010年版，第387—388页。

> 中国人所谓"心",并不专指肉体心,并不封闭在各个小我自体之内,而实存在于人与人之间,哀乐相关,痛痒相切。中国人称此种心为"道心",以示别于"人心"。现在我们可以称此种心为"文化心"。所谓文化心者,因此种境界实由人类文化演进陶冶而成。亦可说人类文化,亦全由人类获有此种心而得发展演进。中国人最先明白发扬此意义者,则为孔子。①

孟子有"尽心说",张载有"大心说",钱穆在此基础上把传统心性思想向历史的向度上延伸,提出了"文化心"。这一"文化心",实质说是抟人类文化或者民族文化为一整体,从中抽离、归纳出的"同然之心"。这样的"心",是一种真实的存在,也是可达的信仰。现在与未来的人类生活只有依凭于此,生活的延展才有可能与希望,这也是中国文化给予人类的贡献。

> 中国人言"一天人,合内外"。此天地万物,由己为之中心,乃能一,乃能合。此言非具体,乃抽象。而己之为天地中心者,非其身,乃其心。但非西方哲学心物对立之心。中国则主心物合一,天地万物均融在此心中。②

在钱穆看来,西方哲学实质是主"心物对立",中国文化则主"心物合一";事实上,只有将"心"从文化的意义上去理解,"心物合一"也才真正有可能。"文化心"的理念不仅能将人类抟聚成一体,而且可以将世间万物抟聚成一体。这样的"心",有何不好呢?这样的理念,于己、于人、于物,均有益无害,为什么不要呢?这样解读中国传统的心性之学是钱穆的学术思想,也是钱穆的学术信仰,是他为人类的现实与未来的健康、合理生存、发展提供的一

---

① 钱穆:《孔子与心教》,载《灵魂与心》,广西师范大学出版社2004年版,第29页。
② 钱穆:《三 时间与空间》,载《晚学盲言》,生活·读书·新知三联书店2014年版,第48页。

剂良药。

总之而言，钱穆整体上是从广义的角度理解心学，将其视为中国文化的突出特征，而不只将其视为儒家文化的本质，这与其他港台新儒家有一致之处也有不同之处。之所以会如此，与钱穆运思采用的经史之学路径有很大关系，而且钱穆一直视中国文化为一个整体，他一直力图运用自己广博的四部之学打通传统文化，从中提炼民族文化精神，这就使得他的学问具有鲜明的文化学的意味，其所论心性之学也具有鲜明的"文化心学"特点。

第二章　钱穆对中国传统心性之学的重要阐释

钱穆一生关注中国传统学术，他对中国传统学术有很多独到的见解。依照钱穆的见解，中国传统学术应分为两大类——"心性之学"与"治平之学"，两者研究的侧重点有所不同。在钱穆看来，"心性之学"就是德性之学，即正心、诚意之学，此学属于人生修养性情、陶冶人格方面，而且中国人讲的心性之学，和西方的心理学是不同的，因为西方的心理学主要是从物理、生理方面来谈人的心理，是把人当作物来研究，而中国的心性之学是一门关于人生实际问题的学问，探讨的是人与人交往过程中共性的感应心理。那么，"治平之学"呢？

> 治平之学，亦可称为史学，这与心性之学同样是一种实践之学。但我们也可说心性学是属于修养的，史学与治平之学则是属于实践的。①

在钱穆看来，"心性之学"偏于内，偏于己；而"治平之学"偏于外，偏于群。"心性之学"与"治平之学"是中国传统学术不可分割、交相为用的两大方面：一者侧重于个人修养，二者侧重于

---

① 钱穆：《如何研究学术史》，载《中国历史研究方法》，九州出版社2011年版，第78页。

社会实践。换句话说，二者实质分别对应着中国传统的"内圣""外王"的人生理想与境界，而"内圣"心性之学是"外王"治平之学（史学）的根基所在。

> ……历史不外乎人事，而人事全本于人心。无此心即不复有此事。故治"史学"当以"心学"为主。①

所以，学术的入手处即在研究人的心性。

> 中国人言学，必于修、齐、治、平四层次能一以贯之。故"治平之道"，主要亦在学人一己之心之"存养"。但己心存养，必兼内外。果使仅主心性，而不及民物，则心性非心性，而存养非存养矣。②

钱穆经常将"心性之学"直接表述为"心学"，即关于"心"的学问以及关于如何"以心传心"的学问。钱穆之所以特别重视"心学"，是因为有了"此心"，将对民族、文化、人类本身产生至关重要的影响。在钱穆看来，每个民族都有自己的"心"，这个"心"可以理解为民族文化的精髓。有了它，民族才会抟成一体，历史才会绵延不断，人道才会充满生机，世界才会持续发展；否则，"民族将会破碎，历史将会斩断""人道将萎缩，世界末日亦终于会降临"。所以，必须有"心学"，必须有对"心性之学"的研究。

> 此心在人，人之善保此心，则贵能有学。我们应该反求诸己，也即是反求诸己心。③

---

① 钱穆：《孔学与经史之学》，载《孔子与论语》，九州出版社2010年版，第228页。
② 钱穆：《近思录随劄 上》，载《宋代理学三学随劄》，九州出版社2011年版，第228页。
③ 钱穆：《孔子之心学》，载《孔子与论语》，九州出版社2010年版，第399页。

以上，简要地分析了钱穆眼中的中国传统学术，重点分析了其对中国传统心性之学的整体认知。接下来，具体分析钱穆对中国传统心性之学的重要阐释。

第一节　四部之学即心性之学

钱穆被中国学术界尊为"一代宗师"，与吕思勉、陈垣、陈寅恪并称为"史学四大家"。其实，钱穆不仅精通史学，而且学兼四部，还对道、佛两家思想都有精深的研究。中国传统学术通常分经、史、子、集四部，道、佛两家思想可归入子部。通过对中国传统学术的全方位考察，钱穆得出如下的结论。

  关于人类心性之观察与修养，此乃中国传统学术中一特长。①

钱穆在1967年写过一篇集中探讨四部之学的文章，叫作《四部概论》，最初发表于《人生杂志》第三十二卷第五、六期。在这篇长达4万字的文章中，钱穆对中国传统的四部之学进行了全面而深刻的探讨。其对中国传统学术与心性之学关系的见解，也在娓娓道来中传达出来。下面，就以这篇文章为重点，兼及钱穆散见于其他各处的文字，梳理一下钱穆关于心性之学在中国传统学术中地位的重要看法。

一　经学即心学

在阐发经学与心性之学的关系之前，钱穆先交代了什么是经学及经学在中国传统学术中的重要地位。

---

① 钱穆：《四部概论》，载《中国学术通义》，九州出版社2011年版，第31页。

经学向认为是中国学术中最先起而又是最重要的一门学问。但经学只指对于中国古代相传几部经书之特有研究而言。①

中国传统的经学，最初有"六经"之说，但因"乐经"失传，实则只有"五经"。后来又经历了"七经""九经"的阶段，现在通常认为的经学主要是形成于南宋的"十三经"。虽然只有十三部经典，但经学在中国传统学术中的地位非比寻常，是中国传统学术的"主要中心"，是各项学问中"最重要的方面"。②而这样的"经学"，实则就是儒学，体现的是儒家精神。

在中国学术史上，是有了儒家而才有经学的，是有了新儒家而才有所谓新经学的。若儒家精神漫失了，专来讲经学，那是一种无灵魂的经学，不是真经学。清代经学便有此趋势。但若我们忽略了一向的经学传统来讲儒家思想，那也是一种无骨骼的儒家，也非真儒家。民国以来讲儒家的，便有此倾向。③

从来儒学与经学就是一体：一方面有儒家才有经学，另一方面必须依托经学来讲儒家思想，两者关系密切，遗失或忽略了其中的一个方面，都将背离中国传统学术精神。正是在这个意义上，钱穆认为，"经学即儒学"④。既然"经学即儒学"，就可以说，儒学的精神、特质实质上就是经学的精神、特质。儒学是一种做人之学、成圣之学，同样经学也是一种做人、成圣之学。

经学在中国，一向看为是一种"做人"之学，一种"成

---

① 钱穆：《四部概论》，载《中国学术通义》，九州出版社2011年版，第2页。
② 参见钱穆《四部概论》，载《中国学术通义》，九州出版社2011年版，第2页。
③ 钱穆：《四部概论》，载《中国学术通义》，九州出版社2011年版，第13页。
④ 钱穆：《中国儒学与文化传统》，载《中国学术通义》，九州出版社2011年版，第67页。

圣"之学。①

做人、成圣之学，必须以自觉、自律、自得的心性修养为核心。这样的心性修养之学，钱穆有时径直称其为"心学"。钱穆不仅在认知意义上说"心"，他通常所说的"心"更是指"人心之同然处"，是指人与人内在相通之精神与特质，是"性"，是文化心与历史心。

> 我积年来，总主张人类一切理论，其关涉人文社会者，其最后本源出发点在心。而我所指述之人心，则并不专限于理智一方面。②
>
> 人心有其"大同"，于大同之中复有其"大通"。③

从历史与文化的角度解读"心"，是钱穆为学的特色。他不是凭空谈论这一点，而是经常从儒家的孔子起笔。

> 孔子曰："吾道一以贯之"，无亦曰即贯之于我之此"心"之与历古仁贤之"心"之大同，而成其为条贯者。此在孔子则谓之"仁"，曾子则谓之"忠恕"，孟子则谓之人心之"敬"与"爱"，谓之人性之"善"，而人文社会种种之理则胥由此而出。然而今人之心则犹古人之心。愚夫愚妇之心，则犹古之仁圣贤人之心。故陆王乃主反身求之，即心即理。于是"六经皆我注脚"，是不啻谓"经学"即"心学"矣。④

在钱穆看来，孔子所言的"一以贯之"之道，实质上就是以

---

① 钱穆：《四部概论》，载《中国学术通义》，九州出版社2011年版，第6页。
② 钱穆：《心与性情与好恶》，《中国学术思想史论丛》（二），生活·读书·新知三联书店2009年版，第88页。
③ 钱穆：《日译本孔子传序》，载《孔子与论语》，九州出版社2010年版，第419页。
④ 钱穆：《孔学与经史之学》，载《孔子与论语》，九州出版社2010年版，第227页。

"心"传"心"之道，体现的就是一种"心学"。这个"一以贯之"的"心学"，探讨的就是人我相通的"仁"道，是做人、成圣的根本之道。虽然此道有过"忠""恕""敬""爱""善"等不同表述，但根本上都是求"人心之同然"。所以，读经就是在求人心同然之道，因此，经学就是心学。

二 史学即心学

不仅经学是心学，与经学密切相关的史学也是心学。这是钱穆一贯的见解。

我们先看钱穆对经学、史学关系的表述。

> "经学即史学，史学亦即经学。"……亦可说自经学中分出发一支而成为史学，史学乃经学之旁支。①

在钱穆看来，"经学"是"中国各项学问之最重要者"，是"中国学问之主要中心"；史学则可说是经学中分出的一支，其在中国传统学术中的地位也与经学同样重要。后世经常将经学、史学并称为"经史之学"，用以指代中国传统学术，因为"经、史同源"。

> 而史学实即儒学，此因经学即儒学，而史学又即经学也。……其实六经皆史，清儒章学诚曾抉发其精义，可谓已成定论。反言之，则史即是经。……经、史同源……②

正是在"经、史同源"这个意义上，提倡经学也就意味着提倡史学。

> 故谓汉儒之提倡经学，无异即是提倡史学，亦可不辨自明。③

---

① 钱穆：《四部概论》，载《中国学术通义》，九州出版社2011年版，第66页。
② 钱穆：《四部概论》，载《中国学术通义》，九州出版社2011年版，第67页。
③ 钱穆：《四部概论》，载《中国学术通义》，九州出版社2011年版，第6页。

前文说过，在钱穆看来，经学即心学，因此，也可以说史学即心学。但是，钱穆没有从这一角度言说史学与心学的关系，他直接从中国传统史学特质的角度出发，谈史学与心学的关系。

> 故中国史学必先重人，重其人之心。全部中国史实，亦可称为一部"心史"。舍却此心，又何以成史。①

中国传统史学"重人""重其人之心"，因此，钱穆称中国史学为一部"心学"。这样，史学即心学的命题，钱穆就正式提了出来。而史学与心学密不可分的关系，在钱穆看来，从孔子之学就可明确看出来。

> 孔子之学，本主"好古敏求"，固未尝谓反身而求之于吾心而即得。然孔子言仁，言一贯，其所得者固不出于吾心。曾参、孟轲乃由此而畅发之。则陆王固不可谓其无当于曾参、孟轲之所传。曾子之言"忠恕"，孟子之言"敬爱"，岂不犹如象山之言"吾心"，阳明之言"良知"乎？然而阳明又言"六经皆史"者何居？岂不为历史不外乎人事，而人事全本于人心。无此心即不复有此事。故治"史学"当以"心学"为主。人心之积而为史心。无所见于人心，而谓有所见于史心，天下无此理。无所见于史心而治史，则史者唯一堆堆之事变，亦曰陈人之陈迹而止耳。②

孔子的"好古敏求"即是不离史学谈心学，因为历史不外乎人事，而人事全本于人心。所以，孔子固然重视史学，但其史学的根本落脚点则是心学，因为孔子将所重之"礼"的本源落实到人的

---

① 钱穆：《略论中国心理学 一》，载《现代中国学术论衡》，生活·读书·新知三联书店 2001 年版，第 69 页。
② 钱穆：《孔学与经史之学》，载《孔子与论语》，九州出版社 2010 年版，第 227—228 页。

"心"上，落实到"创礼与守礼者之内心"① 这就是孔子的心学，由历史哲学得来的结论。

孔子如此，孔子之后的其他儒家学者也是如此。"无此心即不复有此事"，所以，治"史学"必须以治"心学"为主，由此方能见"史心"。在钱穆看来，"史心"在司马迁那里得到了最鲜明的体现，其著《史记》时标举的"究天人之际，通古今之变，成一家之言"就是明证。这三句话，也成为史学家著史的崇高目标。作为一名史学家，一方面要能将"人文历史会通到宇宙自然衍变"，明了人与天的分界；另一方面要能将人文历史来贯通古今，总结出人类历史演变的整体趋势。这是两个宏大的目标。要完成这两个目标，史学家必须具备"特有的一种深识独见"。也就是说，只有史家拥有自己的独立见解，"成一家之言"，才可以胜任沟通天人、会通古今这样的学术重任。② "成一家之言"，体现的就是"史心"。

为了进一步论证"史学即心学"这一命题，钱穆接下来借助"综汇儒"与"别出儒"的区分来阐释他的见解。他借用顾炎武的"古今安得另有所谓理学哉？经学即理学也"这句话的表达方式，称"古今安得别有所谓心学哉？史学即心学也"③，认为"心学"和"史学"的关系非学密切，比如浙东史学就是由陆王一系的心学转出，是在纠心学一系之偏，弥补其不足。

钱穆在《中国儒学与文化传统》一文中，先是将中国分为六期，第一期为先秦时的"创始期"，第二期为两汉时的"奠定期"，第三期为魏晋南北朝时的"扩大期"，第四期为唐代的"转进期"，第五期为宋、元、明时的"综汇期与别出期"，第六期为清代的"综汇期与别出期"。在钱穆对儒学各期的划分中，含义最曲折、最不好理

---

① 钱穆：《孔子之史学与心学》，载《孔子与论语》，九州出版社2010年版，第382—383页。
② 钱穆：《四部概论》，载《中国学术通义》，九州出版社2011年版，第16页。
③ 钱穆：《中国儒学与文化传统》，载《中国学术通义》，九州出版社2011年版，第79—80页。

解的就是他提出的"别出期"。他所言之"别出"与牟宗三对宋明理学进行"判教"时提出的"别出"（"歧出""别子为宗"）是完全不同的两个概念。牟氏是基于致思特性判定朱熹是"别子为宗"，而钱穆是基于对经、史、文学三方面的"畸重畸轻、偏长偏短"来判定宋代以后的儒学是"别出"。在钱穆看来，"别出儒"的主要表现有三个：一是他们都"不大喜欢作诗文"，对文学比较轻视；二是他们对史学也不太关注；三是他们在经学方面只重视先秦儒家，对两汉以来诸儒治经的功绩，都不很重视。①到了明代，这种不重视文学与史学、不重视两汉以下诸儒治经功绩的现象更加突出，所以钱穆最后径直称陆九渊、王阳明二人为"理学中的别出，而阳明则可谓乃别出儒中之最是登峰造极者"②。到了清代，钱穆虽然也称其时的儒学有"别出"的一面，但这个"别出"又具有了新的特点，虽然有清初三大儒（顾亭林、黄梨洲、王船山）这样的"博通之大儒"，但有清一代，基本上是"渐渐离于儒学而经学成为别出，又其后则渐渐离于经学而考据成为别出"③。其实，纵观钱穆的所有文字就能看出，钱穆对没有"综汇"基础的"别出儒"是不看好的，认为他们固然能够进行学术创新，但背离了经学、史学、文学相互统一的中国学术大传统，因此也就是走了"歧路"。在钱穆心中，治学必须立足于中国学术传统，治心学必须立足于史学。

三 子学即心学

不同于前面的"史学即心学"，钱穆没有正式提出"子学即心学"的命题。但是，从钱穆对子学的研读中，我们不难总结出他有

---

① 参见钱穆《中国儒学与文化传统》，载《中国学术通义》，九州出版社2011年版，第72页。

② 钱穆：《中国儒学与文化传统》，载《中国学术通义》，九州出版社2011年版，第77页。

③ 钱穆：《中国儒学与文化传统》，载《中国学术通义》，九州出版社2011年版，第80页。

这样的判断。

子学,最初称为"诸子学"。在诸子学中,最初是儒、墨、道三家影响最大,后来墨家衰微,中国传统学术中只儒道两支为大。

> 百家中儒家最先,由孔子创始。墨家继起,由墨子倡导。……道家承儒、墨而起……此后墨学衰微,全部中国思想史,成为儒、道两家平分江、汉更迭盛衰之局面。①
>
> 儒家又可分两支,孟子比较重古代,迹近"理想主义"。荀子比较重现代,迹近"经验主义"。但讲现代,仍须探本于古代。讲现实,仍须归宿到理想。此乃荀子之不如孟子处。故后代儒家亦多偏向于孟子。道家亦可分两支。庄子注意自然现象之变化,其流弊可变为"放任主义"者。老子注意从自然变化中寻求其常然必然之轨迹,其流弊则变为"权术主义"。②

儒、道之学延循的是中国固有学术传统,而两汉之际,外来的佛教传入,使得中国传统学术中增加了大量的异质因素,给中国传统学术思想与精神也带来了巨大的冲击。好在来自印度的佛教传入中土后,经过一段时期的译经、传经活动,逐渐与中国社会相融合,实现了佛教的中国化。也就是说,原本出世的佛教来到中国后开始走近世俗,"也就逐渐地人文主义化了"。佛教在中国化的过程中出现了很多宗教流派,在钱穆看来,佛教内部虽然宗派众多,但中国化佛教的主要宗派就三个——天台宗、华严宗和禅宗,而这三大宗派分别与儒家的三个体系相接近。

> 大体说,天台近似《中庸》,华严近似《易传》,禅宗则近似佛门中之孟子。③

---

① 钱穆:《四部概论》,载《中国学术通义》,九州出版社2011年版,第30页。
② 钱穆:《四部概论》,载《中国学术通义》,九州出版社2011年版,第31页。
③ 钱穆:《四部概论》,载《中国学术通义》,九州出版社2011年版,第35页。

强调天台宗近似《中庸》，华严宗近似《易传》，禅宗近似孟子，钱穆固然有诸多考量，但有一点可以肯定的是：在钱穆看来，佛教与儒家有很多相似之处，儒家思想的核心是心性，那么三个中国化佛教宗教也与心性之学有密切关系。也可以说，从此之后，中国传统学术中就加入了佛教这一支，形成儒、道、佛三家鼎足而立的局面。传统的儒、道、佛三家，都重视心性之学。

> 宋明理学，亦承此系统来。周濂溪教二程寻孔颜乐处，所乐何事。所乐本原在性，发见于心。佛家稍近悲观，而儒家较乐观，亦犹道家稍趋消极，而儒家较积极，其内本一心则同。此下遂分程朱陆王性学心学之两派，然小异不掩其大同。亦可谓自孔孟儒家，庄老道家，以及两晋以下迄于唐五代之佛学，皆此一脉。全部中国思想史，主要精神即在此。皆内本一心为其出发点，则无大相异。①

在钱穆看来，儒、释、道三家虽然有这样或那样的不同，或"悲观"，或"乐观"（"积极"），或"消极"，但在"皆内本一心为其出发点"方面是相同的。这是真知灼见。下面就分别简要加以阐释。

（一）"孔子以下中国儒家之最大贡献，即在此心性学上"②

儒学，也称孔孟之学。在钱穆看来，儒学是中国传统学术的主干，而孔孟的最大贡献，就在心性之学上。

> 孔孟之学，是一套"心性学"。中国文化，也是一套从乎人之心性的文化。所以要讲"天人合一"，讲"尽己性"，"尽人

---

① 钱穆：《六二　内与外》，载《晚学盲言》，生活·读书·新知三联书店2014年版，第798页。
② 钱穆：《孔子与中国文化及世界前途》，载《孔子与论语》，九州出版社2010年版，第320页。

心","尽物性",而"赞天地之化育"。人人只从本心本性出发，不断向前开展。既具情感，亦得快乐。①

在钱穆看来，儒家的特点与优势就在于能从人的"本心本性"出发，既具"情感"性又具"快乐"性，是真正的关于人本身的学问。正因如此，钱穆才盛赞孔子及《论语》。

> 孔子诚不愧为中华民族的大圣人。换言之，乃是中国民族之大孝子，大忠臣。孔子以"心"教"心"。把他一个"心"来贯穿两千五百年人的心，通达古今。使中华民族两千五百年来成为世界最大之民族。非有此心贯彻在内，何以得此！吾们此刻，正应把握此心，完成此心，不使涣散，不使沦亡才是。②
> 一部《论语》，也不是一部结构谨严的哲学论文，里面都是零碎话语，都是孔子日常对门人或时人随口所说。所以严格讲来，孔子不能算是一位哲学家，姑且勉强以哲学家视孔子，最多亦只能了解孔子之一部分而非其全部。如此说来，孔子学说到底该说它是什么？我今天姑试称之曰"心性之学"。③

在钱穆看来，孔子之学说到底就是"心性之学"，中华民族因为有了孔子这个大圣人来以"心"教"心"，才能成就两千多年来世界上最大之民族；如果我们能一如既往地"把握此心，完成此心"，那么我们这个民族不会"涣散"，不会"沦亡"。可以看出，对孔子的心性之学，钱穆在进行学理研究的同时，也饱含深情与敬意，如同司马迁在为孔子立传时，也在客观记述孔子生平事迹之后，也由衷地发出了感叹："'高山仰止，景行行止。'虽不能至，然心向往之。"（《史记·孔子世家》）

---

① 钱穆：《孔孟的心性学》，载《孔子与论语》，九州出版社2010年版，第408页。
② 钱穆：《孔子之心学》，载《孔子与论语》，九州出版社2010年版，第398—399页。
③ 钱穆：《孔孟的心性学》，载《孔子与论语》，九州出版社2010年版，第402页。

儒家经常以"孔孟"称,在钱穆看来,不仅孔子之学是心性之学,孟子之学也是心性之学。只不过孔子的心性之学是借助"仁""礼"等概念展示出来,而没有大量、明确借助"心""性"二字,而孟子的心性之学直接在对"心""性"的探讨中传达出来。

> 孟子曰:"尽心以知性,尽性以知天。""心"与"性"与"天"之三者,有其层累而上之阶次。①

"尽心""知性""知天",这是孟子心性之学的完整工夫论框架。虽然孟子有较多的心性思想,但都散见于《孟子》七篇之中。到了宋明理学时期,受方外之学的激荡,代表儒家立场的孟子心性思想资源被理学家们极力挖掘,尤其是在陆王之学那里得到了极大的推崇。

> 陆王之学皆本于孟子。孟子曰:"尽其心者,知其性也。知其性,则知天矣。"(《尽心篇》上)此是孟子讲心学之明证。而且七篇中,讲心性者特多。孟子固为陆王所推尊,但亦同样为程朱所推尊。故我们只可说,程朱、陆王乃是同源异流。而孟子亦可称为是心学。不仅孟子,即荀子亦极善言心。我们亦可称荀子为心学。更由孟荀上推孔子,则知孔子亦可称心学。"心学"乃为儒学之主要骨干所在。②
>
> 自孔孟以下,至于宋儒,莫不最看重人之"心"。③

理学家们依托孟子之学来推崇心性之学。在钱穆看来,纵观儒学系统,没有不重视人"心"的,因此可以说,儒学实质就是

---

① 钱穆:《孔子与中国文化及世界前途》,载《孔子与论语》,九州出版社2010年版,第320页。
② 钱穆:《孔子之心学》,载《孔子与论语》,九州出版社2010年版,第398—399页。
③ 钱穆:《孔子与中国文化及世界前途》,载《孔子与论语》,九州出版社2010年版,第320页。

"心学",不仅孔孟之学、宋明理学如此,荀子之学也是如此。只不过荀子心学与孟子心学有很大不同,宋明理学内部各派系的心学之间也有很多差异,关于钱穆在这一方面的详细梳理,将在下一节中进行。

(二)"庄老之书好言道与德,皆直指人心言"①

儒、道是中国传统学术的两大主干。一者重人道,一者重天道;一者可视为传统学术之阳面,一者可视为传统学术之阴面,两者既相区别,又相互联系,千百年来既相争又相融,共同作用,形成了中华民族的民族品性。儒、道两家思想虽有很大不同,但在都重视心性、阐发心性这个问题上,两者是一致的。钱穆认为,儒、道两家有一个相同的长处,就是他们都能凭借极高的智慧深入透视人类心性之精微。② 儒、道两家的心性之学不仅都"以极高的智慧深入透视人类心性之精微",所言之"心"也有很大的相似性,用钱穆的话说就是都关注"理想心"。

> 中国人言及人生大道必本于心,此等心应属"理想心"。孔孟儒家、庄老道家莫不皆然。③

不仅如此,钱穆还认为儒、道两家在学术渊源上也有关联。关于道家的学术传承,钱穆所持见解与众不同,他认为道家的创始人应是庄子,之后才是老子,对此他曾写过几篇论文加以论证。④ 在此基础上,钱穆认为,道家思想后起,是对儒家思想一定程度的修正,因此,其心性思想也在一定程度上继承了儒家。

即使如此,也不能否认,儒、道两家的心性之学还有着很大的

---

① 钱穆:《六二 内与外》,载《晚学盲言》,生活·读书·新知三联书店 2014 年版,第 797 页。
② 钱穆:《四部概论》,载《中国学术通义》,九州出版社 2011 年版,第 30 页。
③ 钱穆:《略论中国心理学 一》,载《现代中国学术论衡》,生活·读书·新知三联书店 2001 年版,第 67 页。
④ 参见钱穆《庄老通辨》,(台北)联经出版事业股份有限公司 1998 年版。

不同。最主要的区别即在于道家心性之学不主张基于"礼义"来言人心。

> 庄老之书好言道与德,皆直指人心言。后之道家批评儒学则曰:"中国之君子,明乎礼义而陋于知人心。"因礼义亦外在,又老聃告孔子以至道曰:"当斋戒疏涤而心,澡雪而精神,掊击而知。"是儒道两家皆主言人心,而道家尚嫌儒家之外向。惟儒家谓道德礼义一本之人心,而道家主张去礼义而道德始全。其本原人心以立论,则两家无大异。道家主张拨去外面人事以明己心,儒家则主张建本于内心以尽人事。由其于心理学上有异见,遂于社会学上有异想。①

儒家重视人事,道家重视自然。正因如此,儒家阐发心性之旨,一定要将人之所以为人的伦理原则与人之心性相勾连,而道家则认为这样做是根本不了解人心("陋于知人心")。在道家看来,只有"去礼义"才能"道德始全"。所以钱穆总结说,在"本原人心以立论"方面,两家没有大的不同,但在是否要根据"人事"来谈论人心方面,两家有很大差异。也正是因为这样的差异,导致两家"于社会学上有异想",实质就是对治理社会的具体主张方面产生不同。其实,儒、道两家心性思想的不同,不仅影响了他们的社会主张,还影响了未来中国的文化,也就是儒家本于人心而建立了中国的道德理论,道家本于人心引发了中国的艺术精神。②

(三)"佛教长处,在其分析心性,直透单微"③

佛教是外来宗教,本来在致思路径、为学工夫、追求境界等方

---

① 钱穆:《六二 内与外》,载《晚学盲言》,生活·读书·新知三联书店2014年版,第797页。
② 钱穆:《四部概论》,载《中国学术通义》,九州出版社2011年版,第30页。
③ 钱穆:《宋明理学概述》,九州出版社2010年版,第31页。

面与中国传统学术有着很大不同。但是，受中国本土文化的影响，为了更好地在中国生存发展，渐渐地与中国传统思想、世俗社会相融合，开始了中国化的历程。

> 中国传统文化，本重人文精神，佛教来中国以后，也就逐渐人文主义化了。此可说为佛教之中国化。①

"佛教之中国化"的历程就是其逐渐人文主义化的历程，而这一历程自其传入中国之日起就已开始。佛教于西汉末年自古印度传入中国。先是依附于道术（方术），魏晋时又依附于玄学，经历了"格义佛教"阶段，出现了"六家七宗"。东晋以后，受战乱环境影响，佛教开始在民间得到广泛传播的同时，也与中国原有的文化、信仰体系发生冲突，到南北朝时期达到激化的程度，佛教中国化的进程也开始加快。到了隋唐时期，政治的统一、经济的发达、文化的繁荣，都为佛教进一步中国化提供了优越的外在条件。这一时期中国化佛教的成果开始形成，产生了诸如天台宗、三论宗、唯识宗、律宗、华严宗、密宗、净土宗、禅宗等中国化佛教宗派，而中国化佛教的心性思想也开始走向成熟。

> 魏晋以下，佛教东来，中国高僧，主要皆以一心说佛。最先如支道林说庄子《逍遥篇》，则曰："逍遥者，明至人之心也。"慧远在庐山，一心念佛，为净土开宗。竺道生主张含生之类皆有佛性，则义近于孟子。天台宗倡为一心三观。禅宗六祖慧能则曰："但用此心，直了成佛。"又曰："一切般若智，皆从自性而生，不从外入。"佛法为宗教，释迦为教主，释迦说法，应是僧人信仰对象，此亦在外不在内。而中国高僧，则一挽之向内。心即佛，心即法。心贵悟，不在信。生公云："悟发信谢。"悟了便

---

① 钱穆：《四部概论》，载《中国学术通义》，九州出版社2011年版，第33页。

不需信。故佛法在中国，只成一种自心修行，终于失其宗教精神而成为中国传统文化之一支，主要即在此。①

在钱穆看来，佛教之所以能成为中国传统文化之一支，就在于中国高僧都是以"一心说佛"，主张"心即佛。心贵悟，不在信"，正是在这一点上，佛法与中国本土文化已有机整合，不再是只追求外在之"信"的宗教，而成为"只成一种自心修行"的中国传统文化的一部分。这种"只成一种自心修行"的佛教史，就是一部中古时期的"心理学史"。

一部中国中古时期的思想史，直从隋唐天台禅宗，下迄明代末年，竟可说是一部心理学史，问题都着眼在人的心理上。②

钱穆说的"心理学"，不是现代学术分科意义的心理学，而是指关于心性的学说。佛教的心性之学与儒家有着很多的关联性，而关于佛教心性思想的精微之处，钱穆基本上是在与儒学尤其是宋明理学的对比中进行阐发的。

宋明理学，亦承此系统来。周濂溪教二程寻孔颜乐处，所乐何事。所乐本原在性，发见于心。佛家稍近悲观，而儒家较乐观，亦犹道家稍趋消极，而儒家较积极，其内本一心则同。此下遂分程朱陆王性学心学之两派，然小异不掩其大同。亦可谓自孔孟儒家，庄老道家，以及两晋以下迄于唐五代之佛学，皆此一脉。全部中国思想史，主要精神即在此。皆内本一心为其出发点，则无大相异。③

---

① 钱穆：《六二 内与外》，载《晚学盲言》，生活·读书·新知三联书店2014年版，第798页。
② 钱穆：《朱子心学略》，载《中国学术思想史论丛》（五），生活·读书·新知三联书店2009年版，第170页。
③ 钱穆：《六二 内与外》，载《晚学盲言》，生活·读书·新知三联书店2014年版，第798页。

宋明儒玩索心性工夫，不得不说其大体还从佛家禅宗来。他们亦主张把一切尘世习染从内心深处洗涤净尽，所欲洗涤者，他们称之为人欲。只禅宗以洗涤净尽为究竟，而宋明儒则在人欲洗净后，还要有一个天理炯然。此所谓天理，则从先秦儒来，与佛法不同。但在先秦儒，却没有像宋明儒一般内心洗涤的工夫。因此宋明儒最后境界，固不与禅宗合，亦往往与先秦儒不尽合。①

佛学所重在心性意识，因此儒、佛对抗的一切问题，是心性界与事物界的问题。禅宗冲淡了佛学的宗教精神，挽回到日常人生方面来。但到底是佛学，到底在求清净，求涅槃。宋明儒沿接禅宗，向人生界更进一步，回复到先秦儒身、家、国、天下的实际大群人生上来，但仍须吸纳融化佛学上对心性研析的一切意见与成就。②

在钱穆看来，无论是"孔孟儒家""庄老道家"，还是"两晋以迄于唐五代之佛学"，尽管有悲观乐观、消极积极之别，但在"皆内本一心为其出发点"上是一致的。当然，各家彼此之间也有不同。钱穆一贯认为，宋明儒的心性之学是在大量融通佛教心性思想的基础上形成的。宋明儒夫人欲的工夫，就是来自佛教禅宗。虽然两者在起始处有很多相似点，但在最终的结果上有质的不同，原因即在于禅宗"洗涤净尽"人欲后，就什么也没有了，只剩下一个空；而宋明儒只不过在人欲洗净后，还留下一个"炯然"之"天理"。在钱穆看来，这也正是朱熹力辨禅学之非的所在。

"知觉之理，是性所以当如此者，释氏不知，他但知知觉，没这理。"又引上蔡云："佛氏所谓性，正圣人所谓心。"朱子

---

① 钱穆：《宋明理学之总评骘》，载《中国学术思想史论丛》（七），生活·读书·新知三联书店2009年版，第306—307页。
② 钱穆：《中国思想史》，九州出版社2011年版，第160页。

这一番辨论极关重要，正如后人所谓"儒释疆界"，这是宋儒所力求异于释氏处。最其吃紧者仍在一"理"字。朱子又云："吾以心与理为一，彼以心与理为二。彼见得心空而无理，此见得心虽空而万物咸备也。"（文集五六答郑子上）释氏既主心空无理，所以只要认得此心便够。今既主心具众理，则不得不于此众理上下工夫。这是朱子意见。①

朱子本人是极力廓清"儒释疆界"的，在具体的做法上就是一再强调佛教只见得"心空而无理"，儒家却见得"虽空而万物咸备"。即使如此，钱穆也没有否认，朱子心性学还是借鉴了佛教心性学的很多方面，具体说就是如下几方面。

> 朱子虽竭力辟佛，但其说心，却很像释氏之说。所谓涅槃佛性是第一义空，此后台、禅诸宗主张明心见性，即心即性，心只是一个虚明灵知，此即所谓"心空"。惟其只是一虚明灵知，所以适成其为第一义空之性。今朱子似乎仍说"心空"，仍只说心是一虚明灵知，岂不与佛家相近？其实人心除虚明灵知外，还有它自己的向往与要求，并不真是空虚而静的像镜子般。若否认了人心所自有之向往与要求，则何从再来判说性善与性恶？程、朱把性与心划分，用意在要辟佛，但反而有些处更不似台、禅诸宗之比较近于先秦儒说心性之本义。陆、王继起来反程、朱，即从此等处发挥。②

台、禅诸宗主张"明心见性，即心即性，心只是一个虚明灵知"，即"心空"；朱子也说"心是一虚明灵知"，正因如此，钱穆说朱子说心"却很像释氏之说"。也正是因为这一点，钱穆认为程、

---

① 钱穆：《朱子心学略》，载《中国学术思想史论丛》（五），生活·读书·新知三联书店 2009 年版，第 96 页。
② 钱穆：《中国思想史》，九州出版社 2011 年版，第 192—193 页。

朱把心性二分反而不如台、禅诸宗"比较近于先秦儒说心性之本义"。这是钱穆的一个新见解，从学术史角度辨析了各家各派思想之间的细微差异。钱穆也注意到，理学家的心性二分做法是迫不得已的，因为要"吃紧人生"，必须肯定存在实有之理，如此方能与佛教对抗。

孟子主张理由心而发，程、朱则主张理即物而在。因其时禅学方张，若亦主理由心而发，即易陷于即心即理、即心即佛之窠臼。因此程、朱立说，似乎较之孟子，迹近牵向外去，然内外合一，与孟子原义并无大相歧。故程、朱虽认心只是一个虚明灵觉，若与禅学无殊，但于虚明灵觉之外，或说虚明灵觉之内，有一理之存在，此则与禅学之大异处。故程、朱学派只言心即性，不言心即理。心固是虚明灵觉，但兼包有情感，有倾向，有他自己的向往、趋势和要求。若抹杀人心自己的向往趋势和要求，而只从其虚明灵觉处看，心则便成为性空。孟、荀皆兼言心性，但一主性善，一主性恶，正相违反。《大学》言心不言性，《中庸》又只言性，不言心，心性之辨，先秦儒似未到达发展成熟之阶段，而佛家禅宗，又只言心之虚明灵觉，而认性为空。故心性的新说，不得不待有宋理学诸儒来完成。①

理学家之可宝贵，在其吃紧人生，于宇宙万物之推阐，莫不以人文界为基点而出发。其于人文界，则特重人之心性与修行。此一层，其精神乃特与禅宗为近。但禅宗不脱佛学传统，以出世离尘为主，理学家则以淑人拯世为本。因此禅宗推论宇宙，必归之于寂灭空虚，而理学家论宇宙，则不忽其悠久性与复杂性。此乃双方之大异处。②

---

① 钱穆：《朱子学术述评》，载《中国学术通义》，九州出版社2011年版，第99—100页。
② 钱穆：《读宗密〈原人论〉》，载《中国学术思想史论丛》（四），生活·读书·新知三联书店2009年版，第210—211页。

同样重视心性,同样要洗净人欲,佛教最终的追求是"心空无理",儒家最终的追求是"心具众理",这也是儒家与佛教的根本区别。一个因为要出世,所以必得追求一个空无的境界;一个因为要入世,所以必得追求一个实有的境界,这也是理学家们最可宝贵之处。作为中国化佛教的标志性成果,禅宗的心性思想实现了极度的世俗化,简易直接,对宋明理学心性思想的形成产生了巨大影响。禅宗虽属佛教,但与儒家思想也有很大的相似性。因此,钱穆在极力分疏儒、佛心性思想整体异同的同时,也用心分疏了二者之间细微的异同,加深了我们对这一问题的理解。

> 上述公案,若以近代哲学术语说之,孔孟只是人文本位论者,本未牵涉及宇宙本体论范围。《易》《庸》乃为宇宙德性一元论。禅宗则为唯心论,周程朱子心是心,物是物,既非唯心,亦非唯物若。论本体,则万物一体。若论工夫,则此万物一体又实际归落在心上。程朱乃主以此心工夫体会到万物一体,从人生论来建立宇宙论。故大程言,天理二字,由己体贴出来,朱子言天即理也。以心合理,即是以人合天。其立论之主要精神,仍不失孔孟人本位宗旨。惟从人本位上添进了宇宙论形上学一套,故其言似较孔孟复杂。而在言工夫上,朱子犹不免言孟子较粗,不如孔颜。今若专就心方面言,更不涉及宇宙万物,则似禅宗转较程朱为近于孔孟也。①

> 余固非谓禅宗即近孔孟,然就孔孟言心性,不广涉外界天地万物一点,则禅宗意态,实与孔孟相近。②

基于对学术特性的仔细分疏,钱穆反复强调,"若专就心

---

① 钱穆:《禅宗与理学》,载《中国学术思想史论丛》(四),生活·读书·新知三联书店2009年版,第231页。
② 钱穆:《禅宗与理学》,载《中国学术思想史论丛》(四),生活·读书·新知三联书店2009年版,第227页。

方面言""就孔孟言心性",则"似禅宗转较程朱为近于孔孟也"。因为当知禅学精神,正在教人求之心,更不重于质先觉,考古训。①

"禅学精神"重在教人凡事"求之心",既不重"质先觉",也不重"考古训",这一点则是陆氏心学的特点,所以朱子也经常抨击陆氏心学"禅"。

四 集学即心学

有人称钱穆为"当代朱子",一方面是因其极力推崇朱子,晚年成《朱子新学案》这一巨著,另一方面是因其为学特点与朱子相近,是经史子集样样精通。他广泛研读经史子集各家经典之后,均有不同凡响的见解与结论。仅就心性之学而言,钱穆不仅认为经学即心学、史学即心学、子学即心学,还认为集学即心学。

集学,即现在通常讲的文学,是基于诗词汇编成为文集而得名。按照清代《四库全书》的分类,集部收录有诗文词总集和专集等,具体包括楚辞、别集、总集、诗文评、词曲等5个大类。按照钱穆的研究,从唐代开始,儒学进入了文学领域。

> 故自唐代起,自杜诗、韩文始,儒学复进入了文学之新园地。自此以后,必须灌入儒家思想才始得成为大文章。此一新观点,实为以前所未有。必至此后,经学、史学与文学,均成为寄托儒学、发挥儒学之工具。于是四部中之集部,亦遂为儒学所包容。②

儒学进入文学领域后,儒学的心学特质也开始在文学上彰显。

---

① 参见钱穆《宋明理学概述》,九州出版社2010年版,第302页。
② 钱穆:《中国儒学与文化传统》,载《中国学术通义》,九州出版社2011年版,第71页。

中国文学亦可称之为"心学"。孔子曰:"辞达而已矣。"①

"辞达",钱穆解释为"一切辞,亦皆以达此心",即所有的文字最终目的,即在于传达内心的真实想法,正是基于此,钱穆称文学为"心学"。

钱穆称文学为"心学",不仅是中国传统文学负有"达此心"的追求,还因为文学本身固然的特质决定了它最适合来"达此心"。钱穆作了如下阐述。

> 中国传统学术有几项特殊的侧重点,此乃中国文化传统之特殊精神所在,有甚深密之关系,应先指出。一、中国传统文化,以"人文精神"为中心。②

> 中国文化精神重此"心天合一"之人生共相,故文学艺术诸种造诣,亦都同归于此一共相,以为最高境界……③

在钱穆看来,周公就认为"天心"只随着"人心"转移,所以利用《诗经》来治国平天下。文学"最是焕发人心、沟通人心的一个主要工具",所以,文学作品可以借助所焕发之"人心"来展现"天心",借此达到"心天合一"的境界,正是在这个意义上,好的文学作品就成为治国平天下的最好手段之一,这是说文学作品负有的社会功能。就修养功能来讲,其价值同样是不能忽略的。一部好的文学作品,能有效地展现作者个人的内心修养,读者也能从作品中得到人生的启迪与人格的锻炼,这是双向的人格陶冶的过程。所以,必须重视文学在修身养性方面的巨大作用与价值。在这一点上,中西方的文学作品则有很大的差异,钱穆作了如下总结。

---

① 钱穆:《略论中国教育学 三》,载《现代中国学术论衡》,生活·读书·新知三联书店2001年版,第232页。
② 钱穆:《四部概论》,载《中国学术通义》,九州出版社2011年版,第3页。
③ 钱穆:《中国文化传统中之史学》,载《中国学术通义》,九州出版社2011年版,第176页。

中国古人，使语言文学化，文学人情化。一切皆以人生之真情感为主，此即是中国文化精神。不从此等处直接参入，使我心与古人心精神相通，乃借径于西方哲学式的言辨理论上阐发，终为是隔了一膜，不能使我之真实人生，亦投进此深厚的文化生命中，而不知不觉，融会成一体。此是中国文化中文学一项之主要使命。必能负起此使命，乃能成为中国传统中之真文学。①

在钱穆眼中，文学在中国传统学术中占有重要地位，因为中国文人的日常语言都是文学化的，文学又都重视传达人的真情实感，因此中国的文学作品也都是富于人情味的。这样的一种特质，使得中国的文学作品能以心传心、以情感情；而西方哲学式的文字不具备此一项功能，因为思辨式的语言过于冷静，不能将彼此的生命感有效地带入，因此，传心的功能也就无法有效彰显。在这个意义上，应重视中国传统的文学作品，重视文学作品此项传心的功能。

第二节　儒家心性之学概述

钱穆学术视野开阔，对于中国传统学术，他向来主张广泛学习、吸纳各家各派思想精华，为现实所用。所以，他主张为学不持门户之见，反对狭义的道统观，他认为那是"主观的道统""一线单传的道统"。这种道统"截断众流，甚为孤立""甚为脆弱，极易中断"，因此不是真道统。那么什么是真道统呢？

主观的、单传孤立的、易断的道统观，其实纰缪甚多。若

---

① 钱穆：《中国文化传统中之史学》，载《中国学术通义》，九州出版社2011年版，第168页。

> 真道统则须从历史文化大传统言，当知此一整个文化大传统即是道统。①

真道统就是"整个文化大传统"，在钱穆眼中，整个中华文化传统才是我们这个民族的真道统。由此不难看出，钱穆学术心胸之开阔。即使钱穆视整个中华文化为一统，但比较，他还是推崇儒家思想，因为在他看来，儒家思想恰恰代表中华民族内在精神与品性最主要的方面。因此可以说，不是儒家思想影响了中华民族的历史和文化，而是中华民族内在固有属性的发挥，成就了中华民族悠久的历史与文化，而"其间最要的一部分，则为儒家思想"②。这样的儒家思想，情、智兼尽，内外合一，可以用"一天人，合内外"来概括。

> 儒家思想，是强烈的情感主义者，而很巧妙地交融了理智的功能。儒家思想，是强烈的个己主义者，而很巧妙地调和了人我内外的冲突。儒家思想，是强烈的现实主义者，而很巧妙地渗透了一切神天不可知界的消息。③
> 一天人，合内外，惟以此心为之主。此为中国人之心理学，即宗教，即科学，而吾道一以贯之矣。④

儒家"一天人，合内外"的关捩点即在心性之学上。儒家于人之心性立论，巧妙地将天人内外一并打通，也使得儒学义理"一以贯之"。

---

① 钱穆：《中国儒学与文化传统》，载《中国学术通义》，九州出版社2011年版，第83页。
② 钱穆：《儒家之性善论与其尽性主义》，载《中国学术思想史论丛》（二），生活·读书·新知三联书店2009年版，第1页。
③ 钱穆：《儒家之性善论与其尽性主义》，载《中国学术思想史论丛》（二），生活·读书·新知三联书店2009年版，第2页。
④ 钱穆：《略论中国心理学 一》，载《现代中国学术论衡》，生活·读书·新知三联书店2001年版，第69页。

对于心性之学，钱穆通常直接称为"心学"或"心理学"。他强调中国传统学术"以此心为之主"，不意味着不牵涉"性"，而将"性"隐含于对"心"的阐发中。也可以说，钱穆在说"心"时，是连带着说"性"。为了后文论述的方便，有必要在此先交代一下钱穆理解的"性"是什么。例如，说"心"时，钱穆主要从历史与文化着眼，强调心与心之间的共通性；他说"性"时，也是从共通性方面着眼来阐发其内涵，换言之，在钱穆看来，"性"就在人心之共通处。这个共通处就相当于"神"，但儒家不是在人心之外找这个神，而是看重人心内部自有的无限性，这就是儒家所言之"性"。

> 人心是个别的，因而也是各偏的，不完全而有生灭的，相对而有限的。但人心亦有其共通的部分。这些共通部分，既不是个别的，又不是各偏的，而是完全惟一的，无起灭而绝对永存的。儒家之所谓"性"，即指此言。①

在钱穆看来，儒家都在人心之共通处言"性"，但古儒家与宋代儒学也有一些不同。钱穆认为，古儒家是从人的本性可能来讲人性的本质，而宋代儒是从人性的本质来讲人性的可能②，正好相反。这是一个非常精辟的论断，论断的实质就是提示了先秦儒学与宋代理学的不同，这种不同体现的是存有论与本体论的不同。或者说，先秦儒学是从现象入手猜测本质，而宋代理学是先设想本质再推衍现象，这是两条显著不同的为学路径。之所以如此，与儒学饱受道、释思想冲击的学术状况有着密切关系，这样的现实才会导致宋代以后的儒学中出现异质的本体论思维。虽然儒学发展经历了几个大的时期，但对后世影响最大的当属先秦儒学和宋明理学，而且儒学中

---

① 钱穆：《二五 性与命》，载《湖上闲思录》，生活·读书·新知三联书店2005年版，第122页。
② 钱穆：《第二讲 性命》，载《中国思想通俗讲话》，九州出版社2011年版，第44页。

的心性思想也鲜明地体现在先秦、宋明时期。因此，接下来分别从先秦儒学和宋明理学两个角度具体分疏儒家心性之学的特点。

一 先秦儒学的心性之学

前文已说过，钱穆一直认为先秦时期孔孟儒学即心学，《论语》二十篇所讲的其实就是心学。

> 《论语》二十篇，极少讲"性"字。……讲及"心"字亦极少，不过六、七处。然则为何说孔子所讲的一套学问亦是心学呢？我们读《论语》，其中所讲，多为事物，但"因心见事"，"因事见理"。宋明儒程朱、陆王所讲，其实均不出此。一部《论语》，向内没有讲"心"，向外没有讲"理"，只讲一件件的"事"。但我们只要就孟荀、程朱、陆王来读《论语》，便知孟荀、程朱、陆王所讲"心学"，其实均奉《论语》为大宗。①

在钱穆看来，正因为《论语》是讲心学的，倡导"因心见事""因事见理"，对后来儒家构成的巨大影响，所以《论语》在儒家中的地位才尤其高。孔子所讲之心，不但是个体的"小心"，而且是群体的"大心"。

> 但孔子教义，着重在全人生之全心体上。人生之主要主宰在其"心"。②

钱穆认为，孔子的主要教义，是从"全心体来主宰全人生"，并且"由全人生来参悟天命真理"。因此，孔子主张的"以人参天"，

---

① 钱穆：《孔子之心学》，载《孔子与论语》，九州出版社2010年版，第389页。
② 钱穆：《孔子与中国文化及世界前途》，载《孔子与论语》，九州出版社2010年版，第320页。

第二章 钱穆对中国传统心性之学的重要阐释

实质就是"因心见性",并不像有些理学家,从人心的纯理智方面入手来推寻真理。

这里需要注意的是,钱穆在阐发孔子的心学时,提到了"心体"二字,这是富于哲学意味的本体论术语。在形而上思维还不发达、佛教尚未传入的先秦时期,说孔子具有本体论思维显然不合实情。其实,钱穆在很多场合都曾提及"心体"二字,但他在以之分析、概括中国传统学术思想,尤其是先秦时期的学术思想时所说的"心体",通常意义上指的是"心之全体",如他在下面文字中对"心体"的解读。

> 大抵言良知者,率本个人言,而不知心体之超个人。其超个人而言心体者,又兼综万物言,不知人与万物自有界限。故言心体,莫如就人心之同然处言。良知非个人心,乃大群心。抑且大群或仅指同时,良知心体并包异世。故良知不仅为大群心,乃实为历史心。良知者,乃就历史大群心之同然处言,即人类悠久不息之一种文化心也。通古今人文大群而言其同然之大体,则人而达于天矣。盖惟至此境地,始为人为与自然之交融点,此即天人合一之真体也。①

在上面这段文字中,钱穆明确指出他所说之"心体"是"就人心之同然处言"。这样的"心体"是"大群心",也是"历史心""文化心",而且,根据前面所引文字也可以看到,钱穆认为孔子之学的"主要教义"就是"从全心体来主宰全人生,由全人生来参悟天命真理",体现的是一种"以人参天,因心见性"的思维,而这种思维也就成为孔子之后儒家学人用来判断某人学术思想是否归属于儒家的重要标准。孟子的心学之学体现的就是这样一种思维,所

---

① 钱穆:《略论王学流变》,载《中国学术思想史论丛》(七),生活·读书·新知三联书店2009年版,第167—168页。

以后来经常孔孟连称。

> 孔子曰:"五十而知天命。"人受天地之气以生,天之命于我者是谓"天性"。天命亦称"天赋",天之所赋,即人之所禀。天赋此性于我,斯天即禀于我之身,则天即已在人之中,故曰"天人合一"。性之可见则为心。孟子曰:"尽心知性,尽性知天。"其所知于天者,则仍是人所禀赋之性。故中国儒家则最重心性之学。①

孟子的"尽心""知性""知天",实质上就是由"心"入手,去感知、体悟、把握抽象且实有之"性"与"天",显然,这还是孔门为学路径。在钱穆看来,不仅孔孟如此,连儒门其他后学也无不如此。

> 汉儒以周公、孔子并称,而濂溪以下之宋代理学家,乃以孔子孟子并举。孟子实亦一种心学也。②
>
> 孟子曰:"尽心以知性,尽性以知天。""心"与"性"与"天"之三者,有其层累而上之阶次。自孔孟以下,至于宋儒,莫不最看重人之"心"。故宋儒性理之学,又可称为"心性之学"。其实孔子以下中国儒家之最大贡献,即在此心性学上。③

孔孟以下、宋明理学之前的儒学,代表性的有《荀子》《易传》《中庸》《大学》。在钱穆看来,儒家的这些代表性成果无不注重心性之学。

---

① 钱穆:《略论中国心理学 二》,载《现代中国学术论衡》,生活·读书·新知三联书店2001年版,第93页。
② 钱穆:《周濂溪通书随劄》,载《宋代理学三学随劄》,生活·读书·新知三联书店2002年版,第187页。
③ 钱穆:《孔子与中国文化及世界前途》,载《孔子与论语》,九州出版社2010年版,第320页。

第二章 钱穆对中国传统心性之学的重要阐释

> 不仅孟子，即荀子亦极善言心。我们亦可称荀子为心学。①
>
> 荀子曰："心为天官。"惟此心，乃为人身之天，为人身一主宰。然主宰此身之心，乃由学而来。曰"仁"曰"智"，乃人心所当学之主要大目标。数千年上下之心可以相通，而此心遂亦为人群历史之主宰。②

孔子之学虽然是心性之学，但其本人罕言"心""性"；孟子开始注意对"心"与"性"的阐发，但孟子用语显然是顺着孔子的思路进行彰显的；荀子则不然。荀子也极善于言心言性，但很多观点与孟子的表述显然形成对立，如言"心"时，孟子强调的是道德心，而荀子凸显的是认知心；言"性"时，孟子主性善，而荀子主性恶。这样的两极对立，或者说是从不同角度阐发"心"与"性"的倾向，在之后的《易传》《中庸》《大学》等儒家经典中也有显示，并且由此形成了先秦儒家思想的两大系统。

> 《易》《庸》与《论》《孟》间的分别，形成了古代儒家思想之两大系统。③
>
> 大体上《易系》之所谓性与道，乃与《中庸》同其性质。若用近代语说之，孔孟言性属于心理的，而《易》《庸》言性则推极于生理的与物理的。孔孟言性，只在人生范围中，而《易》《庸》言性，则转属于宇宙范围。④

钱穆认为先秦儒家思想的两大系统在为学的路径上有着显著不同，在心性思想上也有着很大的区分。那到底是怎样的呢？下面且

---

① 钱穆：《孔子之心学》，载《孔子与论语》，九州出版社 2010 年版，第 388 页。
② 钱穆：《中国学术特性》，载《中国学术通义》，九州出版社 2011 年版，第 197 页。
③ 钱穆：《辨性》，载《中国学术思想史论丛》（五），生活·读书·新知三联书店 2009 年版，第 240 页。
④ 钱穆：《辨性》，载《中国学术思想史论丛》（五），生活·读书·新知三联书店 2009 年版，第 240 页。

看钱穆的分析。

> 孟、荀皆兼言心性，但一主性善，一主性恶，正相违反。《大学》言心不言性，《中庸》又只言性，不言心，心性之辨，先秦儒似未到达发展成熟之阶段，而佛家禅宗，又只言心之虚明灵觉，而认性为空。故心性的新说，不得不待有宋理学诸儒来完成。①

> 孟子将性命分别疏说，《中庸》却把性命混为一谈。孟子所说之性重在心，《中庸》所说之性却重在天。心偏内，演出为人文。天偏外，本之于自然。②

心性之学虽然是个整体，无法具体地区分"心"与"性"，尤其是在早期儒学中。但是，随着形而上的抽象思维越来越发达，在《易传》《中庸》《大学》中也出现了本体论倾向。不仅如此，还出现了对"心"与"性"畸重畸轻的具体情形。因此，要想与佛家禅宗简易精微的心性之学对抗，必须对之前的心性思想进行全方位的整合，而这个理论重担就落到了宋明理学家的肩上。

二 宋明理学的心性之学

宋明理学，顾名思义，就是指宋（元）明时期的理学，是儒学在宋（元）明时期发展出的一种别具特色与风格的学术思想体系。需要说明的是，宋明理学的影响并没有因为朝代的更迭而在清代消失，围绕宋明理学重要观念与命题展开的论争在清代依然继续。所以，为了论述的方便，在此一部分文字中，还要涉及明清之际以及部分清代学者关于心性思想的突出见解。

---

① 钱穆：《朱子学术述评》，载《中国学术通义》，九州出版社2011年版，第99—100页。

② 钱穆：《辨性》，载《中国学术思想史论丛》（五），生活·读书·新知三联书店2009年版，第237页。

如果说，钱穆关于"儒学即心学"的判定还有学者不认同的话，那么，其关于"宋明理学即心学"的见解应该没有人会反对，因为宋明理学的突出成绩以及饱受后世学者攻击之处，主要体现在心性之学上。

> 宋、明儒的优越成绩，表现在他们的"心性之学"上。①
> 宋明理学家最主要之宗旨，即是要认取孔颜之心，探讨其心所乐何在。此乃程朱、陆王共同精神之所在。而孟荀精神也莫能外此。②

宋明理学的为学路径虽然与先秦儒学有很大不同，但在重视心性这一点上，则是一致的，这也是儒家的共同精神之所在。前文说过，钱穆认为《论语》所讲的学问是"因心见事""因事见理"③，其实宋明理学无不如此。而且，宋明理学家好言的"气象"二字，在钱穆看来，也是一种天人合一的境界，钱穆将其表述为"心天合一"。

> 宋代理学家好言"气象"，气象亦是一种"心天合一"之境界。④

以上说的是宋明理学同于先秦儒学之处，宋明理学还有与先秦儒学相异之处，对此钱穆也进行了细致入微的辨析。

> 昔儒有言，《大学》中不出"性"字，故朱子于序言性详焉。《中庸》中不出"心"字，故此序言心详焉。今按：儒家

---

① 钱穆：《四部概论》，载《中国学术通义》，九州出版社2011年版，第36页。
② 钱穆：《孔子之心学》，载《孔子与论语》，九州出版社2010年版，第390页。
③ 钱穆：《孔子之心学》，载《孔子与论语》，九州出版社2010年版，第389页。
④ 钱穆：《中国文化传统中之史学》，载《中国学术通义》，九州出版社2011年版，第176页。

之学固重心性，而自佛学东来，心性之辨，愈涉精微，所谓"弥近理而大乱真"者是也。程朱融释归儒，厥功甚伟。《大学》不出"性"字，而朱子以性说之。《中庸》不出"心"字，而朱子以心说之。此正见朱子大气包举，细心斡旋。①

从上面的细致剖析中不难看出钱穆对于朱子心性之学的推崇。在一般人看来，宋明时期心性之学应以陆王心学为主，钱穆不这样认为，他认为陆王心学固然是"心学"，但不能否认朱理学也是"心学"。

> 宋明理学中，又分为两大派：一曰程朱理学，一曰陆王心学。因陆王主张"心即理"，而程朱则主张"居敬穷理"。后人遂疑居敬穷理，则似理在心外；心即理，始是理在心内。于是遂分之以为二。依我个人意见，程朱同亦主张理在心。而且穷理工夫主要端在心，仍必从心做起；因于格物而所穷得之理，非与吾人心中之理有不同。穷外界事物之理，即是穷吾人内心之理。因此程朱之学，亦可谓是心学，只与陆王所讲稍不同。或许是讲得更精些！亦可谓陆王从"心即理"出发，程朱则以"心即理"为归宿。陆王说心即理，则不须另要功夫。而程朱说心即理，则非另下一番功夫不可。所以我们只能说程朱与陆王的心学有不同，却不能说程朱不注重心。换言之，亦可谓宋明理学，包括程朱与陆王两大派，莫非是"心学"。②

在钱穆看来，宋明理学中分为程朱理学和陆王心学两大流派，而两大流派的思想都与心性密切相关。只不过，在一般人看来，陆王主张"心即理"，程朱主张"性即理"，实则程朱也没有主张理在心外，而同样认为"心即理"，只不过不像陆王一样，以"心即理"

---

① 钱穆：《中庸释义》，载《四书释义》，九州出版社2010年版，第307页。
② 钱穆：《孔子之心学》，载《孔子与论语》，九州出版社2010年版，第387—388页。

为出发点，而是以"心即理"为归宿。这就导致了两者在为学工夫上的不同，按程朱的思路，必得格物方得穷理。确实如此，朱熹从未否认"心即理"，只不过"心即理"是一种最终的结果，或者说是最高的境界，一般人只有经过艰辛的格物穷理才能达到。而这一境界，就相当于《大学》中所说的"豁然贯通"的境界。也正因为朱子在心性之学方面的卓越贡献，钱穆才作出了振聋发聩的论断——"理学家中善言心者莫过于朱子"。

> 朱子论宇宙界，似说理之重要性更过于气。但论人生界，则似心之重要性尤过于性。因论宇宙界，只在说明此实体。而落到人生界，要由人返天，仍使人生界与宇宙界合一，则更重在工夫，工夫则全在心上用，故说心字尤更重要。但却不能说朱子重要说心，便接近了所谓唯心论。因心只属于气，朱子既不主唯气，自亦不主唯心。后人又多说，程朱主性即理，陆王主心即理，因此分别程朱为理学，陆王为心学。此一区别，实亦不甚恰当。理学家中善言心者莫过于朱子。①

> 程朱主性即理，陆王主心即理，学者遂称程朱为理学，陆王为心学，此特大较言之尔。朱子未尝外心言理，亦未尝外心言性，其《文集》《语类》，言心者极多，并极精邃，有极近陆王者，有可以矫陆王之偏失者。不通朱子之心学，则无以明朱学之大全，亦无以见朱陆异同之真际。②

朱子不仅为学路径开阔，而且能在有效传承孔孟心性之学的基础上将儒家发扬光大。他"未尝外心言理，亦未尝外心言性"，而且"言心者极多，并极精邃，有极近陆王者，有可以矫陆王之偏失者"。正因如此，钱穆非常推崇朱子学，并认为"不通朱子之心

---

① 钱穆：《朱子新学案》（一），（台北）三民书局1971年版，第48页。
② 钱穆：《辨性》，载《中国学术思想史论丛》（五），生活·读书·新知三联书店2009年版，第138页。

学,则无以明朱学之大全"。这是从本体论上整体评价程朱理学与陆王心学,钱穆还从学术发展的历史、为学路径方面仔细辨析程朱理学优于陆王心学之处。他从《中庸》的"天命之谓性,率性之谓道"起笔。

> 中庸言:"天命之谓性,率性之谓道。"儒家言人道,本之天性。性所表现曰心,曰情。而"心"统性情,尤为主要。故为学更重心。心有生命,有成长。心有学,为"道心"。心不学,为"人心"。"道心唯微,人心惟危。"故必存其道心使不亡,养其善性使日成;而后七情得中,而天下和。故存心养性,为中国儒家讲学主要一纲目。道家亦重心,故中国人为学,儒家外常兼采道家,佛家亦重心。而儒、释、道三家论修心工夫各不同。陆象山论学最主心。明代王阳明继之。陆、王之学,亦称"心学",均偏重存养。朱子则存养与格物穷理并重,始为内外交尽,心物并重,得儒家孔、孟之正传。中庸所谓"尊德性""道问学",惟朱子为得其全。①

从学术发展的历史来看,在宋明理学出现之前,儒家已有相当多的经典成果。宋明理学在此基础上,广泛学习、吸纳,并加以利用、改造,完成了儒学在宋明时期的本体论建构,使之足以与佛老相抗衡。在为学路径方面,"尊德性"与"道问学"是《中庸》提出并被之后儒家广泛使用的学术语言,用以标明偏内与偏外两条不同的为学路径。在钱穆看来,古今学者,只有朱子治学能"尊德性"与"道问学"兼顾,并将两方面都做到最好,"内外交尽,心物并重,得儒家孔、孟之正传"。相比较而言,陆王心学则"偏重存养",即"尊德性",而在"道问学"方面不够用心。

---

① 钱穆:《近思录随劄 上》,载《宋代理学三学随劄》,九州出版社2011年版,第223页。

第二章 钱穆对中国传统心性之学的重要阐释

以上,从本体论建构、学术发展的历史、为学路径等分析了钱穆于宋明理学中推崇程朱理学不太喜欢陆王心学的原因,还有一点也必须指出,在钱穆看来,陆王心学的流弊比较严重。

> 陆王心学之流弊,往往陷于即妙用为定理,即用为体,亦可说其有体无用。其由儒入释入正在此。①
>
> 性属天,心属人。心学流弊,则尊人而蔑天。②

陆王心学"即用为体""有体无用""尊人而蔑天",就导致其与佛学有了很多相似之处。即使如此,钱穆也没有完全否定陆王心学的成绩,认为与程朱"同源异流"的陆王心学,也有很多值得推崇的地方,主要体现在如下方面。

> 陆王之心学,必主于人事与世变。象山重笃实践履,阳明重事上磨炼,此皆重于人事与世变,其实则犹之伊川、晦翁之格物而穷理。惟陆王之意,格物穷理乃其末,反求之人心者乃其本。必先有见于此心,而后可以运此心以格物而穷理。如是则陆王之所侧重,虽在于人事与世变,而不主远求之于往古;乃主反身切己,好求之于当前本身之所遇。③

陆王的"重笃实践履""重事上磨炼""重于人事与世变",在钱穆看来,就相当于程朱一系的格物穷理,而且陆王"主反身切己""好求之于当前本身之所遇",这本身就是一种脚踏实地的学风,是值得肯定的地方。这样看来,钱穆虽然整体上倾向于程朱理学,但在学术立场上也基本上能持平,对陆王心学如此,对程朱理学也是如此,因此,他有时也分析朱子心性之学存在的问题。

---

① 钱穆:《禅宗与理学》,载《中国学术思想史论丛》(四),生活·读书·新知三联书店2009年版,第239页。
② 钱穆:《宋明理学概述》,九州出版社2010年版,第106页。
③ 钱穆:《孔学与经史之学》,载《孔子与论语》,九州出版社2010年版,第228页。

朱子虽竭力辟佛，但其说心，却很像释氏之说。所谓涅槃佛性是第一义空，此后台、禅诸宗主张明心见性，即心即性，心只是一个虚明灵知，此即所谓"心空"。惟其只是一虚明灵知，所以适成其为第一义空之性。今朱子似乎仍说"心空"，仍只说心是一虚明灵知，岂不与佛家相近？其实人心除虚明灵知外，还有它自己的向往与要求，并不真是空虚而静的像镜子般。若否认了人心所自有之向往与要求，则何从再来判说性善与性恶？程、朱把性与心划分，用意在要辟佛，但反而有些处更不似台、禅诸宗之比较近于先秦儒说心性之本义。陆、王继起来反程、朱，即从此等处发挥。①

不仅陆王心学与佛教有相近之处，连朱子论心性有时也与台、禅诸宗有很多相近处，钱穆认为朱子说"心空"就是如此。况且，"程、朱把性与心划分"，也与先秦儒学有很大不同。由以上分析看来，钱穆本人没有门户之见，他基本上是本着实事求是的态度来研究中国传统的心性之学。

其实，宋明时期的心性思想虽然整体上可以分为程朱与陆王两家，但还有其他思想家的心性思想也值得深入研读，钱穆曾在著作中仔细分析诸如周敦颐、张载、邵雍、王安石等人的心性之学。他认为周敦颐、张载、邵雍等人的学问属于"第二期宋学"，其主要特征是注重"心性本体"，主张从最本原的心性本体方面"厚植基础"。按照这一标准，就可以把王安石作为第一期宋学的"殿军"，把周敦颐作为第二期宋学的开创者。② 在钱穆看来，周敦颐最大的贡献，就是"开始阐发了心性义理之精微"。这恰恰是在传承孔孟儒家立论依托于心性精微的大传统，这一传统在两汉以来基本上没有真正的传人，他这样做的目的就是"排释归儒"。

---

① 钱穆：《中国思想史》，九州出版社2011年版，第192—193页。
② 钱穆：《濂溪百源横渠之理学》，载《中国学术思想史论丛》（五），生活·读书·新知三联书店2009年版，第61页。

佛教长处，在其分析心性，直透单微。现在要排释归儒，主要论点，自该在心性上能剖辨，能发明，能有所建立。①

关于性情的说法，我大体赞成王荆公。荆公说：喜怒哀乐未发于外而存于心，性也。喜怒哀乐发于外而见于行，情也。性者情之本，情者性之用，性情一也。若夫善恶，则犹中与不中也。照此说法，舍情便无以觅性，性也只是人心之喜怒哀乐。换言之，也只是人心之好恶。我们不该一面看重人性，而一面看不起人情。②

"天地之本，其起于中乎？人居天地之中，心居人之中，心为太极。"此乃康节新人本论中之唯心论，彼谓心乃宇宙之中心，亦即是宇宙之起点，故心为太极。濂溪言主静立人极而无欲为静，无欲亦主心言。后人仅以《先天图》与《太极图》相提并论，又多阐濂溪，少研康节，只以康节限于象数之学，此实此下学术思想史一缺憾。③

在钱穆看来，周敦颐对心性之学的主要贡献在于"从心性本体最先源头上厚植基础""阐发了心性义理之精微"；王安石的主要贡献在于主张"性本情用"，肯定"人情"的作用；邵雍的主要贡献在于主张高扬"人心"的地位，视"心为太极"。北宋时期还有两位重要学者的心性思想不能被忽略，这就是二程兄弟。必须指出的是，程颢与程颐虽是兄弟，也经常并称，但在心性之学的看法上有很多不尽一致之处，具体来说，就是一人"走了为道日损的路"，另一人"走了为学日益的路"。

---

① 钱穆：《宋明理学概述》，九州出版社2010年版，第31页。
② 钱穆：《心与性情与好恶》，载《中国学术思想史论丛》（二），生活·读书·新知三联书店2009年版，第90页。
③ 钱穆：《濂溪百源横渠之理学》，载《中国学术思想史论丛》（五），生活·读书·新知三联书店2009年版，第65页。

>明道走了为道日损的路,而伊川走了为学日益的路。两人异学,其关键在于对心性看法之不同。明道认仁为心体,由此推衍,便成心即理说。①

这两条不同的为学路径,间接影响了南宋时期朱熹与陆九渊,产生了"道问学"与"尊德性"的冲突。朱熹与陆九渊同为南宋时期人,南宋时期的理学思想,还有一个人不能被忽视,这个人就是胡宏。对于胡宏的心性思想,钱穆也曾有过认真的分析,认为胡宏心性思想"专主心上讲",其核心在于"尽心以成性"。

>熹主张性禀赋自先天,宏则谓性亦完成于后天。所以宏"尽心以成性"之说,熹认为可疑。但熹之心、性、情三分说,性属先天,心亦属先天,则更无一包括心性更高的统一。宏则专主心上讲,颇与陆王学派相近似。晚明儒王夫之,可说是湖湘学派之后劲。他极推崇张载之《正蒙》,也竭力发挥成性的说法,阐述精微,与宏《知言》大义可相通。似乎《知言》较近于程颢,而《疑义》较近于程颐。②

以上,就钱穆眼中的宋代心性之学进行大致的概括,在钱穆看来,不管心性之学发展得如何精致、深邃,也没有改变心性之辨到南宋时期越来越脱离实际的学术倾向。

>迄乎南宋,心性之辨愈精,事功之味愈淡。③

"事功"的味道越来越淡。这种情况到明代中期王阳明手里有了明显转变。

---

① 钱穆:《二程学术述评》,载《中国学术思想史论丛》(五),生活·读书·新知三联书店 2009 年版,第 135 页。
② 钱穆:《宋明理学概述》,九州出版社 2010 年版,第 102 页。
③ 钱穆:《中国近三百年学术史》,九州出版社 2011 年版,第 5 页。

阳明所谓心，是知行合一的。①

朱子言格物穷理，未免偏重"知"上说，而阳明言格物穷理，则根本脱离不了一"行"字。天理在实践中，良知亦在实践中。天地万物与我一体亦在实践中。不实践空言说，则到底无是处。②

守仁以心之良知为性，良知不仅指知是非，抑且指知好恶。一切人事之理，脱不了"是非""好恶"之两端。故守仁所谓的良知，不仅指心，亦指性。所以守仁之言心即理，转言良知即天理，但其天理的范围则狭了。至其晚年，则又言"良知生天生地，成鬼成帝，为造化的精灵"，而又主张儒、释、老三教合一，则离开他自己本所主张的更远了。③

从上引文字可以看出，钱穆对阳明心学的最推崇之处即在于阳明的重行。在此需要说明的是，钱穆对阳明心学的研究有前、后期之别。前期他非常推崇阳明学，后期则在与朱子的对比中，对阳明学颇有微词。钱穆早年讲阳明，是把阳明放在宋学的大传统中讲，讲朱子学与阳明学的一致处，同时，突出阳明为理学提出重"行""知行合一"——"事上磨炼"一项工夫的价值。无论前期后期，钱穆对阳明学"重行"这一点一直是持肯定态度的。

本来阳明心学提倡良知学说，重视事上磨炼，但阳明去世后，其学派走向分裂，其心学思想在阳明后学那里滋生出越来越多的流弊，以致后来慢慢出现很多饱受后儒批判的"无事袖手谈心性，临危一死报君王"的无用腐儒。在这种情况下，心性之学的转变已迫在眉睫。这一转变，其实早在明代中期阳明心学广泛传播时就已开始了。

---

① 钱穆：《中国思想史》，九州出版社2011年版，第212页。
② 钱穆：《阳明学述要》，九州出版社2016年版，第74—75页。
③ 钱穆：《宋明理学概述》，九州出版社2010年版，第245页。

现在我们把钦顺辟佛意见，扼要言之，则可以归纳为如下之两语，钦顺说："彼明以知觉为性，始终不知性之为理。"此一辨，仍主程、朱"性即理"，而排斥陆、王之"心即理"。①

罗钦顺是与阳明同期的反对心学的代表性学者。他反对阳明心学的主要根据在于程朱的"性即理"。除罗钦顺这个来自"程朱阵营"的学者反对心学外，被誉为"心学殿军"的刘周宗也对阳明心学进行了修正。

（刘宗周）"心只有人心，而道心者，人之所以为心也。性只有气质之性，而义理之性者，气质之所以为性也。"这一说也极明快。把人心道心气质义理全打并归一。同时东林讲学也多持此说，宗周承之，这是晚明思想界一公同意见，后来清儒大体都从此观点来反宋儒，反程朱。其实也多失却了程朱精义。②

到了明清之际，基于时代与理论的原因，学者们的学术兴趣转向经史之学，反对宋明理学的空疏学风。也就是说，这一时期，学者们反对的主要是陆王心学，偶尔也涉及程朱理学。

……明清之际之学者，较不喜言个人心性，而转重群体政教。经史实学，转盛于讲堂锢习。陆王主心即理，其精神意趣，专一内向，偏于以个人观点为中心之流弊更显。程朱博观物理，旁及自然，精神意境稍阔越，而其弊亦在太重言心性，不重言治平。明清之际，由于时代刺激，乃有由心性转向治平之一趋向。于是乃有由程朱转归孔孟之一大期求。惟满清以部族政权，盗憎主人，学术思想受其桎梏，其科举取士，一依程朱，又大兴文字之狱。学者不敢明目反清政权，乃转而反朝廷之功令。

---

① 钱穆：《宋明理学概述》，九州出版社2010年版，第244—245页。
② 钱穆：《宋明理学概述》，九州出版社2010年版，第333—334页。

其反程朱理学，实即反当时朝廷之功令也。于是一时之心力智慧，乃大凑于古经籍之训诂考订，而有汉宋之争。其实固非明清之际学术思想转变始兆之所指。而于是此第三期新学术之曙光，乃不得不迟迟有待于清政权之解纽。乃继此而西风东渐，已非中土学术闭关自守之时，中外交会，发端实大，密云不雨，亦其宜矣。①

"由心性转向治平"，是明清之际学风转变的典型标志。也有例外，王夫之就是既言治平也言心性的博通型明清大儒。在钱穆看来，虽然王船山非常推尊张载和朱熹，但王船山思想的精深之处，在于能注重到"人文演进"的大历程，在于能根据个人的心性来推演出"人文繁变"。这样，他就将明末"心学"转到了明清之际的"史学"上，于是也完成了将儒家思想由宋明理学重归先秦儒学这一重要转变。② 王船山心性之学最具特点也是最精辟之处在于其论"性"，既不同于孟子从人心的发端处言说人性，也不同于《中庸》以来从"天命"的角度说人性，更不同于宋明理学诸家将人性二分为天地之性与气质之性，而是从后天的"日生日新"角度加以言说，认为"性"就是"日生日新之化"，是"日生日成"。③ 船山之后，再少有学者能从"心""性"两面融会贯通地讲心性，而心性之学中重"心"的一面也开始淡化。张扬"性善"之旨，是清代中期学者的一大贡献，其中代表性的学者如戴震、焦循等，尤其以焦循关于性善的论述最具时代性特点。

  里堂论学极多精卓之见……其立说之最明通者，为其发明

---

  ① 钱穆：《禅宗与理学》，载《中国学术思想史论丛》（四），生活·读书·新知三联书店2009年版，第290—291页。
  ② 钱穆：《中国思想史》，九州出版社2011年版，第227页。
  ③ 钱穆：《中国近三百年学术史》，九州出版社2011年版，第105页。

孟子性善之旨。①

　　里堂言性善，以人之有智慧言之，又以人之能进化言之。其说亦本于东原，而人类之自以其智慧而进化者，其一段之历程，里堂名之曰"变通"，变通之所得即善也，仁义则善之大者。故曰："人性所以有仁义者，正以其能变通，异乎物之性也。以己之心通乎人之心，则仁也。知其不宜，变而之乎宜，则义也。仁义由于能变通，人能变通，故性善；物不能变通，故性不善。"（正义《性犹杞柳》章）人类何以必出其智慧以求变？里堂则曰变化所以为利。②

在钱穆看来，从进化论角度言性善，认为人性善在于人有智慧。人能"变通"，知道在现实的发展中哪些是"宜"哪些是"不宜"，这就是焦循对中国传统心性思想的巨大发展与创新。这一点是在以往任何一个时期也不曾出现过。

　　本来，儒家的性善论，正从历史的进化上着眼（这一点，清儒焦循《孟子正义》里颇有发挥）。③

"从历史的进化上着眼"，这是中国传统学术受到西方文化影响的明显表现之一。受焦循这一运思路径的影响，钱穆在阐发孟子"性善之旨"时，也喜欢从进化论的角度进行，正如宋明理学本意在排佛，结果却又受到佛学重要影响一样。因此，学术交融是学术论争的必然结果，这一点，钱穆也是看到的，因为宋明理学受佛学影响，开始将中国儒学传统的即现象即本体的思维转变为佛学式的本体与现象两分的思维。而这一思维，明显与时下流行的西方哲学思

---

① 钱穆：《中国近三百年学术史》，九州出版社2011年版，第499页。
② 钱穆：《中国近三百年学术史》，九州出版社2011年版，第500页。
③ 钱穆：《儒家之性善论与其尽性主义》，载《中国学术思想史论丛》（二），生活·读书·新知三联书店2009年版，第3页。

维如出一辙。

总体来说，钱穆是从儒学传统的根脉处入手，阐发自己对中华文化正统心性理论的理解。在钱穆那里，对孔子之学是心学与史学的判定，就为后面正本清源地评判各家各派的心性论思想的得失提供了最好的矩矱。也正是以心学与史学为矩矱，钱穆提出自己最赞成孟子的心性论思想，一是"人心之所同然者即是性"，二是性善论。而之后的儒学的心性论无论是谁，只要切合心学与史学，钱穆就赞成，忽视其中任何一端，钱穆都是有所非议的。他努力提升朱子的心性论思想，评骘陆王心性思想的得失，看重王夫之、焦循的心性论思想，都是以此为标准。之所以如此，与钱穆学问追求"一天人，合内外"的境界不无关系。在儒学系统里，陆王一系把天地万物"纽结"到"心"上，程朱一系把天地万物"纽结"到"性"上，钱穆则把天地万物"纽结"到含有历史、文化意蕴的"心"上。从这样的意义上说，钱穆表面看更似陆王，但其内里是程朱。所以，在钱穆这里，其心性论绾结陆王程朱于一体，同时，又开出一条新路。

第三节　中西对比中的中国心性之学

研究、挖掘一种学术思想的特点、精神，不能脱离孕育、产生这一思想的时代。脱离时代环境、时代问题去坐而论道，只会空费笔墨，劳而无功。钱穆所处的时代，正是中国经历天翻地覆的变化时代：1895年，钱穆出生，正值衰弱的清王朝在甲午中日战争中遭受惨败，刚刚签订丧权辱国的《马关条约》之际；之后，清王朝为了自救，掀起了轰轰烈烈的维新变法运动，虽然运动最终失败了，但狂飙突进的维新变法运动给中华大地带来了近代思想的启蒙、民族精神的弘扬。后来，封建王朝统治下的大清子民逐渐开始接受西方的思想与文化；虽然不久就爆发了因西方长期的殖民统治诱发的义和团运动，但丝毫没有影响西方思想文化的大量涌入，而且，八国联军侵华战争又给中国未来发展带来决定性影响的《辛丑条约》。目睹这一系列惨痛失败,一些中国知识人越来越认为中国的失败是因为文化出了问题。所以,大肆鼓吹西方文化,贬低中国固有文化,成了那个时代的一种新风尚。钱穆就是在这种社会环境中成长起来的,他一生都在思考中、西方文化孰优孰劣的问题。通过博览群书和切身感悟,钱穆最终站在了中国传统文化这一边,所以,钱穆以一己之力张扬中国传统学术文化的优势,抵制西方文化对中国传统学术的侵蚀。从另一个角度讲,如果说孟子的主要"学术对手"是告子,宋明理学的主要"学术对手"是禅宗,那么钱穆的主要"学术对手"就是西方文化。在阐发心性之学时,钱穆就经常将中国传统心性之学与西方的心性论(心理学)进行比较,揭示二者的本质不同,借以弘扬中国文化,凝聚民族精神。

归纳起来,钱穆在将中、西方心性思想进行比较时,主要从五个方面入手,下面一一加以说明。

一 是人文科学而非自然科学

西方近代文明的精髓是民主与科学。对钱穆来说,其生活的时代正是民主与科学精神在中华大地上广泛传播并产生重大影响的时代。虽然没有留洋经历,但天资聪颖、天性好学的钱穆从小就受到西方文化的熏染,一方面他努力探寻民主与科学精神的实质,另一方面他又借助民主与科学观念等来思考中国的问题,对心性之学的思考就是如此。

> 中国人言心,则与西方大异。西方心理学属于自然科学,而中国心理学则属人文科学。[①]

---

① 钱穆:《略论中国心理学 一》,载《现代中国学术论衡》,生活·读书·新知三联书店2001年版,第67页。

钱穆认为，虽然中国和西方都有对"心"的解读，但是解读的角度大相径庭，因此中国人的"心理学"属人文科学，而西方的"心理学"属自然科学。不仅"心"如此，"性"也如此。

> 在中国传统思想里，最看重这个"性"字。西方人亦未尝不讲人的性，可是他们所注重的是"自然"的性，照中国人的讲法这乃是"先天性"。而中国人所讲的性字，更看重"人文"方面，可说是先天和后天打成一片来讲的。亦可说是一种理想的可能性。①

无论"心"还是"性"，在传统中国人看来，都是偏于"人文"方面的，这与西方偏于从"自然"方面解读有很大的不同。"自然"即自然界，那么什么是"人文"呢？中国文化是以人文为中心的文化。"人文"，就是"人群相处的一切现实及理想"。也就是说，理解"人文"，必须从人群整体着眼，以人群相通之精神为核心。着眼人群整体，这是"客观"；着眼人相通之精神，这是"主观"，但主客统一。在中国文化的语境下，不仅主客统一，而且"先天与后天"也是"打成一片"的，很难进行清晰的阐释与言说。依据钱穆的思路，中国传统的心性之学中的天与人、内与外、人与物等都是融通为一的，没有办法像西方自然科学那样进行量化的分析。

二 是抽象名词而非具体所指

在钱穆看来，正因为西方文化是从自然科学的角度阐发心性，所以他们言之"心"与"性"，都是具体而非抽象的，中国传统语境下的"心"与"性"则不同。

钱穆认为，"心"主要不是指作为人体器官的物质心，而是指作

---

① 钱穆：《二 中国人的性格》，载《从中国历史来看中国民族性及中国文化》，九州出版社 2011 年版，第 21 页。

为族群精神的抽象心,所以这样的"心"没有办法具体指出其在哪里,因为它只存在于人与人的精神相通之处。但是,这样的"心"也不脱离具体的物质心,是基于物质心、个体心而存在的。中国人所说的心,既不在人的脑部,也不在人的头部,而是一个抽象名词,是指"全身生活之和合会通处"。但是,抽象的人心又不能脱离具体的人心而孤立存在,它必定会体现于与外界事物相沟通之处。西方人主张以心通物,中国则主张以心通心。父母心通于子女心即为慈,子女心通于父母心即为孝。

> 此心又可上通天地,旁通万物,相与和合,成为一"气"。理在气之中,亦即在心之中。故宋儒又言心即气,不言心即理。理即于心上见,但非心即理。此心所见之理,又称"性",故曰"性即理"。①

因为西方主要是在自然科学方面言"心",所以西方语境下的"心"主要是具体心。这样的心可以"通物",但不能"通心",也就相当于心与物的关系呈现出主客二分的状况;中国传统语境下所说的"心"却不是这样。如上文所述,中国的"心"是抽象心,不但可以"心通心",还可以"上通天地,旁通万物,相与和合,成为一'气'",或者说,"心即理"。这是理想境界,现实中只能说"性即理",要达到这一境界,中间还有很多的修养工夫要做。从以上分析不难看出,宋明理学心性思想对于钱穆的巨大影响。

三 重人不重物

对于中国传统学术与西方哲学的区别,钱穆也进行过很多比较研究。他认为中西方文化最大的区别,可以说是有无唯心与唯物之别。

---

① 钱穆:《略论中国心理学 一》,载《现代中国学术论衡》,生活·读书·新知三联书店2001年版,第66页。

> 依中国人观念，心身一体，即心物一体。但此中国人之所谓"心"，西方人亦不能尽加以抹杀，于是遂于"心"与"物"又加以分别。在西方哲学中，乃有"唯心论"与"唯物论"。实则西方哲学唯心论之"心"，与西方心理学之"心"，显已有不同。而中国则断无唯心、唯物之分。①

在钱穆看来，西方分"唯心论"与"唯物论"，在中国则没有这样的分别。在西方，不管是"唯心"还是"唯物"语境下，其谈论的"心""性"都与中国传统的心性之学有着本质的不同。

先看一，"唯物"语境下中西方对"心"理解的不同。在钱穆眼中，西方人是偏于向外，因而是重视外物的，这一看法在钱穆的很多文字中都有阐发。在他看来，西方重物的取向在马克思创立的"唯物史观"上就有着鲜明体现。借助"唯物"这样的术语，钱穆对中国心性之学也进行了定性，他称为"唯人""唯心""唯德""唯性"。西方人用心在物，注重外面的具体事物；中国人用心在己，注重内在的德性修养。中西方虽然都知道"心"与"物"，但二者在双方的主客轻重是明显不同的。②钱穆的意思是，西方人因将人与物对立，所以，人之主要用心即在于征服外物；而中国人因将人与物，甚至人与人视为一体，所以，人之主要用心不在于征服，在于调和融通，而能达到这一境界的关键就是修养自己的心性。在钱穆看来，不仅"唯物"史观与中国不同，"唯心论"也与中国传统的心性之学有本质上的不同。

> 西方哲学中有"唯心论"，此谓天地间一切皆非物而是"心"。此心亦非中国人之所谓心。中国人主张物是物，心是心，

---

① 钱穆：《略论中国心理学 二》，载《现代中国学术论衡》，生活·读书·新知三联书店2001年版，第82页。
② 参见钱穆《略论中国教育学 三》，载《现代中国学术论衡》，生活·读书·新知三联书店2001年版，第222页。

>而一切心与物皆可为"客",而由"吾之一心"为之主。孔子曰:"七十而从心所欲不逾矩",此乃孔子一己内心之自由,并非如西方唯心哲学之心。此乃中国人所主张个人主义之最高境界,此一境界,乃中国人心之同所想望而非尽人之所能达者。颜子所谓:"如有所立卓尔,虽欲从之,莫由也已。"即指此境界言。今以之谓此乃中国人之个人主义,实则即犹如天。①

钱穆认为,西方的"心"与中国人所谓的"心"的根本不同在于:西方的"心"是无视物的存在,而皆以物为心,也就是无视客观世界的存在而以主观世界包纳客观世界;而中国的"心"是主、客兼赅的,用钱穆的话说就是"物是物,心是心",没有因为"心"的特殊性而将客观世界的实存给"吞没",但这些还都是客,只有"吾之一心"是主,这样,就实现了主客的交融,也就是把用力之处归结到自己的"心"上。为什么非要把一切都归于自己的心上?且看钱穆进一步的分析。

>中国人言"一天人,合内外"。此天地万物,由己为之中心,乃能一,乃能合。此言非具体,乃抽象。而己之为天地中心者,非其身,乃其心。但非西方哲学心物对立之心。中国则主心物合一,天地万物均融在此心中。②

在钱穆看来,天地万物,都以"己"为中心;也只有以"己"为中心,天地万物才能整合为一。所以,"己"为天地中心,而"己"之中心又在"心",只有"己心"才能实现"天地万物均融于此心中"。也正是在这个意义上,钱穆认为只有人本身——人之

---

① 钱穆:《附录 六西方个人主义与中国为己主义》,载《文化学大义》,九州出版社2011年版,第178页。
② 钱穆:《三 时间与空间》,载《晚学盲言》,生活·读书·新知三联书店2014年版,第48页。

"心"而非人之"身",才能实现"心物合一"。正因如此,"心"才是"吾生吾身之最亲切最具体者"。

> 心是吾生吾身之最亲切最具体者,故人之一生最真实者惟此心。一切行为皆由心起,因其自然如此,故谓心亦天耳。人之具此心,即拥有天矣。今人必依西说,分心为情感、理智、意志三方面,以配合于中国自有之仁、智、勇三德。然则杀身成仁,岂只为情感方面事。朱子必言"心之全德",其实则只此一心而已。中西双方,究孰为识此心体之真。抑且西方对自然界仅信一神,谓惟上帝可以宰制此世界,其他尽可任人驱使,供人利用。中国信多神,自天帝外,地上山川草木亦皆有神,可以影响人生。而认人生则有大生命,即心,普遍相通,流行常在。身为小生命,限于躯体,互不相通,依时死亡,不断变换。而西方人则惟重视其躯体,而主个人主义。①

"心"之重要,具体来说要依托于仁、智、勇三达德,只有如此,才能具备"心之全德"。只有具备了"此心",才能由人及天,实现天人合一。

四 喜欢向内求真而不喜欢向外求真

如前所述,虽然中西方对人心都有研究,在钱穆眼中,却完全属于不同的思想体系,两者有着很多且很大的区别。中西方关于"心"的研究,一者重物(外),一者重人(内),所以,在为学路径上,就出现了向外与向内的区别。

以朱子为例,在钱穆看来,朱子一如孔子,为学也讲究个"一贯"。朱子的"一贯"是"以一心应万物",好比将一堆散钱用一条

---

① 钱穆:《朱子四书集义精要随劄》,载《宋代理学三书随劄》,生活·读书·新知三联书店2016年版,第113页。

绳子串在一起。这和西方哲学所主张的"心一元论"是有很大不同的。

> 心一元论乃说万物分析到最后,只是一个心,此是向外求真。哲学上之唯心、唯物,其实与自然科学同样是向外寻求。中国道理重在人生实际行为上,以己之内心去应万物,则心与物显属分了。故以西方哲学来说,朱子近似一二元论者。实则非二元,只能说是多元。亦非多元,朱子只就了人的行为说,只能说是一"人本位",或"人生行为本位",始得之。故又曰:"夫子教人零零星星,说来说去,合来合去,合成一个大物事。"此大物事亦仍是一人生,在人之内,不在人之外。西方哲学则要从外面合成一大物,或唯心,或唯物,或上帝,则宗教、科学、哲学,在西方实只是一个,只是向外寻求。而说来说去,合来合去,人心不同,乃合成三个,即宗教、科学、哲学是也。都由外面说,不着有己心,非孔子所谓之"一贯"。①

在钱穆看来,西方的思想文化都是偏于向外求索的。且不说"唯物"思想视野下的"心"是向外求真,就连"唯心"思想视野下的"心"也是向外求真。也就是说,在西方,无论是宗教、科学还是哲学,其实都是"向外寻求",都"由外面说,不着有己心"。这与西方重视利用、改造自然因而自然科学发达,凡事向外求索的为学路径有很大关系。钱穆认为,中国不是这样,我们偏于向内求索,讲究的是"以一心应万物"。在"以一心应万物"的过程与修养之中,必以"心"为主,以"万物"(万事)为客。只要向内修得"己心",必能将万事万物"一以贯之",实现"万物一体"。

---

① 钱穆:《朱子四书集义精要随劄》,载《宋代理学三书随劄》,生活·读书·新知三联书店 2016 年版,第 41—42 页。

五　重行大于重言

"以一心应万物"不能停留在口头上和思想中，必须在行为和事功上有所体现。因此，在钱穆看来，中国传统心性之学追求的是以"上达"服务于"下学"，平时多在"下学"上下功夫。

> 今以私意窥之，孔子所学，皆下学也。"三十而立，四十而不惑，五十而知天命，六十而耳顺，七十而从心所欲不逾矩"，此皆孔子之上达境界也。……是孔子之下学，上达皆在人事中。西方哲学中有形而上学，明超人事以为学。中国则"形而上"即在"形而下"之中，使无"形而下"又何来有"形而上"。①

"'形而上'即在'形而下'"之中，就是"上达"即在"下学"之中。正因如此，在中国，以纯思辨为特点的哲学才不够发达，中国的传统学术都要追求"学以致用""通经致用"，有着鲜明的现实指向。西方则不然，他们的"形而上学"是"明超人事以为学"，也就是说，在西方是可以存在不与现实直接相关的哲学思想的。

具体来说，重视"下学"即是重行，重视"上达"即是重言。西方的心理学属于自然科学之一种，自是"重言"即理论本身，而中国的心性之学属于人文科学，必须基于"行"来研究"言"（理论）。

> 《论语》言心，多归之行。《孟子》言行，多本之心。陆王家多引孟子为据，而按之《论语》则易见其未是。西方心理学，只就一身之生理物理上求，最多只可谓是专于心以求心。何如中国人言心，必推极之于言语行为，及其对面接触之事物之为

---

① 钱穆：《朱子四书集义精要随劄》，载《宋代理学三书随劄》，生活・读书・新知三联书店2016年版，第104页。

亲切而得实，扼要而有用乎！①

关于中国心性之学"重行"的这一特点，也有学者进行了研究。

> 就此而言，"心性之学"所谓的"修心养性"当然不能被狭窄化为现代学术中的"人生哲学"，在根本上，"心性之学"是上联宇宙形上论、下开工夫实践论的"致广大而尽精微"的思想系统。②

总而言之，钱穆对中、西方心性思想的不同进行了很多比较，归根结底就是认为，中西方文化根本的不同是：一个重视整体，于个体中看整体，于整体中实现个体；另一个重视个体，为了个体而抟聚整体，整体要服务于个体。正因为这样一种文化取向的不同，所以中国人看重民族、国家、家族，而西方更重视自己。具体到心性思想，就出现了中国人喜欢向内求索、重抽象、重人、重行的特点，西方人喜欢向外求索、重具体、重物、重言。最终呈现出来的特点是：中国的心性之学是"和合"的，西方的心性论（心理学）是"分别"的。

---

① 钱穆：《朱子四书集义精要随劄》，载《宋代理学三学随劄》，生活·读书·新知三联书店2016年版，第98页。
② 张任之：《心性与体知：从现象学到儒家》，商务印书馆2019年版，"前言"。

第三章　钱穆的"历史心与文化心"

"历史心与文化心",是钱穆在整理、分析、研究中国传统各家各派心性之学的基础上,对中国心性思想的一种总的概括。这一概括发前人之所未发,具有鲜明的独创性。认真梳理、探讨钱穆关于"历史心与文化心"的论述,不仅具有重要的学术价值,而且对弘扬民族精神、创造性转化中国传统学术为现实服务方面,都具有非常重要的意义与价值。

虽然目前学界对钱穆提出的"历史心与文化心"都有一定的关注①,但对心性思想来龙去脉、整体状况还是缺少系统、具体的研究成果。有鉴于此,笔者拟从析出过程、思想内涵、理论特征三个角度阐发钱穆的"历史心与文化心"。

第一节　"历史心与文化心"的析出过程

"历史心与文化心",可视为钱穆学通四部之后的最后结晶、其学术思想的核心。但是,这一概念与命题的析出,并不是一蹴而就的,而是随着他学术积淀的增加、学术感悟的加深而自然得来的。

1955年,钱穆写过一篇名为《心与性情与好恶》的文章,在文

---

① 关注钱穆心性思想的代表性学者,有上海社会科学院的罗义俊、厦门大学的乐爱国、中国社会科学院的刘巍、中国人民大学的任峰、河北大学的宋薇等。

章中他就明确说出了提出"历史心与文化心"概念的时间。

> 我提出历史心与文化心,在我完成了《近三百年学术史》之后。我认为程朱论性,便从历史心与文化心之积累大趋中见。程朱论理,亦从历史心与文化心之积累开悟中得。历史文化积累得更大更久,便是人而天。而历史文化远从邃古洪荒开始,则只是天而人。惟人类当前的个体心,仍与历史心文化心大体相通,故一切理性方面之认识,不该忽视现前个体心。但陆王一面,则不免太重视了人类当前的个体心,而忽略了人类所积累而有之历史心与文化心。①

上引文字表明,早在完成《中国近三百年学术史》之后,钱穆就提出了"历史心与文化心"的概念,并且始终以此为尺度评判各家学术思想,在评骘宋明理学时,他就是这样做的。在钱穆看来,程朱理学与陆王心学的心性思想之所以存在优劣,就是因为程朱理学能"从历史心与文化心之积累开悟中得",而陆王心学"太重视了人类当前的个体心,而忽略了人类所积累而有之历史心与文化心"。对于宋明理学"性即理"与"心即理"的提法,钱穆一向看重"性即理",就是因为"性即理"中加进了历史文化积累这一层考量。

为了更好地把握"历史心与文化心"的内涵,有必要先理清"历史心与文化心"的提出过程与发展脉络。通过阅读、整理钱穆有关"历史心与文化心"的文字,大致可以看出,钱穆是从空间与时间两个角度来引出"历史心与文化心"的概念的。具体说来就是:从空间方面来说,中华民族生存在一个特殊的地理环境中,这个特殊的地理环境使得我们这个民族具有了独特的历史与文化;从时间

---

① 钱穆:《心与性情与好恶》,载《中国学术思想史论丛》(二),生活·读书·新知三联书店2009年版,第93—94页。

方面来说，特殊的空间地理环境虽然产生了中华民族独特的历史与文化，但民族要继续生存与发展，也离不开生存经验的传承，而重视民族生存经验传承的中华民族就更重视在时间中产生的历史与文化。而传承历史与文化，就是传承千百年来同然之心，这样，就自然而然地析出"历史心与文化心"的概念。

一 生存环境的特殊性孕育了中国文化的特殊性

全面抗战开始以后，钱穆的学术兴趣渐由考据转向思想文化，这一方面源于他一贯认为的考据不是学术终极目标的学术见解，另一方面源于他想通过宣扬中华文化精神来挽救国家民族于危亡的学术意图，他的那句来自《国史大纲》引论的"对其本国以往历史之温情与敬意"就是这一时期提出来的。但是，钱穆是凭考据学起家，有着扎实的历史、地理学方面考据学基础，所以，他在阐发、高扬中华民族文化特性时，也是从具体的自然地理环境入手。

> 各地文化精神之不同，穷其根源，最先还是由于自然环境有分别，而影响其生活方式。再由生活方式影响到文化精神。①

在钱穆眼中，自然环境是文化精神产生的物质基础，因自然环境有别，于是影响了各地的生活方式，继而影响各地的文化精神。那么具体到中国，又有怎样的影响呢？接下来，我们就进行具体的分析。

通过多年的博览群书与深入研究，钱穆将人类文化归纳为三大类型：游牧文化、农耕文化、商业文化。在他看来，不同文化体现的文化精神是不一样的，追究其根源，还在于不同文化产生于不同的自然环境，是自然环境影响了人的生活方式，再由生活方式进一

---

① 钱穆：《中国文化史导论·弁言》，（台北）联经出版事业股份有限公司1998年版，第2页。

步影响了人的文化精神。牧游文化的形成,与其发源于高寒的草原地带有关;农耕文化的形成,与其发源于河流灌溉的平原地带有关;商业文化的形成,与其发源于滨海以及近海岛屿地带有关。不同的自然环境决定了不同的生活方式,进而形成了不同的文化类型。如果进一步说,这三种类型的文化又可分为两大类,其中,游牧文化与商业文化可归为一类,农耕文化是另一类。因为游牧文化与商业文化有一个共性,就是都起源于"内不足",内不足就需向外寻求生存资料,因此这种文化类型富于流动性和进取性。农耕文化自产自收,可以实现自给自足,就无须向外寻求生存资料,只需居于一地长期耕种即可,因此这种文化是"静定的、保守的"[1]。总而言之,钱穆认为游牧文化与商业文化虽然发源的地理区域不同,但都起于"内不足",因而向外寻求的欲望较强,而农耕文化发源在河流灌溉的平原,依靠有水源的土地就可以实现自给自足,因此没有向外寻求的欲望。这就导致了世界上基本上有两大文化类型:一是向外流动、进取型的,因而也是不安定的文化;二是向内静定、保守型的,因此也是安定的文化。

不仅不同文化类型之间有很大的差别,就是同一种文化类型内部,也存在着很大的不同。中国文化虽然属于农耕文化,偏于静定、保守,但与其他沿河流定居的世界文明古国如埃及、巴比伦、印度文化相比,也有着很大的不同。中国因为环境的关系,一开始就走了一条独自发展的道路,大体可以说中国文化自一开始就是一种孤立发展的文化。中国文化不仅比较孤立,也比较特殊,这都和中国所处的地理环境有莫大关系。[2] 那么,古代中国所处的地理环境独特在哪里呢?钱穆主要从地理位置和气候条件两个方面加以展开。先看地理位置的独特性。在钱穆看来,中国文化发生的区域并不是通

---

[1] 钱穆:《中国文化史导论·弁言》,(台北)联经出版事业股份有限公司1998年版,第4页。

[2] 参见钱穆《中国文化史导论·弁言》,(台北)联经出版事业股份有限公司1998年版,第4页。

常理解的是在黄河流域,而是在黄河的各支流流域。因为中国的黄河本身不适于灌溉,中国文化的产生一开始并不依赖黄河本身,而且依靠黄河的各支支流,中国的农业文化先在众多的支流上产生、发展,然后渐渐蔓延,使整个黄河流域的文化形成一体。这也就体现了小水系与大水系密切且特殊的关系。在钱穆看来,纵观世界文化,只有中国文化从开始就在一个"复杂而广大的地面"上形成、发展。复杂的大水系,既可以为农耕提供天然的灌溉凭借,又能为整个区域提供天然的屏障,从而满足其安全要求。这样的地理环境,非常适合一种文化的独立酝酿与成长发展。小区域内的文化又可凭借天然的条件,由小水系进入大水系,使彼此相互间有更加亲密频繁的接触,使得中国文化从开始就有了小与大的辩证关系。这样,小水系与大水系就形成了你中有我、我中有你的水乳交融的复杂而密切的关系。所以,"中国文化开始便易走进一个大局面"①。钱穆不仅有着广博的历史学知识,而且有着扎实的地理学功底。② 这样的学术功底,在他研究中国文化时派上了大用场,使得他的文化学研究既有宏观视野,又有微观知识;既高屋建瓴,又脚踏实地,这一特点就很好地体现在了如上引文中。

　　以上是从宏观上分析了地理位置因素对中国文化的影响,接下来再看钱穆的具体分析。在钱穆看来,大多数的古代文化都是在小环境中产生,如古希腊文化,这样的文化的优点是很快就能发展到极盛时期,但也有个缺点,就是"不易形成伟大的国家组织"。只有中国文化从开始就在一个大的环境中展开,所以容易形成大的规模与架构,且对政治、社会等方面都比较关注,也容易在不断的实践中总结出一套行之有效的价值体系。这就使得中国人能够迅速地形成一个内部统一的大国家,这是世界上同时代的其他任何民族不可

---

① 钱穆:《中国文化史导论·弁言》,(台北)联经出版事业股份有限公司1998年版,第6页。
② 钱穆考地理,早在1922年就开始了。1930年,成《古史地理论丛》;1940年,成《史记地名考》。

比拟的。① 在小环境里产生的文化社会，就很容易遭受外围文化的冲击，打断或阻碍其文化的正常发展。只有中国文化，因为一开始就在一个大的环境中展开，又能"迅速完成国家内部之团结与统一"，所以对外来侵略的抵抗力就特别强大，能够保持其文化进展的进程不中断。② 还有一点必须指出，在钱穆看来，人类的古代文明大多是在小地面的肥沃区域里产生，很容易发展到顶点，但也很容易过早地失去新鲜向前的刺激，使其丧失活力，追求过度的奢侈生活必然会招致社会内部的安逸与退化。只有中国文化，因为一开始就在"较苦瘠而较广大"的地面产生，不断地有新鲜的刺激与新的发展前途。所以，在其文化生长的过程中，社会内部也始终能保持勤奋与朴素的美德，这就使其文化能"常有新精力，不易腐化"③。

以上说的是地理位置对文化的影响，接下来，钱穆又从气候条件方面分析古代中国的特殊性。钱穆认为，埃及、巴比伦、印度等文明古国全都靠近热带，气候条件优越，所以物产比较丰足，衣食获取比较容易，这样的气候条件影响到他们的文化，就使文化基本上都是在大量的闲暇时间里产生。而中国处在北温带的较北地带，气候条件不够优越，这就形成了中国人一种独特的勤奋耐劳的文化品格。④

> 人类文化经受外界挑战刺激，最复杂、最多变，那么人的反应也自然最活泼、最新鲜，这种文化才是最有意义、最有价

---

① 参见钱穆《中国文化史导论·弁言》，（台北）联经出版事业股份有限公司1998年版，第7页。

② 参见钱穆《中国文化史导论·弁言》，（台北）联经出版事业股份有限公司1998年版，第8页。

③ 钱穆：《中国文化史导论·弁言》，（台北）联经出版事业股份有限公司1998年版，第8页。

④ 参见钱穆《中国文化史导论·弁言》，（台北）联经出版事业股份有限公司1998年版，第7页。

值的。……如此讲来，只有中国文化所受刺激最多，而我们的反应也最复杂，更是不断的有新鲜反应，中国文化的价值，就在这里。此层讲来很简单。如讲天时气候，中国地居北温带，直从蒙古高原大沙漠，一路往南，到了广东、福建，亚热带地区，中国人所受天时的刺激，天时所加于我们的挑战，那是很复杂的。①

钱穆认为，从气候方面来说，中国的特殊性体现在两个方面。第一方面的特殊性体现在：中国地处北温带，气候条件不是很优势，这就使得"中国人开始便在一种勤奋耐劳的情况下创造他的文化"；第二方面的特殊性体现在：中国地理区域广大，导致气候上既有温带，又有亚热带，这就使得"中国人所受天时的刺激，天时所加于我们的挑战，那是很复杂的"。换句话说，就是钱穆认为气候带给中国人更多的挑战，这就影响了我们民族的文化，而在这种气候条件下产生的文化果实，必定是"坚实"而"满足"的。

> 文化即是人生，而人生所赖，最基本的还在"农业"。……只有中国，是一个"大型农区"：它何啻包括好几十条尼罗河与底格里斯河、幼发拉底河，何啻包括好几十个埃及与巴比伦。而且它地处北温带，气候比较寒冷，生产比较艰难。若论产生文化的自然条件，较之埃及、巴比伦、印度，可谓得天独厚。然正因此故，中国文化之果实，却结得最坚实、最满足。②

正因为钱穆看重自然环境在民族文化生成中的基础性作用，所以陈勇以下文总结钱穆文化观的特点：

---

① 钱穆：《中国文化中的积累与开新》，载《中国文化精神》，（台北）联经出版事业股份有限公司1998年版，第191页。
② 钱穆：《文化的衰老与新生》，载《文化学大义》，九州出版社2011年版，第72页。

用地理环境决定论来解说中西文化的个性差异。①

柴文华也作了如下概括：

> 钱穆的文化观从发生学上讲是一种自然环境决定论，从本质上讲是一种民族文化本位论。②

二 重视生存经验的传承必然重视本民族的历史文化

上一部分，侧重从空间角度分析地理环境对我们这个民族文化产生的基础性作用。文化产生出来之后，依然要依托空间地理环境得以发展、创新。基于上面的分析可知，钱穆认为中国文化产生于复杂而广大的大小水系交错的河流区域，你中有我、我中有你的地理环境使得生活在这里的人们很容易结成一个统一的国家，而且结成之后很难彻底分开。所以，重视空间，重视民族、国家的"大一统"就是上文内容的应有之义。即使历史上的某些特殊时期，中国陷于分裂的状态，统一也是必然趋势；如果想复兴曾经的"大一统"时的盛世，也必须基于已有的历史经验来把握时势变化，方能少走弯路从而取得最终的成功。这就引出了时间对我们这个民族的意义。在民族文化产生之初，空间地理环境所起的基础性作用非常之大，但随着民族历史演进程度的加深，空间地理环境所起的基础性作用就不如历史文化所发挥的基础性作用更大。因此，就要重视历史文化。从一般的意义上来说，重视历史文化就是重视时间，因此，钱穆总是在著作中不遗余力地论证时间的重要性。

钱穆论证时间重要性的思路与论证空间（地理）重要性的思路不同，他是从哲学思辨的角度开始。他最先是依托于《周易》来进行。

---

① 陈勇：《从钱穆的中西文化比较看他的民族文化观》，《中国文化研究》1994年第1期。
② 柴文华：《论钱穆的文化观》，《河南师范大学学报》2004年第1期。

第三章 钱穆的"历史心与文化心"

《周易》之六十四卦三百八十四爻，中国古人即以象征宇宙万物之一切变化，其中皆涵有时间意义。较之古希腊之几何学，仅知空间者，其聪明智慧当远胜。实则只有两爻。曰乾"——"，曰坤"— —"。"——"即时间，象合。"— —"即空间，象分。中国人观念，一切分其先皆由一合来。①

在钱穆看来，中国人的思维一贯就重视变化，而变化就是基于时间维度展开。所以，在中国人的观念中，时间是重于空间的，而时间象征着"合"，空间象征着"分"，也就相当于在中国人头脑中，"合"重于"分"，并且"一切分其先皆由一合来"。这意味着什么？是不是意味着在中国这里，统一大于分裂？在此，钱穆的这一种见解还引而未发，他明显表达出来的见解就是时间观念之于中国人相当重要。即使如此，钱穆也没有否认空间对我们这个民族的意义，因为在他那里是基于时空一体来谈时间的重要性的。

中国人言宇宙，宇指空间，宙指时间。言世界，世指时间，界指空间。又言天地，则天指时间，地指空间。故中国人之自然观，乃是"时空和合"融为一体的。②

时间何在则难言。但空间则必包涵在时间内，相与融成为一体。使无时间，空间又何得存在。《易·系辞》言："天尊地卑，乾坤定矣。"天指时间，地指空间，时间尊于空间，中国人观念即如此。③

---

① 钱穆：《三　时间与空间》，载《晚学盲言》，生活·读书·新知三联书店2014年版，第43页。
② 钱穆：《略论中国心理学　二》，载《现代中国学术论衡》，生活·读书·新知三联书店2001年版，第81页。
③ 钱穆：《三　时间与空间》，载《晚学盲言》，生活·读书·新知三联书店2014年版，第43页。

从宇宙角度来说,"宇"指的是空间,"宙"指的是时间;从世界角度来说,"世"指的是时间,"界"指的是空间;从天人角度来说,"天"指的是时间,"地"指的是空间。时空虽为一体,但毕竟时间可以"包涵"空间,所以"时间尊于空间"。钱穆一直重视易学,也有很多与众不同的论断。在此,钱穆依据《周易》的卦与爻,创造性地从文化角度阐发了其所具有的象征意蕴。在他看来,卦与爻本身就揭示了中国人时空统一的观念。因为卦与爻"象征宇宙万物之一切变化",说的是空间,但卦与爻又"皆涵有时间意义",说的又是时间。这个时空统一的观念在乾、坤两爻的卦画中也能鲜明地体现出来:"——"就是时间,象征着合;"— —"就是空间,象征着分。同时,钱穆进一步指出,虽然在中国人的观念中时间是统一的,但相比较而言,中国人更重视时间,因为"一切分其先皆由一合来",这样,钱穆就将时间的重要性给凸显了出来。

依照钱穆的逻辑,重视时间,必然重视在时间链条上存在的一切,包括人和事,因为从中可以总结、归纳出能使人生绵延的经验与教训,这体现的就是历史与文化的价值。在这个意义上说,时间从来不是分割成过去、现在、未来等若干个阶段的,时间就是一个绵延,生命也在此绵延中永生,而这样的生命才是人类的真生命、大生命,因为这个生命早已超越了狭小的个人躯体。

> 人生有其广大面,有其悠久面。有身生,有心生。人皆指此短暂百年之肉体为"我",不知尚有"空间社会我"与"时间历史我"。"身我"若可外于社会与历史而独立存在,"心我"则必在社会与历史中完成。故人生决不限于身生,而心生更为真实而重要。①

---

① 钱穆:《中国文化传统中之史学》,载《中国学术通义》,九州出版社2011年版,第163页。

限于狭小的个人躯体之"我",钱穆称为"身我",但这个"身我"不是真正的我。在他看来,真正的我是"心我"。"心我"必须在社会与历史中才能完成,也就是"心我"包括两个方面的"我":"空间社会我"和"时间历史我"。如此成就"我",生命价值才得以实现。怎样才能成为"心我"呢?其中最重要的一条就是使"心相通"。

> 故人类之心相通,不仅能通人己彼我,亦能通过去、现在、未来。于是此人生乃能贯彻通透于时间,广大无际,悠久无疆,而融通和合为体。惟此乃为人生之大全体。人之躯体,则限于六尺,止于百年。惟心灵,乃可展演出人生之大全体。由一人而至一群,由一世而至万世。此心乃为人类之大心,此道乃为人生之大道。①

> 中国常"身心"并言。亦可谓身属空间,乃物质的。而心则属时间,乃精神的。隔去时间,即不见有心。心于人身中见其动能,而不属人身中之任何一部分。心融全身之百体而见其能,但不能离体离物而自成其为能。②

能让心与心透过时间和空间得以相通,时间、空间就获得了统一,物质与精神也就实现了交融,那么就无所谓过去、现在、未来,无所谓生与死、古与今、人与我的差别,这样就成就了人类的"大心","大道"就在此"大心"上体现出来。这个"大心",用一个词概括就是"历史心与文化心"。这样,"历史心与文化心"的析出逻辑就清晰地展现了出来。

概括言之,钱穆析出"历史心与文化心"的整体逻辑思路是:由空间到时间,由地理环境到人类生存经验。具体来说,钱穆有时

---

① 钱穆:《日译本孔子传序》,载《孔子与论语》,九州出版社2010年版,第417页。
② 钱穆:《略论中国心理学 二》,载《现代中国学术论衡》,生活·读书·新知三联书店2001年版,第82页。

也从思想发展的逻辑来导入"历史心与文化心"。

但无论古今中外的思想家,似乎都对人心抱有或多或少或轻或重的一种不放心态度。尤其对于情感,似乎更多不放心,而有些则竟抱有重大的不放心。中国思想很早便注重人心,因此中国思想史里,也很早便提出性字的命题来。人心好像比较易了解,而且似乎可以不用解释,但究竟什么是人性,要解释这一问题便难,这是中国思想史上亘古亘今一个屡次引出严重讨论的大问题。我对此人性问题,则完全赞成孟子看法,认为人心之所同然者即是性。但所谓人心之所同然,不仅要在同时千万亿兆人之心上求,更宜于上下古今,千万亿兆人之心上求。因此,我喜欢说历史心与文化心。①

依钱穆看法,人类从历史深处走来,千百年的生存经验告诉人类自己:仅依靠个体渺小的"人心"是无法让群体人"放心"的。确实如此,但钱穆想说的是,在中国这里,我们千百年的生存经验靠的就是人心,因此,人心是可靠的。只是,中国人所说的人心,不是个别的人心,而是人类大群之心,是"千万亿兆人之心",而"人性"就在这"上下古今,千万亿兆人之心"的同然处。这样一种认识,钱穆认为在孟子那里很早就提出来了,人心之所同然者即性,这实质上已经在谈"心"谈"性"的过程中,加入历史与文化的考量。所以,钱穆所揭示之"历史心与文化心",是有着悠远的文化传统的。

总而言之,钱穆的心性之学是重视历史与文化的。这一方面源自他对中国传统学术的深入研究,另一方面源自他对现实的强烈关注。19世纪30年代,正值中华民族处于日本帝国主义铁蹄肆虐中华

---

① 钱穆:《心与性情与好恶》,载《中国学术思想史论丛》(二),生活·读书·新知三联书店2009年版,第89页。

大地的时候。钱穆对中华民族未来走向充满忧虑，他以一个传统士人的担当，希望借宣扬民族历史来弘扬民族精神，从而达到抵御外侮、复兴文化的现实愿望。他揭示、阐发"历史心与文化心"，就是在宣扬中华优秀传统文化，激发国人对民族以往历史文化的热爱，从而达到救国图存的目的，因为他一直坚信，只有国人对本民族的历史文化还心存记忆与情感，那么这个国家就不会灭亡。他曾说，一个民族的历史就相当于一个人的记忆。一个人不能失掉记忆，一个民族也不能失掉自己的历史。就人类历史发展来看，亡国必先亡其历史。如果一个国家历史先行消亡了，那么这个国家很快也就没有了。同样，破坏一个民族，也是从先破坏他人的历史开始。只要历史还在，即使经历了千辛万苦，这个民族也还是有希望的，还能奋斗，还能复兴。我们这个民族在20世纪的某些时段最大的病害、最大危险就是对自己以往历史的不看重；更可怕的是，我们这个族群中的很多人还意识不到这一点，不认为这是一件大事，不认为这是一个羞耻。① 这是钱穆的忧患，从中我们不难看出钱穆作为一介书生的拳拳爱国之情。

第二节 "历史心与文化心"的思想内涵

上一节，我们借助钱穆有关作品的重要论述，具体分析了"历史心与文化心"的析出过程与逻辑。接下来，我们就具体分析钱穆揭示的"历史心与文化心"的内涵。要想分析"历史心与文化心"的内涵，必须先明确钱穆眼中的"历史"与"文化"是什么。

一 "历史"与"文化"的内涵

钱穆对历史与文化在不同场合、不同情境下，有过很多不同的

---

① 参见钱穆《文化的前瞻与回顾》，《中国文化精神》，（台北）联经出版事业股份有限公司1998年版，第237页。

解释，下过很多不同的定义，一如孔子为学生讲解什么是"仁"。但是，万变不离其宗，基本上，钱穆都是从"人"的角度、"人心"的角度来解释历史与文化的内涵。

（一）"历史"

先看他对"历史"的解读。

> 历史是什么呢？我们可以说，历史便即是"人生"，历史是我们全部的人生，就是全部人生的"经验"。历史本身，就是我们人生整个已往的经验。至于这经验，这已往的人生，经我们用文字记载，或因种种关系，保存有许多从前遗下的东西，使我们后代人，可以根据这些来了解，来回头认识已往的经验，已往的人生，这叫作"历史材料"与"历史记载"，我们凭这些材料和记载，来反看已往历史的本身，再凭这样所得，来预测我们的将来，这叫作"历史知识"，历史该分三部分来讲：一为历史本身；一为历史材料；一为我们所需要的历史知识。①

这是钱穆解释历史概念与内涵的最具代表性的一段文字。在钱穆看来，历史不是一堆死的材料，不是与现实无涉的一系列事件，历史与我们的人生密切相关，而且，这个人生还是我们的全部人生。钱穆所说的"全部人生"，实际上是指民族历史的全部。每个人都不能脱离历史文化传统而存在，因此，以往的民族历史上发生的人和事，都可以为后世的人提供经验，正是在这个意义上，钱穆说"历史便即是'人生'"。这就与当时很多历史学家理解的历史有很大的区别。因为当时以胡适、傅斯年为代表的科学史学流派就主张史学的任务就是整理史料。钱穆本人也不是轻视史料，只不过他将史料仅看作历史的一个方面。在他看来，历史由三个部分组成，分别是

---

① 钱穆：《中国历史精神》，九州出版社 2010 年版，第 6—7 页。

历史本身、历史材料和历史知识。其中，历史本身要凭借历史材料才有望重现，而掌握历史材料的最终目的是获得历史知识，而获得历史知识就是在获得以往族群生命的人生经验。所以，历史就是关于生命本身的学问。

> 历史是一种经验，是一个生命。更透彻一点讲，"历史就是我们的生命"。①
> 史学是一种生命之学。②
> 历史是一种"把握我们生命的学问"，是"认识我们生命的学问"。③

钱穆从来都把历史视为一种生命之学。在他看来，历史从没有彻底走远，它于每个人来说，是具有重要现实意义的，因为历史本身并不是与现实无涉的，历史时间的过去、现在、未来是打通的，而人生在世必须了解之"天心"，也只有通过透视历史才能有望获得。在钱穆看来，历史是一种通过认识人事来认识"天心"的主要途径，因此，中国人重视人事，重视人生哲学，重视历史知识。④

> 历史是唯理的，亦是唯心的。理是人文之理，心是人文之心。由此上，心与理合一。⑤

通过历史可以认识人事，通过认识人事可以上达"天心"，借以掌握人生"大道"。这种人生"大道"是主观与客观的统一，是"唯理"与"唯心"的统一。这样，在历史的层面上，心与理就实

---

① 钱穆：《中国历史精神》，九州出版社 2010 年版，第 10 页。
② 钱穆：《中国历史精神》，九州出版社 2010 年版，第 13 页。
③ 钱穆：《中国历史精神》，九州出版社 2010 年版，第 11 页。
④ 钱穆：《四部概论》，载《中国学术通义》，九州出版社 2011 年版，第 28 页。
⑤ 钱穆：《从人类历史文化讨论中国之前途》，载《历史与文化论丛》，（台北）联经出版事业股份有限公司 1998 年版，第 29 页。

现了交融。

(二)"文化"

刚才分析了"历史"的内涵,接下来分析"文化"的内涵。一如钱穆在解释什么是"历史"这个问题上常从不同角度切入,在阐发"文化"的内涵时,也经常有不同的表述。先看钱穆对"文化"的最通俗的解释。

> 文化二字讲得浅,就是人生的花样。①

说"文化"是"人生的花样",看似浅显,实则有着深厚的学术背景作为支撑,这个学术背景就是《易经》。

> 我们《易经》上有所谓"观乎人文,以化成天下"的话。所谓"观乎人文","文"是指的什么呢?简单讲,文就是花样。譬如我们画一条横线,一条直线,一纵一横,一经一纬,这就成为一个花样,这就是"文"了。又如画一条粗线,又画一条细线,粗细相形,也是一个花样。或者画一条黑线,画一条白线,又是一个花样。人相处,有大人,有小孩,有男人,有女人,就有种种花样。②

由《易经》的"观乎人文,以化成天下",钱穆就讲到了"文化"二字在中国的最早起源。这里的"文",钱穆就将其解释为"花样",而且这个"花样"还与"人"本身密切相关,所以,"文化"就是关于人生的一门学问。

> 我认为文化只是"人生",只是人类的"生活"……文化

---

① 钱穆:《人生十论》,广西师范大学出版社2004年版,第139页。
② 钱穆:《民族与文化》,(台北)联经出版事业股份有限公司1998年版,第57页。

是指集体的、大群的人类生活而言。①

文化就是人类的"生活",但这个生活是指集体的、大群的生活。也只有从集体的、大群的生活中,才能看到文化的存在。集体、大群,是在时空交错中存在的,尤其必须具备时间的"绵延性"与"持续性",方觅得文化的踪迹。

> 文化既是指的人类群体生活之综合的全体,此必有一段相当时期之"绵延性"与"持续性",因此文化不是一平面的,而是一立体的,即在一"空间性"的地域的集体人生上面,必加进一"时间性"的历史的发展与演进。文化是指"时空凝合的某一大群的生活之各部门、各方面的整一全体"。②

基于以上的分析,钱穆正式地替"文化"下了一个定义,"文化指的是'时空凝合的某一大群的生活之各部门、各方面的整一全体'"。这样的"整一全体",有其独特的属性。

> 文化有其"传统性",同时又必有其"综合性"与"融凝性"。③

只要称得上是"文化",就必须同时具备"传统性""综合性"和"融凝性"。什么意思呢?第一,文化必须代代相传,有一脉相承的核心性的东西存在;第二,文化涉及的是方方面面,这方方面面的内容有表层的,有深层的,有主要的,有次要的,但都统一于一个文化机体中;第三,统一于一个文化机体中的方方面面的内容不是简单地组合拼凑在一起,而是经过长期的相互碰

---

① 钱穆:《文化学大义》,(台北)联经出版事业股份有限公司1998年版,第4页。
② 钱穆:《文化学大义》,(台北)联经出版事业股份有限公司1998年版,第4页。
③ 钱穆:《文化学大义》,(台北)联经出版事业股份有限公司1998年版,第5页。

撞，已经相互融合，形成新的文化属性。新的文化属性形成之后，产生于文化母体的生命个体又会受到新的滋养，并且在这个文化母体中不断有新生命的孕育成长。也就是说，任何人不能脱离文化母体而存在。

  个人只在文化中生活。①

(三)"历史"与"文化"的关系

明确了钱穆眼中"历史"与"文化"的内涵，接下来，我们就看一下钱穆眼中"历史"与"文化"的关系。钱穆经常将"历史"与"文化"并称。在钱穆看来，不能离开"历史"来谈"文化"。

  一国家一民族各方面各种样的生活，加进绵延不断的时间演进，历史演进，便成所谓"文化"。因此文化也就是此国家民族的"生命"。如果一个国家民族没有了文化，那就等于没有了生命。因此凡所谓文化，必定有一段时间上的绵延精神。换言之，凡文化，必有它的传统的历史意义。故我们说文化，并不是平面的，而是立体的。在这平面的、大的空间，各方面各种样的生活，再经历过时间的绵延性，那就是民族整个的生命，也就是那个民族的文化。所以讲到文化，我们总应该根据历史来讲。②

在钱穆看来，一个国家民族有了历史的传统，才有民族的文化；民族的文化是这个国家民族的生命所在。因此，讲文化，一定要"根据历史来讲"，不能离开历史来讲文化。

---

  ① 钱穆：《文化学大义》，(台北)联经出版事业股份有限公司1998年版，第5页。
  ② 钱穆：《附录 中国文化传统之演进》，载《中国文化史导论》，九州出版社2010年版，第241页。

第三章 钱穆的"历史心与文化心"

> 中国文化问题……实为一极当深究之历史问题。①

确实如此。任何文化问题,寻根究底,都是历史问题。基于这样的认为,钱穆做了进一步说明。

> 近人讨论文化,多从哲学着眼,但哲学亦待历史作解释批评。真要具体认识文化,莫如根据历史。忽略了历史,文化真面目无从认识,而哲学亦成一番空论。②

从哲学角度讲文化,将文化问题视为哲学问题,确实是近代以来学术界的常规操作。在钱穆看来,这是违背了事物发展的规律的,因为只有历史是包罗万象并且确有实据的,所有的问题,说到底都是历史问题,离开历史、忽视历史,一切都是空谈。仅从哲学角度谈论文化,是无从认识文化真面目的。因此,在钱穆眼中,说文化,实质已经包含了历史,而说历史,也必须有文化内核存在,"历史"与"文化",二者有着很多共性,二者就是"一而二、二而一"的关系。

> 我认为历史与文化,此二者实际是一而二,二而一的。有了历史,才有文化,同时有了文化就会有历史。③

> 文化与历史之特征,曰"连绵",曰"持续"。惟其连绵与持续,故以形成个性而见为不可移易。惟其有个性而不可移易,故亦谓之有生命、有精神。④

---

① 钱穆:《中国文化史导论:弁言》,河南人民出版社2017年版,第5页。
② 钱穆:《中国文化传统中之史学》,载《中国学术通义》,九州出版社2011年版,第121页。
③ 钱穆:《历史地理与文化》,载《中国文化丛谈》,(台北)联经出版事业股份有限公司1998年版,第1页。
④ 钱穆:《国史大纲》,商务印书馆1994年版,第911页。

话又说回来，既然"历史"与"文化"二者有很多共性，是"一而二、二而一"的关系，那么为何又要分别言说？接下来看钱穆的进一步阐说。

> ……文化是"体"，历史是此体所表现的"相"。①

在钱穆看来，"历史"与"文化"之所以要分开言说，是因为二者表述的侧重点有所不同。宏观地说，"文化"是"体"，历史是"相"。从"体"与"相"的角度来区分"文化"与"历史"，实质就是从抽象与具体角度来区分二者。因此，也就可以阐述如下。

> 文化即是人生，历史乃是人生之记载。故可说，文化即历史，历史即文化。文化不同，历史亦不同。文化变，历史亦随而变。文化堕落，历史亦中断。②

这里需要说明的是，在与"文化"对举的语境中所言之"历史"，侧重指的是历史材料这一客观存在本身。就以往之历史事实来说，文化与历史也是相伴相生的，二者经常是相随而动的。正因为中国人很早就看到这一点，所以，历史重视历史与文化，而我们这个民族本体也就与历史文化难分彼此。

> 中国民族，可算是最看重历史的民族。中国文化，亦可说是最看重历史的文化。换言之，中国民族与文化重视过去，重视积累，更胜过了其重视未来与开新。③

---

① 钱穆：《中国文化丛谈》，（台北）联经出版事业股份有限公司1998年版，第1页。
② 钱穆：《中国文化传统中之史学》，载《中国学术通义》，九州出版社2011年版，第121页。
③ 钱穆：《中国文化传统中之史学》，载《中国学术通义》，九州出版社2011年版，第122页。

在这个意义上，也可以说，历史、文化、民族三者是"三而一、一而三"的，所以，要解决中国问题，不能忽视了其中的任何一个方面。

> 只有凭仗中国民族，才能解决中国问题。只有凭仗中国历史，才能解决中国问题。只有凭仗中国文化，才能解决中国问题。①

关于这一点，陈勇很早就注意到。

> 钱穆又极力强调历史、文化、民族三者之间的同一性，认为它们是异名同质、三位一体的关系。②

二 历史心与文化心的内涵

前面，对钱穆眼中的"历史"与"文化"的内涵与关系进行归纳与分析。整体上，钱穆立足于民族，在时间交错，尤其是时间发展的脉络上，突出了历史与文化对于民族生存、发展的意义。民族历史与文化的传承，虽然有很多物质载体，但核心是内在的抽象精神，这个抽象精神就是钱穆对中国传统心性之学的创造性理论阐释——"历史心与文化心"。

"历史心与文化心"的内涵，是建立在"历史""文化""心"这三个基本概念的基础上的，前文对这三个概念都有解读，接下来直接阐发其深层意义。

（一）关于"历史心与文化心"的概念表述

钱穆虽然很重视"历史心与文化心"，但他从未正式给出"历史心与文化心"的概念。一如孔子言"仁"，虽然一生重视，但未

---

① 钱穆：《中国文化丛谈》，九州出版社2011年版，第69页。
② 陈勇：《钱穆传》，人民出版社2001年版，第295页。

有过正面、正式的概念表述。也可能与概念本身的通俗性、内涵的丰富性、理解的多义性有一定关系。虽然没有正式给出定义，但从钱穆的相关表述中，我们还是可以约略分析出"历史心与文化心"的概念取向。

首先，"历史心与文化心"就是中国人传统所说之"性"。

> 历史心与文化心，中国人向来称之曰"性"。这是中国传统文化中所特有的看法，也是中国传统文化中所特有之创见。①

关于"性"是什么，前文已有相当多的分析，在此不再赘述。总体而言，在钱穆看来，"性"既是《中庸》所说"天"之所命，也是"人"之所命。怎么理解呢？这个"天"，是历史文化之天；这个"人"，是古往今来千千万万之人。"性"就在古往今来大群人心之同然处。也可以说，在"性"上，就可见即人即见天，也可见"历史心与文化心"。

其次，"历史心与文化心"就是中国理学家所常言之"道心"。

> 人心道心虽属一心，而自有辨。人心乃一人一时之心，当下而即是。道心乃万众万世之心，千古而常然。离却当下即是之心，亦不见有千古常然之心，此一义也。然不可谓凡属当下即是者，皆属千古常然，此又一义也。良知灵明，固属当下即是，而尤当要是千古不常然。②

在上引文字中，钱穆虽没有明言"历史心与文化心"即"道心"，但"万众万世之心""千古常言之心"不就是说的"历史心与文化心"吗？而在下面这段文字中，钱穆就直接用"文化心"解释"道心"。

---

① 钱穆：《第三编 十五 物与心与历史》，载《历史与文化论丛》，（台北）联经出版事业股份有限公司1998年版，第301—302页。
② 钱穆：《说良知四句教与三教合一》，载《中国学术思想史论丛》（七），生活·读书·新知三联书店2009年版，第160页。

> 中国人称此种心为"道心",以示别于"人心"。现在我们可以称此种心为"文化心"。所谓文化心者,因此种境界实由人类文化演进陶冶而成。亦可说人类文化,亦全由人类获有此种心而得发展演进。①

"历史心与文化心"虽是两个概念合成的一个术语,但有时二者也是一而二、二而一的关系。可以说,钱穆在此所说的道心就是"历史心与文化心"。在钱穆看来,这样一种思想认识早在孔子那里就已开其端。

(二) 钱穆使用"历史心与文化心"表述的深层用意

刚才分析了"历史心与文化心"的概念表述,在钱穆看来,"历史心与文化心"就是中国儒家常言之"性""道心"。接下来就有一个问题产生了,既然如此,为何不直言"性"或"道心",非要新造一名词不可?其实,这就涉及作者的深刻用意。这个深刻用意虽然钱穆从没有明确说出,但我们来可以透过他的相关论述来加以分析。

首先,"历史心与文化心"的表述更加丰富立体、明白晓畅。这又体现在两点。第一点,相较于"道心""性"这样形而上色彩鲜明的学术用语,"历史心与文化心"更能兼顾形而上与形而下,更加符合原始儒学的运思方式;第二点,相对于"性""道心"这样的专业、艰深的学术语言,"历史心与文化"通俗易懂,更适合服务钱穆以学术教化民众、以学术振兴民族文化的学术目的。

其次,"历史心与文化心"的表述能标示钱穆所走的史学研究之路的特殊性,以有别于重视客观实证的科学史学,凸显民族历史文化在学术研究中的重要地位。

最后,"历史心与文化心"的表述还能显示钱穆学术思想的时代

---

① 钱穆:《孔子与心教》,载《灵魂与心》,广西师范大学出版社2004年版,第29页。

性。西学东渐以来，哲学思维对于中国传统学术的冲击非常之大，有学者以"打倒孔家店"的名义要将传统学术彻底抛弃，在这种时间大风气下，提出"历史心与文化心"的概念，就是明确地表示对不良学术风气的不认同，对于民族历史文化的弘扬。

（三）"历史心与文化心"同"现前个体心"的关系

一如谈到"道心"就不能不说"人心"，谈到"历史心与文化心"也不能不说"个体心"，对这二者的关系，钱穆也有过一些具体的分析。

> 但纵说历史心与文化心亦终不该抹杀了人类现前的个体心，这是我对此问题之最后见解。[①]
>
> 但此项历史心与文化心，并不能全超越了现前之个体心，而说为别有一个所谓历史心与文化心之存在。其实只是从历史心与文化心来认取现前个体之心有其相互同然处。因此，我们决不能抹杀了现前的个体心，来另求此历史心与文化心，来另求此人心之同然。人心同然，即在现前个体心里见。因于现前个体心之层累演进而始见有历史心与文化心，亦因历史心与文化心之深厚演进而始有此刻现前之个体心。因此，我不先心觅性，而总主张即心见性。[②]

"最后见解"也就是根本性见解。在钱穆看来，"历史心与文化心"不能脱离当前之"现前人体心"而孤立存在，而"历史心与文化心"恰恰就在"现前个体心"的"相互同然处"。不离开"现前个体心"来谈"历史心与文化心"，体现的是钱穆不离气谈理、不离物质谈精神的致思路径。"历史心与文化心"要在"现前个体心"

[①] 钱穆：《心与性情与好恶》，载《中国学术思想史论丛》（二），生活·读书·新知三联书店2009年版，第102页。

[②] 钱穆：《心与性情与好恶》，载《中国学术思想史论丛》（二），生活·读书·新知三联书店2009年版，第89页。

里见，"现前个体心"又是"历史心与文化心之深厚演进"的必然结果，二者密切关联，这一论述体现的正是中国传统的"即心见性"的思路。不"先心觅性"，就由宋明理学直接回到了孔孟儒学，也就否认了脱离物质的先验论和绝对真理观；"即心见性"，在钱穆这里是历史与文化见性，这就使主观与客观达到了交融，这种交融正是钱穆一贯追求的"一天人合内外"的理想境界。

第三节 "历史心与文化心"的理论特征

作为钱穆学术思想体现中最核心的概念与范畴，"历史心与文化心"具有的理论特征也是非常鲜明的。

一 传承性与创新性的有机统一

钱穆提出"历史心与文化心"一语，看似戛戛独造，实则不是凭空产生，并且有着非常深厚的学术渊源，非常富于学术传承性。这个学术传承性，主要体现在将中国传统思想的精华进行很好的借鉴与吸收，例如，"人心道心之辨""性即理""心即理""即心即性"等。接下来，就试举例加以说明。

> 自孔子以博文约礼为教，此下孟子偏约，荀子偏博，不免两歧。北宋理学诸家亦偏约，所谓吃紧为人是也。朱子集周张二程，并汉宋诸儒之大成，博文之功，千古无匹，而不失约礼之精神。①

我们经常说孔子"博文约礼"，钱穆却从"博文约礼"中读出了"历史心与文化心"，何以见得？且看下面的文字。

---

① 钱穆：《明初朱之学流衍考》，载《中国学术思想史论丛》（七），生活·读书·新知三联书店2009年版，第6页。

> 孔子研究史学,却为种种因革变迁的礼文找出一个本原,这就成为是孔子的历史哲学。孔子认为一切礼的本原,不在外部,而在创礼与守礼者之内心。这是孔子之心学。孔子的心学,是孔子的历史哲学之最后的结论。①

钱穆对孔子有过很多研究,不仅有专门的学术著作②,也在研讨很多学术人物与学术问题时提及孔子。对孔子的仰慕之情,钱穆总在研究分析时溢于言表。在钱穆看来,孔子之学的两大主干,一是史学,二是心学。把上引两段文字合在一起分析,不难看出,"博学"即史学,"约礼"是心学。也可以说,"博文"对应的是"历史""文化";"约礼"对应的是"心"。"博文""约礼"两方面兼顾,就是重视"历史心与文化心"。在钱穆看来,"博学"与"约礼"是有机统一、不可分割的两个方面。孔子之所以伟大,就因能两者兼顾,并且最后将史学收归到心学上。孔子之后,"孟子偏约,荀子偏博,不免两歧",因此都不能成其大。孔子之后,只有朱子一人,一方面不失"博文之功",另一方面"不失约礼之精神"。

> 因朱子为学,只是博文约礼。知道些前人底,而于己奉行有准则而已。③

在另一种语境下,钱穆将孔子的"述而不作,信而好古"来对应"博文",将"一己之会通发明处"对应"约礼"。

---

① 钱穆:《孔子之史学与心学》,载《孔子与论语》,九州出版社2010年版,第382—383页。
② 钱穆研究孔子的专门著作有:《论语文解》《论语要略》《论语新解》《孔子论语新编》《孔子略传〈论语〉新编》《孔子传》《孔子与论语》等,有些著作后来整编入其他著作。
③ 钱穆:《朱子四书集义精要随劄》,载《宋代理学三书随劄》,生活·读书·新知三联书店2016年版,第175页。

> 述而不作,信而好古,孔子以下中国学人率如此。而朱子尤为杰出。亦有朱子一己之会通发明处。①

总体而言,在钱穆看来,孔子时,博文与约礼本是同一个问题的两个方面,是有机统一的;但随着孔子的去世,渐渐"儒分为八",儒学内部也出现了"道术为天下裂"的局面,本来统一的博文与约礼,也成为对立的两橛,在孟子和荀子那里就有这样的趋向,他们一者偏约,另一者偏博;到了《中庸》时期,博文与约礼二者的对立关系问题又演变为道问学与尊德性的对立关系问题;到了宋明儒学时期,道问学与尊德性的对立倾向更加明显,陆王偏重于尊德性(存养),而吕东莱之后的浙东史学偏重于道问学(格物穷理)。在钱穆看来,中国学术史上,孔子之后也只有朱子把两者有机地统一了起来,存养与格物穷理并重。也正是因为这个原因,钱穆由衷地钦佩朱子,晚年"综六艺以尊朱"。朱子能做到存养与格物穷理并重,与其"性即理"的本体论认知有着密切关联。钱穆对"性即理"的命题也是极为推崇的,原因即在于程朱"性即理"的命题里有历史心与文化心方面的考量,而陆王因为缺失了这一点,所以他们的理论不能无失。

> 程朱正为透悟了历史心与文化心之深义,而始提出他们性即理之主张,此说虽若迂远而平实。陆王虽简易切近,而提出他们心即理的主张,但究不免于历史心与文化心有忽略。②
>
> 陆象山论学最主心。明代王阳明继之。陆王之学,亦称"心学",均偏重存养。朱子则存养与格物穷理并重,始为内外交尽,心物并重。得儒家孔、孟之正传。《中庸》所谓"尊德

---

① 钱穆:《朱子四书集义精要随劄》,载《宋代理学三学随劄》,生活·读书·新知三联书店 2016 年版,第 175 页。
② 钱穆:《心与性情与好恶》,载《中国学术思想史论丛》(二),生活·读书·新知三联书店 2009 年版,第 102 页。

性""道问学",惟朱子为得其全。①

钱穆认为,程朱理学正因为透彻地领悟了历史心与文化心的深义,才提出"性即理"的主张。所以,朱子所言之"心",不能仅理解为"个体心",还应从历史与文化角度着眼,将之理解为"历史心与文化心"。陆王则在"个体心"上过分关注,在"历史心与文化心"角度有所忽略。可以说,钱穆评判各家心性之学短长,往往就是凭借"历史心与文化心"这把尺子。可惜的是,在钱穆看来,朱子之后没有人再能道与术两面兼顾,即使明清之际的大儒顾炎武、黄宗羲也是有所偏重:"讲方法,略宗旨。尚博文,忽约礼。"就此,钱穆也表达出他的忧虑。

其流弊成为书本纸片上学问,有术而无道。②

"道术兼尽",是学术发展的正常状态,如果只求术而不求道,这将产生深远的不利影响。

二 历史思维与哲学思维的和谐统一

钱穆是一位历史学家,但作为一位一生几乎与20世纪相始终的传统学者,一生都与西方学术思维抗衡的中国知识分子,钱穆的思维方式不可能不受到西方哲学思维的影响;而且从表面上看,钱穆似乎是"守旧"的,其实,他是在"守旧"中"开新",或者说是"据旧开新"。关于这一点,在他的很多论述中都有体现。这里重点说一个方面,就是钱穆提出的"历史心与文化心的"概念,实质上既体现了历史思维,也体现了哲学思维,他将中西思维方式进行了

---

① 钱穆:《近思录随劄 上》,载《宋代理学三学随劄》,九州出版社2011年版,第223页。
② 钱穆:《泛论学术与师道》,载《中国学术通义》,九州出版社2011年版,第231—232页。

一个很好的整合。为了更加清晰地理解这一点，有必要先交代一下什么是历史思维和哲学思维。

先说历史思维。历史思维简单地说就是从历史事实出发看问题、想问题的思维。具体来说，历史思维应具有两个特点：第一，重视"论从史出"，注重从历史事实本身来推衍结论；第二，能在时空统一的大前提下展现思维的绵延性，强调从历时性角度分析事件或人物，归纳一般性结论。简而言之，历史思维就是一方面重视事实的真实性，另一方面重视时间的绵延性。

接下来说哲学思维。"哲学"一语本身就是一个自西方传入的，最初的含义是爱智慧。后来，随着西方哲学史的展开，西方式的哲学思维也慢慢被归纳出来。大致而言，哲学思维就是人们在认识世界、改造世界的过程中运用的理性思维。这样的思维与一般的思维相比，更富于辩证性、抽象性、逻辑性。

"历史心与文化心"中体现的史学思维，是钱穆通过对整部中国历史（包括思想史、文化史）的考察，然后才提出的这一概念，也就是说，"历史心与文化心"的提出是钱穆据"史"开出的"新"。这一点在前文多有阐发，在此不再赘述。

"历史心与文化心"中体现的哲学思维体现在如下两个方面。

第一，从概念本身来说，"历史心与文化心"一词很好地体现了哲学思维的辩证性、抽象性和逻辑性。如果说"历史""文化"是一种具体，那么"心"就是抽象；如果说"现前个体心"是一种具体，那么"历史心与文化心"就是一种抽象。这就体现了辩证性与抽象性。思维的逻辑性则体现在方方面面，如前文所述。"历史心与文化心"的析出过程，就很好地体现了钱穆思维的严密逻辑性。他从中国所处的特殊性地理环境入手，在充分展开分析的基础上，进而引出了他对中国文化的特殊性的分析；再由中国文化的特殊性，引出文化传承对我们这个民族生存、发展的意义；再由文化传承就是"以心传心"，析出"历史心与文化心"的概念。

第二，从相关用语来说，钱穆经常用西方式的哲学语言阐发中国传统心性之学的特性。

> 中国文化的核心思想——性道合一论[1]
>
> 如是道既是自然的,常然的。同时也是当然的,必然的。而且,又是浑然的。因此,中国思想不妨称为"唯道论"。[2]
>
> 万物何从来,于是有上帝。死生无常,于是有灵魂。万物变幻不实,于是在现象之后有本体。此三种见解,不晓得侵入了几广的思想界,又不知发生了几多的影响。但上帝吧!灵魂吧!本体吧!究竟还是绝难证验。于是有人要求摆脱此三种见解,而却又赤裸裸地堕入唯物观念了。要反对唯物论,又来了唯心论。所谓唯心论,还是与上帝灵魂与本体三者差不多。[3]
>
> 我将为中国文化安上一个新名称,称作"唯心文化"。这"唯心"二字,并不像西方哲学上所称之唯心。我只说:中国文化是特别注重人文本位的。而在人文本位上,则一切是以"人心"为主的。所以我特称中国文化为唯心文化。中国人把心分作两项看。一项是"人心",又一项是"道心"。其实只此一心。自原始人类为着向自然界争生存而发展出的心灵作用,中国人称作人心。此项心灵作用,人人俱有,这是属于躯体人生物质人生方面的。若没有了人心,也不会有今天的人类存在。[4]

西方哲学,尤其是马克思主义哲学常用"唯物论""唯心论"的表述,钱穆也借用这样的学术语言研判中国传统心性之学。上引

---

[1] 钱穆:《中国文化十二讲》,(台北)联经出版事业股份有限公司1998年版,第1页。
[2] 钱穆:《九　道与命》,载《湖上闲思录》,生活·读书·新知三联书店2005年版,第42页。
[3] 钱穆:《九　道与命》,载《湖上闲思录》,生活·读书·新知三联书店2005年版,第39页。
[4] 钱穆:《中国文化特质》,载《历史与文化论丛》,(台北)联经出版事业股份有限公司1998年版,第65页。

四段文字中，他分别使用了"性道合一论""唯道论"概括中国学术特性一。除此之外，他还使用过"唯理论""唯心论""唯德论"等语言分析中国传统心性之学。这体现了钱穆在对抗生硬套用西方学术思维来分析中国传统学术的做法的同时，也在不自觉地借用、学习西方式的哲学思维。但是，从整体来说，他的借用还是表面化的，这与他的治学风格有着很大关系，刘述先在分析钱穆的朱子学研究时，作出如下阐述。

> 钱先生是史家，重点不是放在概念的清晰性上面，但他拒绝把西方哲学的范畴强加在朱子的思想之上，而强调理气之一体浑然，显然是由功能实践的角度立论。但钱先生既承认理寄寓于气，就不能不承认在形上构成的角度朱子是二元论的思想。然而这不是他的重点所在。由功能实践的角度看，他否定朱子是唯气论、唯理论、理气对立论，那就只能是理气一体浑成的一元论思想。而朱子这种功能实践的一元论并不矛盾于他的形上构成的二元论，事实上只有两方面合看，才能得到朱子思想的全貌。①

瑕不掩瑜，我们不能因为钱穆借用西方式学术语言的生硬，而否定其心性思想的创新性与时代性。

三 传统性与时代性的辩证统一

钱穆治学的传统性是有目共睹的。他的四部之学，是很多近现代学者望尘莫及的。正因如此，1995年在听闻钱穆去世的消息时，他的弟子逯耀东曾如此感叹："绝了，绝了，四部之学从此绝了！"虽然事实并非如此严重，但这从一个侧面说明了作为一位中国学者，钱穆治学的传统性和价值性。

---

① 刘述先：《理想与现实的纠结》，吉林出版集团有限责任公司2011年版，第225页。

说到钱穆治学具有时代性，可能会引起一些争议。事实上，钱穆的学术思想看似守旧，实则用传统的外衣包裹着时代性的内涵与追求。这体现在很多方面，现从"地理环境决定论"和"进化论"的角度加以阐释。

（一）钱穆的"地理环境决定论"思维

"地理环境决定论"，有时也称作"自然决定论"，是一种认为地理环境、自然条件对人类社会的产生、发展、变化起决定性作用的理论。一般认为，这种理论起源于西方。① 希罗多德是西方历史上第一个论述人与地理环境关系的学者；希波克拉底就认为人类特性产生于气候，他的这一观点广泛流行于社会学、哲学、地理学、历史学的研究中。柏拉图认为，人类精神生活与海洋影响有很大关系。他的学生亚里士多德认为，地理位置、气候、土壤等外在条件影响个别民族特性与社会性质。之后，在不同时期，都有持"地理环境论"的西方学者。

16世纪初，让·博丹认为地理环境对民族差异有着决定性影响。18世纪启蒙运动时期，孟德斯鸠的"地理环境决定论"对后世影响最大。在《论法的精神》中，孟德斯鸠系统地阐发了他的"地理环境决定论"。在他看来，社会制度、民族精神、国家法律等与人类社会生活密切的众多相关方面，都与"气候的本性""土地的本性"密切相关。德国哲学家黑格尔将地理环境划分为广阔草原的高原地区、大河流域的平原地区和与海洋毗邻的沿海地区这三种类型，认为不同的地理环境造成了不同民族的不同特点。19世纪时，"地理环境决定论"发展成为社会学的一个流派，其主要代表拉采尔认为，地理因素特别是气候和空间位置，是导致人们体质、心理、

---

① 虽然一般认为"地理环境决定论"起源于西方，但也有学者持不同见解，认为东西方都有地理环境，而且东方的地理环境决定论产生的时间并不比西方晚。"无论古希腊还是古代中国，地理环境决定论与人地关系协调论是息息相通的，无本质区别；地理环境决定论一开始就产生并发展于东西方两个伟大的时代。"参见宋正海《地理环境决定论是人类优秀文化遗产》，《湛江海洋大学学报》2006年第5期。

意识和文化不同的直接原因。进一步说,气候和空间位置还决定着各个国家整体情况,比如社会组织、经济发展和历史命运。受拉采尔影响,19世纪末到20世纪初,产生了以豪斯贺费尔为代表的"地理政治论学派",这一学派极力鼓吹只有"优等民族"才有权力建立世界"新秩序"的极端化思想,为法西斯主义向外扩张与侵略提供理论根据。之后,英国麦金德和德国豪斯霍夫完成了地缘政治理论。

"地理环境决定论"大约在19世纪末开始传入中国,中国学者对孟德斯鸠"地理环境决定论"的热烈讨论在19世纪末20世纪初开始盛行。而这一时期,正值钱穆的青年时期,这一时期的他喜欢广泛涉猎中西方文献,对"地理环境决定论"也有一定的接触。虽然不能因此就认为他的"地理环境决定论"完全来自西方,但可以肯定的是,是有着这方面影响的,而且早有学者指出了他治学的这样一个特点。

<blockquote>在文化起源上,钱穆是一个典型的地理环境决定论者。①</blockquote>

具体关于钱穆的"地理环境决定论"的体现,前文在分析"历史心与文化心"析出过程时已有详细论述。本来,基于唯物史观的视角,虽然在一定程度上肯定地理环境对人类生存、发展所起的基础性作用,但对于夸大地理环境作用的地理环境"决定论"基本上是持否定见解的。这一观念的影响很大,一定程度上也影响了学者们对钱穆的"地理环境决定论"评价,认为"地理环境决定论的错误之处是:它夸大了地理环境对社会发展的作用,因而是一种形而上学的社会发展外因论"②。这里撷取了两段学者们对钱穆"地理环境决定论"的不同见解试加以分析。

---

① 周良发:《梁漱溟与钱穆的文化观比较》,《阿坝师范高等专科学校学报》2011年第4期。
② 白新欢:《地理环境决定论新论》,《天府新论》2003年第2期。

从这个意义上讲，钱穆提出的由地理环境决定生活方式，由生活方式的不同决定文化精神之异的论断，确有其合理之处，拓宽了时人解释中西文化之异的思路。①

钱穆地理环境决定文化范型的观点，对于人类文化萌芽时期的情况可能符合事实，对于后来，特别是进入信息时代的情况，则可能有值得商榷的地方。②

从上引文字不难看出，学者们对钱穆的"地理环境决定论"的看法是褒贬不一的，但无论如何，评价人还是没有超越被评价人的学术视野，钱穆的贡献只在于"拓宽了时人解释中西文化之异的思路"？钱穆的局限只与人类文化"进入信息时代"有关系？不能不说，我们对于钱穆的有些评价还浮于表面，有隔靴搔痒之感。

(二) 钱穆的"进化论"思维

"进化论"最初为生物学用语，指生物界的进化理论，也称"演化论"或"天演论"。虽然作为科学理论的"进化论"产生于19世纪，但作为思想的"进化论"早在两千多年前的东西方世界就已萌芽。

在中国，战国时期的列子在《说符》中曾说："天地万物，与我并生类也。类无贵贱，徒以大小智力而相制，迭相食，非相为而生之。人取可食者而食之，岂天本为人生之？且蚊蚋噆肤，虎狼食肉，非天本为蚊蚋生人、虎狼生肉者哉"，这一表述中就蕴含了天地间的万物不过是自然发展的产物的思想。

在西方，生活在约公元前6世纪的阿那克西曼德认为，生命最初在海洋中产生。最初来自海中软泥，一点点发展出原始的水生生物，再经过蜕变，成为陆地生物。生活在公元前4世纪的亚里士多

---

① 宋薇：《"温情与敬意"的文化情怀——钱穆文化思想浅析》，《天津市社会主义学院学报》2004年第3期。
② 张玲：《象似语序与突显语序互动研究——以汉英语为例》，博士学位论文，华东师范大学，2010年。

德也有生命进化的思想,他在《动物志》中认为,自然界的生命是一个由无生物进展植物,再由植物进展到动物的积微渐进的过程。

1809年,法国博物学家拉马克在《动物学哲学》一书中系统地提出了他的生物演化思想。1859年,英国博物学家达尔文在《物种起源》一书中首先提出进化论,并以科学实证而非哲学思辨的方式对进化论作出阐发。他从宏观层面揭示生物演化的一般原理、路径,进一步提出生物进化的选择机制和法则,奠定了进化论的科学基础,对当时的科学界和宗教界产生巨大的冲击。

之后,孟德尔、费希尔、赖特、切特韦里科夫、多布然斯基、赫胥黎等人都对进化论作过不断地修正,使得进化论不断地被完善。在这个过程中,进化论也由生物学术语不断向外延伸,成为社会学领域一个新鲜且充满活力的时尚用语,在人类社会生活的很多方面都产生影响,并进一步影响了人类的思维方式。在启蒙时代,社会进化和文化进化的理论在欧洲思想界已很常见。霍布斯认为,自然状态下的人自私自利、相互仇视,人对人就像狼一样,为了私欲争斗不息。

在社会学领域最早提出运用进化论的是被称为"社会达尔文主义之父"的英国人斯宾塞。他很早就有进化论思想,甚至比达尔文更早地提出进化论。他本人也受到了达尔文的重要影响,并将生存竞争、自然选择的原则从生物界移植到人类社会,认为人类社会的进化过程与生物进化过程有很多相似之处,生物界的优胜劣败、适者生存的生存竞争法则,在人类社会中依然发挥着重要的支配作用。

进化论思潮传入中国是由启蒙思想家严复在戊戌变法(1898年)时期开始的。当时,中国已经到了亡国灭种的危急时刻,饱含救国之心的严复借译赫胥黎的《天演论》宣传生物进化论思想。从那时开始,进化论开始深刻地影响晚清民国时期的中国思想界,正如史学家陈旭麓指出,近代来以对中国思想界产生最大影响的西方理论有两个,一个是进化论,一个是民约论。进化论以生存竞争的理论适应了当时中国救亡图存、反对帝国主义的现实需要,所以快速得到传播并深入人心。①

可以说，相对于民约论，进化论对钱穆的影响更大。因为钱穆一生都在努力张扬民族的历史与文化，这样，进化论就成了钱穆手中的有力武器，因为进化论在当时来说，是"吹响近代民族主义的号角"②。那么，钱穆是如何运用进化论来"吹响"他的"民族主义"的呢？

钱穆从来没有明确宣扬进化论，但在阐发思想、观点时，时时处处都有进化论思维的痕迹。例如，在分析"历史心与文化心"时，他非常喜欢使用"层累""演进"这样的词汇论证展现其思想的合理性和理论的时代性。

> 人心同然，即在现前个体心里见。因于现前个体心之层累演进而始见有历史心与文化心，亦因历史心与文化心之深厚演进而始有此刻现前之个体心。因此，我不喜欢先心觅性，而总主张即心见性。③

这些文字在前面已经引用过，是在谈"历史心与文化心"同"现前个体心"的关系的时候。在论证逻辑上，钱穆是由个体心的"层累演进"来推导"历史心与文化心"，由历史心与文化心的"深厚演进"再阐发"现前之个体心"历史文化内涵。钱穆没有像宋明理学家那样，基于本体论思维，在逻辑思辨的层面上阐发二者的关系，而是基于进化论思维，在客观事实的层面上揭示二者的现实联系。可以说，在钱穆那里，没有了"社会进化"这一层考量，二者的逻辑关系是无法理清的。下面再看一段文字是如何展现钱穆的进

---

① 参见陈旭麓《陈旭麓文集》（第4卷），华东师范大学出版社1997年版，第206页。
② 陈卫平：《中国近代的进化论与政治思潮》，《华东师范大学学报》（哲学社会科学版）1995年第6期。
③ 钱穆：《心与性情与好恶》，载《中国学术思想史论丛》（二），生活·读书·新知三联书店2009年版，第89页。

化论思维的。

> 但人类从最先的原始人演进到后来的文化人，人类生活便大不相同。原始人也像其他生物禽兽一般，他们的争存手段，是各别自私的。即在人与人之间，也会互相争夺，互相残杀的。待及他们演进到文化人阶段，在他们中间，有家庭、有国家、有社会，个人的各别谋生，变成为大群集体的共同生活。在大群集体共同生活下，又演进出一项心灵作用，中国人则称作道心。没有人心，便没有了人。没有道心，也便没有了人群共同生活的一切道。所以，人心是原始的，道心是后起的。人心是自私的，道心是大公的。人心虽是大家同有，但只相似，不能相通的。道心则是大家同有，而又可以相通的。人心只是人各一心，道心则可人人之心合为一心的。一人之心，即可是千万人之心。一世之心，即可是千万世之心。可大可久。人类文化演进，主要赖此道心。人类赖有此演进，乃于物质人生外又加进了"精神人生"。①

在上引文字中，钱穆起笔之处是人类的最初状态。在钱穆看来，原始人类就像禽兽，为了各自的生存，都是自私自利的，互相争夺，互相残杀。然而，人类"演进"到文化人阶段，就不能再如原始人一般生活，因为这时已有了家庭、国家、社会，人与人结成大群共同生活。在大群生活中，又会"演进"彼此相通的一份"同然之心"——"道心"。有了这一份"道心"，人类继续"演进"才有希望。因此，文化人虽然是从原始人进化而来，但不能像原始人一样只要"人心"而不要"道心"，只要物质人生而不要精神人生。

---

① 钱穆：《中国文化特质》，载《历史与文化论丛》，（台北）联经出版事业股份有限公司1998年版，第66页。

通过上述的分析不难看出，钱穆思想中的进化论痕迹非常明显。其实，综观钱穆的整个学术思想可以发现，其受达尔文生物进化论的影响很大，他在阐发很多中国传统学术命题时，都体现出了进化论思维。只是在钱穆那里，因为进化论思维与钱穆固有的历史思维有个相近之处，就是都重视时间链条上的绵延，所以，这就出现了在钱穆的论证中进化论思维和历史思维有机融合的状况。那他是怎样操作的呢？接下来，我们就以他分析中国传统的"性善论"命题为例，具体看钱穆将进化论思维和历史思维有机融合。

在论证"性善"时，钱穆首先从《易传》的"继善成性"思想入手，再借鉴柏格森生命哲学中的"绵延"观念论证"性善"。

> "乃若其情，则可以为善矣，乃所谓善也。"（《孟子·告子》）我们尽可说人性开始并不善，但到终不能说人性是不能为善呀！人性可为善，也可为恶，但就人类历史文化之长程大趋而言，人性之向善是更自然的。此即孟子性善良论的根据。①

孟子在提出人"性善"的命题时，只是从人有善端入手，从没有明确提过"人类历史文化之长程大趋"，钱穆这样一种解读的角度则完全体现了一种具有时代特点的进化论思维。关于这一点，钱穆自己也曾明言。

> 本来，儒家的性善论，正从历史的进化上着眼。②

在此，历史思维与进化论思维就明确地统一到一起。钱穆这样

---

① 钱穆：《中国思想史》，九州出版社 2011 年版，第 32 页。
② 钱穆：《儒家之性善论与其尽性主义》，载《中国学术思想史论丛》（二），生活·读书·新知三联书店 2009 年版，第 3 页。

的疏解方式，也使得抽象的人性论命题具体而丰富起来，同时在传统观念中渗入了现代思维。关于这一点，钱穆的学生戴景贤早有关注。

> 钱先生对于孟子所谓"性之"与"反之"，特以一种具有人类学意义之"历史进化"之角度说之，从而抉择孟子之性善论。此种观点虽启发自孟子，然亦有现代之影响在内。①

只不过，在钱穆的"历史进化"观中，既有客观世界的"演进"，也有主观世界的"演进"；既有生物学意义上的"演进"，也有社会学、文化学意义上的"演进"。整体而言，钱穆的进化论思维建基于他的历史哲学思维。可以说，钱穆在对传统"性善"论命题进行诠释的过程中阐发的学理与内在精神，是与中华人文大传统一脉相承的，但在具体的运思方式上，另辟蹊径，从进化论的角度切入"性善"论命题，具有鲜明的民族特色与时代特色。这样做的结果是，一方面加大了主体的道德担当意识和时代使命意识，另一方面也冲淡了传统"性善论"具有的道德理想主义色彩。

> 钱穆的这种运思方式真的把"性善论"从"是什么"的问题，变成了"怎么看"的问题。这种论证"性善"的方式似乎更为清楚地告诉世人：性善从来都不是本体论的问题，而是认识论的问题。钱穆谈"性善"的思维与后现代的解构思维有相似之处，只是钱穆从来都是边解构边建构。②

"边解构、边建构"的思维，体现的就是一种动中求静、动静结合的辩证思维。这种思维一方面需要进行哲学式的形而上的抽象，

---

① 戴景贤：《论钱宾四先生之义理立场与其儒学观》，（台北）《台大文史哲学报》2009 年第 5 期。
② 石力波：《从人性本善、向善到人性应善、必善——钱穆对传统"性善论"思维的继承与发展》，《管子学刊》2013 年第 2 期。

找到问题的一般；另一方面也要基于时代的发展变化相机而时，随时调整思维与认识，以防固化和滞后。而这样的运思方式就有进化论的思维活跃其中。因此，进化论思维具有非常重要的时代与学术意义，赵敦华作了如下概括。

  哲学只有以达尔文的进化论为范式，才能承担起时代赋予的新的综合任务。①

  总而言之，钱穆虽主张中国传统学术思想就是"心性之学"，但他在文化学意义上总结、阐发中华文化的特色与优势时，更多地使用"心学"一词。钱穆所言之"心学"，不同于陆王心学从本体论的角度言心，而是从史学的角度言心，赋予"心学"以"史学"的内涵。因此，从表面看来，在心性之学的问题上，钱穆似乎离程朱子较远，离陆王较近，因为程朱说"性"似乎更多，而陆王以说"心"为主，实则不然。因为钱穆与朱子相似，在探讨学术问题的时候，是加进了"历史"这一重要的考量因素。只不过，程朱的性理之学更看重结果，而钱穆的"历史心""文化心"更注重过程；更看重结果有可能会带来僵化，而更注重过程就在传承中多了一份灵活与机动。

---

① 赵敦华：《哲学的"进化论"转向——再论西方哲学的危机和出路》，《哲学研究》2003年第7期。

第四章　钱穆的"情""欲"之辨

上一章，我们重点分析了钱穆思想体系中具有核心意义的概念——"历史心与文化心"。"历史心与文化心"虽然是钱穆首次提出的概念，但这个概念有着深远的学术渊源，它其实就是中国儒家传统所说的"道心""性"。这样，钱穆就经由"性即理"达到了"心即理"，在即心言性的思路上将心与性统一起来，实现了"拨清云雾""回到孔孟"的学术愿望。但是，钱穆的心性之学并没有就此止步，在他那里，还有两个概念之间的关系必须厘清，一个是"情"，另一个是"欲"。为何必须解决这两个概念的关系呢？综观钱穆的文字可以看出，钱穆这样做的目的一是源于学术，二是源于现实。

首先说一下学术原因。中国的心性之学虽然早在先秦时期就已出现，但那时在阐发心性命题的内涵时多是依凭经验性思维，还没有形成清晰的逻辑思维。直到两汉之际，随着佛教的传入，在佛教精致的心性理论的冲击下，中国思想家才开始构建严密的心性逻辑，这一趋势到了宋明时期开始明朗化。宋明理学家运用本体论思维，开始将心性之学中的诸多核心范畴逐一抽离出来进行细致的辨析，为的是从心性之学这一关键角度与方外之学进行全力抗衡。宋明理学家在心性之学方面的突出理论成果之一就是将"心""性""情"三分，并基于"性即理"的理论预设，认为"心统性情"。这样，不仅突出了"心"在工夫论方面的积极作用，更凸显了"性"在理论上的优先价值。但是,这看似"完善"的处理,还不能让很多学者满意,在朱子当世及后世,批评之声不绝于耳。到了近现代,这种批评在牟宗三那里达到了高峰。有学者作了如下分析。

> 在《心体与性体》一书中,牟宗三指出,朱子"心统性情"有横说与纵说二义。但是,其纵说"心与情为一边,性为一边,实只是性情对言,'心统性情'并无实义……其实义是在横说处"。由此,牟宗三指出,"心统性情"是"心性情三分,理气二分"的架构,朱子的道体、性体是只存有而不活动的理,心情神俱属于气。故说,朱子哲学是一个"静涵静摄"的系统,而朱子所论之道德为他律道德。①

也就是说,朱子对"心""性""情"三者关系处理的方式还有考虑不周因而遭人诟病之处。钱穆一生都非常推崇朱子学,他必须解决朱子学遗留的问题。他用"历史心与文化心"的方式,解决了"心"与"性"的问题。接下来还有"情"的问题,也必须加以解决。

其次,再说一下现实原因。宋明理学通常将"人心"与"道心"对峙,将"天理"与"人欲"对峙。在一般人看来,"人心"之所以不可靠,就在于"人心"多"欲",所以"人欲"是必须加以节制、控制,甚至消灭。随着社会的发展,"存天理灭人欲"的思想越来越受到现实的挑战,遭到学术思想界的抨击,这一状况在明末清初之际达到高潮。那是个天崩地裂的大时代,思想界要求解开精神枷锁,提倡个性自由,实学思潮涌起。在这样一种背景下,肯定人的合理欲望,已经成为时代的大势。但是,物极必反,过分肯定人欲,就会使社会风气败坏、道德沦丧。这一状况不仅在明末清

---

① 李煌明:《朱熹哲学研究的批判与反思:"心统性情"的意象诠释》,《云南师范大学学报》(哲学社会科学版) 2020 年第 3 期。

初之际存在，在钱穆生活的清末民初其间依然存在，并且更加突出，因为有西方思想文化为之做理论基底，因而，很多人打着西方文化的幌子进行更深程度的纵情纵欲。因此，在钱穆这里，解决"人欲"的问题与解决西学的问题就交织在一起。钱穆基于多年的观察与思考，就走了一条"毕其功于一役"式的研究道路。

当然，全面分析起来，钱穆关注"情欲之辨"的原因还有很多，比如说多年浸淫中国传统典籍的心得、良好的家学传统、性之所近等，但重点说来，还是上面提到的两点最为关键。于是，钱穆着力来解决"情"与"欲"的问题。他的具体做法是：先肯定中国自古就有"重情"的传统，然后分析"情"在心性之学中具有核心作用的缘由，最后将"情"与"欲"进行了对举，并由凸显"情"的价值的方式来"回到孔孟"，对抗西学。

第一节　钱穆眼中的中国"重情"传统

钱穆是一位史学大家，他最广为人知的著作当推《国史大纲》。在这本书中影响又最大的，应属那句"对其本国以往历史有一种温情与敬意"的名言，这句话也成为钱穆文化史学的一个最亮眼的标签。正是因为钱穆以"温情与敬意"的态度对待国史，一方面使他成为近代文化史学的代表性人性，另一方面也使他渐渐被主流的科学史学边缘化。无论如何，这一切都是因为钱穆治学时"重情"。

> "情"不是一个随意的可有可无的用词，在钱穆的历史哲学中是一个很重要的观念。①

钱穆本人是"重情"的，他眼中的中国文化传统也是"重情"的。在他看来，这样的文化传统与中国所处的农业社会有着密切关系。

---

① 刘巍：《钱穆的"中国主义"》，《北京日报》2018年7月18日。

> 农业社会以乡下人为主……农村人都以家庭为本，又安土重迁，生于斯，长于斯，老于斯。死而葬于斯。又有宗族乡党，户宅与坟墓毗连。不仅与生人为群，亦复与死人为群。故农业社会实是一群居社会……①

农业社会的特点决定了农业人生的特点必然是重视群居，重视人与人的相处之道，并且重视人对人的教育。这种背景下产生的文化必是一种"多情寡欲"②的文化。儒家思想正是在这样的背景下产生，并持续影响了中国社会几千年。

不仅儒家文化是"重情"的文化，在钱穆看来，连道家文化也是根植于"农业时代"，因此也是"重情"的文化。

> 抑且庄子所言业工者之技巧，乃就农业时代之工业言。③

接下来，我们就具体分析钱穆关于儒、道两家"重情"的论述。

一 儒家的"重情"传统

前文说过，钱穆虽然推崇宋明理学，但对理学家们持有的自尧舜禹商汤，再经历文王周公，由孔子孟子代代相传的道统观④并不认同，认为那是"主观的道统""一线单传的道统"。钱穆主张把儒学一线单传的道统扩展为民族文化的大道统。即使如此，也不能否认这样一个事实：钱穆重视儒家甚于重视道家与佛家。之所以会如此，笔者分析主要基于两个原因：一是儒家主张积极入世，

---

① 钱穆：《二四　群与孤》，载《晚学盲言》，生活·读书·新知三联书店2014年版，第320页。
② 钱穆：《五二　情与欲》，载《晚学盲言》，生活·读书·新知三联书店2014年版，第665页。
③ 钱穆：《二四　群与孤》，载《晚学盲言》，生活·读书·新知三联书店2014年版，第321页。
④ 儒家传统的道统观由孟子发其端，韩愈定其性，宋明理学彰其芒，牟宗三等复其光。

有责任,有担当,更适应民族的生存与发展;二是儒家的积极入世是饱含深情的,因此可以说儒家有着"重情"的特征,而这一特征也正彰显了人之为人的本质属性。可以说,在这两个原因中,第一个原因是第二个原因的必须结果,所以主要还是因为儒家"重情"。"重情"会有诸多好处:只有"重情",才会有担当;只有"重情",才会积极入世。接下来,我们就具体分析钱穆眼中的中国"重情"传统。

首先,钱穆认为,儒家自孔孟开始就是重视情感的。

> 孔孟则专就人类仁孝之心,即人类同情心方面言来建立人伦……①

虽然《论语》中直接使用"情"字只有两处②,而且所说之"情"主要指"情实"而非"情感",但这并没有影响孔子对"情"的重视。在钱穆看来,孔孟所讲之"情",有时指"仁孝之心",这是从人类的"同情心"方面立论的。也就是说,孔孟是从人的正常情感出发来指点人之为人的大道。"孝"作为"同情心"很容易理解,因为其直接建立在血肉亲情的基础上,那么"仁"作为"同情心"又是如何体现的呢?钱穆做了具体说明。

> 孔门论学有二大干,曰"礼",曰"仁"。礼即承袭古宗教一种有等衰有秩序之体系,而仁则为孔子之新创。盖即指人类内心之超乎小我个己之私而有以合于大群体之一种真情,亦可谓是一种群己融洽之本性的灵觉。人类唯此始可以泯群我之限,亦唯此始可以通天人之际。盖小己之生命有限,大群之生命无

---

① 钱穆:《濂溪百源横渠之理学》,载《中国学术思想史论丛》(五),生活·读书·新知三联书店2009年版,第68页。
② 《论语》只在《子路》篇中"上好信则民莫敢不用情"和《子张》篇中"上失其道,民散久矣。如得其情,则哀矜而勿喜"两处出现"情"字。

限。小己有限之生命谓之人,大群无限之生命谓之天。①

钱穆指出,"仁"是孔子新创的理论,这一理论指的是"一种真情",是一种"人类内心之超乎小我个己之私而有以合于大群体"的"真情"。这种"真情"也可以理解为一种"本性的灵觉",因为这种真情能将"群己融洽"。有了这样一种"真情",不仅可以泯灭"群我之限",还可以"通天人之际",使得"小己"生命与"大群"生命相融通,达到"人"与"天"合一的境界。作为"真情"的"仁",有时也具体表现为"爱敬",这一情感能促进人类之"长期绵延",这与西方人的重视纯理性、纯思辨、纯知识的主流意识显然有很大不同。②

以上重点说了孔子对真情的重视,可惜的是孔子虽然重视人之本真情感,但没有明确系统地进行理论阐发。接下来看钱穆如何分析孟子对真情的重视。在钱穆看来,孟子喜欢在人心之发露处立论,而其所立之论也是基于人之"真情",是"由情见性"。

> 因此孟子指恻隐之心为仁之端,谓由恻隐之心引出仁之端来,这是由情见性。程朱则说成仁之端为恻隐之心,谓由仁之端生出恻隐之心来,这是由体生用。此是一大分别。③

在钱穆看来,孟子顺着孔子的礼路,把儒家思想"重情"的特点又向前推进了一大步。虽然在《孟子》全书也只有三处明确使用"情"字④,但可以说,孟子的很多理论主张都是基于"情"而立论

---

① 钱穆:《中国民族之宗教信仰》,载《灵魂与心》,广西师范大学出版社2004年版,第37页。
② 参见钱穆《十八 经验与思维》,载《湖上闲思录》,生活·读书·新知三联书店2005年版,第84页。
③ 钱穆:《周程朱子学脉论》,载《中国学术思想史论丛》(五),生活·读书·新知三联书店2009年版,第208页。
④ 《孟子》书中三处使用"情"字的地方分别是:《滕文公章句上》:"夫物之不齐,物之情也。"《离娄章句下》:"故声闻过情,君子耻之。"《告子章句上》:"乃若其情,则可以为善矣,乃所谓善也。"

的，如著名的"四端"说。孟子认为"四端"之情正是仁、义、礼、智四德之端，如能"扩而充之"，就"足以保四海"。但是，孔孟之后的中国学术思想界没一直延循孔孟这条重"情"的思路向前发展。

到了西汉时期，作为儒家学者的董仲舒从天人感应神学目的论的立场出发，推出"性善情恶"的理论，并根据情欲的多寡提出"性三品"说。他认为，人的性情都是上天赋予的，人性有善有恶是因为有情的缘故。情是恶的，因此对之必须加以礼义的节制。

到了唐代，士人阶层出现了激烈的反佛思潮，反对佛教的禁欲主义。韩愈把董仲舒的"性三品说"继续向前推进，提出"性情三品"说，并指明情的内容，即喜、怒、哀、惧、爱、恶、欲，认为情与性不是截然对立的，要因情见性，该爱则爱，该恶则恶，才能通过情来表现性。可以说，韩愈不仅在"文""道"的关系上企图走近先秦儒学，就是在"情""道"的关系上也力图接近孔孟。只是韩愈的这种想法在他的学生李翱手里，又出现了逆转。李翱认为，圣人与一般人的区别即在于对情的驾驭，圣人能不被情迷而失其本性，凡人则沉溺于情而迷失本性，认为情是性之累，这无疑是典型的性善情恶论。

韩愈、李翱的思想对宋代的思想产生了重要的影响。王安石提出"性本情用"的观点，认为性是情之本，情是性之用，由此认为性情一体，认为善恶都是后天习染的结果。二程兼综儒道，主张有情而无情说，认为物当喜则喜，当怒则怒，只要喜怒之情"顺于万物"而不系于心，则就是有情而无情。可以说，二程以理言情，是用理来规范情，这也就成了以后理学主流的倾向。朱子进一步借用张载的话分析心、性、情的关系，认为"心统性情"，心为主，性为本，情为用，情要合乎理，要"存天理，灭人欲"，这仍然表现出了对"情"的不放心。

其次，钱穆认为，不仅孔孟重视情感，宋明理学家也能接续孔孟传统，重视情感。

> 唯朱子言性即理也，性之内即包有情。又说："仁者心之德，爱之理。"亦仍把此理字观念兼容到内心情感上来，不失儒家之大传统。故其言大学格物致知必以吾心之全体大用与众物之表里精粗并言。则试问哪有撇开情感而可"我心之全体大用"的呢？①

一般认为，朱子是宋明理学的扛鼎人物，其"性即理"的致思路径决定了他对于情感的忽视。在钱穆看来，并非如此，朱子从未离开情感来空谈性理，因为朱子的性即理中，是包括有"情"在内的，他说"性者心之德，爱之理"，从"心"与"爱"的角度谈"性"，不就是立足人类的正常情感吗？所以，仅从这点看来，朱子也没有背离儒家的大传统。就连朱子有代表性的理论"格物致知"也是建立在情感的基础上。钱穆认为，"心之全体大用"恰恰就包含了情感的内容。

除了朱子，在宋明诸儒中，钱穆还比较重视王安石关于性情的论述。

> 关于性情的说法，我大体赞成王荆公。荆公说：喜怒哀乐未发于外而存于心，性也。喜怒哀乐发于外而见于行，情也。性者情之本，情者性之用，性情一也。若夫善恶，则犹中与不中也。照此说法，舍情便无以觅性，性也只是人心之喜怒哀乐。换言之，也只是人心之好恶。我们不该一面看重人性，而一面看不起人情。②

---

① 钱穆：《十八　经验与思维》，载《湖上闲思录》，生活·读书·新知三联书店2005年版，第85页。
② 钱穆：《心与性情与好恶》，载《中国学术思想史论丛》（二），生活·读书·新知三联书店2009年版，第90页。

钱穆比较推崇王安石关于性情看法的原因，即在于王安石重视人情，他主张性本情用，不"舍情""觅性"，这也是钱穆一贯的主张。

宋明理学之后，虽然出现过对理学的反对，如戴震就曾"以情欲为性"而反对理学"以理为性"，以及在清末民初出现的维新运动和新文化运动的启蒙，倡导自然人性论，高扬情欲，但由于缺乏系统的哲学论证，终究在学界没有形成影响巨大的思想潮流；而随着西方民主与科学观念的输入，中国学界对"情"的分析要么基于科学的心理学立场，要么直接用理性来限制情。总之，还是游离于原始儒家对"情"的重视之外。

可以说，中国思想中虽然多数时候表现的是对"情"的不放心，但根源上还是"重情"的；西方哲学史上，"情"就一直没有受到应有的重视。西方哲学从古希腊发源，从柏拉图的理念论开始，就奠定了西方哲学的主流学术倾向，即形成了理性主义传统。直到康德、黑格尔，用理性思辨来获取真理，理性主义始终是主流话语。即使在中世纪的神学时代，托马斯·阿奎那也主张运用理性论证上帝的存在，直到近代的启蒙运动依然高举理性主义大旗。虽然其间也有如休谟的情感主义哲学，但始终处于边缘地位。直到以尼采、海德格尔为代表的存在主义思潮和以柏格森的生命哲学的出现，才真正重视个体情感的存在，形成了席卷世界的哲学思潮，但其论证的方式还是要把情感变成理性的抽象。理性的霸权地位自然引出了对理性的反对，后现代的解构主义思潮即由此产生。但是后现代主义只重视解构不重视建构，结果就导致了人类精神最后成为没有家园的幽灵。

二 道家的"重情"传统

相对于儒家，钱穆对道家进行集中论述的文字不多，而且经常将道家作为儒家的背景或参照来论述。即便如此，也不影响钱穆在研究道家思想时依然有很多真知灼见，其关于道家也"重情"的论述就是如此。

一般认为,道家与中国的科学传统有着密切关系,但钱穆不这样看。

> 近人言中国科学起于道家,是又不然。道家言自然,乃一种生机论。一切物,莫不以有机的生命体视之。故人之处自然,亦能和能乐。此一宇宙,似无情,实有情。《庄子》书中反对机械论,屡见不一见。近代西方科学,乃与权力观功利观同流,皆为道家所极端反对。故道家言自然之发展,乃艺术,非科学。科学中无人情,而艺术则极富人情味。苟无情,斯亦不成为艺术,亦可谓非中国之艺术。儒家言则为道德人生,道家言则为艺术人生。总言之,则为人情的,非权力功利的,此亦中西人生大不同所在。①

在钱穆看来,道家虽然喜欢说"自然",但这个"自然"是一种"生机论",用今天的话说,就是道家并没有将自然视为可以改造的客体,而是将自然视为一个"有机的生命体"。在这样的生命体中,人也是与自然万物有机联系在一起的一部分,所以人应该做的不是改造自然,而是顺应自然、效法自然。这样一种对"自然"的态度,就决定了道家对自然万物是"似无情,实有情",体现了一种艺术思维,这就与纯客观理性的"无人情"的西方科学有着本质的不同。因此,可以说,中国的道家是"艺术"的,"而艺术则极富人情味"。在钱穆看来,不仅道家如此,连中国科学"亦富同情味"。钱穆列举了中国历史上著名的发明创造,在他看来,无论是"大禹治水""后稷治稼""神农尝百草以疗人疾病",都做到了"通"物之性。"通"物之性,一方面在揭示事物规律的过程中对事

---

① 钱穆:《五二 情与欲》,载《晚学盲言》,生活·读书·新知三联书店2014年版,第668页。

物寄予深情，另一方面是为了更好地将研究成果为人造福。也可以说，中国的各种科学发明都是基于为人造福，都为的是给人带来快乐，因此都富于艺术性、人情味。

> 中国人生彻头彻尾乃人本位，亦即人情本位之一种艺术与道德。儒家居正面，道家转居反面，乃为儒家补偏而救弊。①

也正是在这个意义上，钱穆认为儒、道两家之于中国文化，一为"正面"，二为"反面"；一为"道德"，二为"艺术"。两种文化合一，成就了中国文化不主张欲、也"绝不采个人主义之功利观与权力观"的大传统。

关于中国文化"重情"的特点，也是很多学者的共识。

> 最重情者是儒家。②
>
> 在无情、怯情、化情、重情诸多主张中，儒家显然支持的是"重情"论。③
>
> 儒家哲学一直很重视情感问题，其伦理哲学正是从情感出发的，强调个体的道德自律，并希望由此达到理想的道德境界。而作为儒家伦理哲学发展最高峰的宋明理学基本上就是一种情感型的道德哲学，它追求人生的理想境界，情感的自我超越，理学的很多道德伦理问题——如理欲、义利之辨，都是从情欲问题上展开。④

在很多学者那里，判定中国文化"重情"是因为儒家文化"重

---

① 钱穆：《五二 情与欲》，载《晚学盲言》，生活·读书·新知三联书店2014年版，第668页。
② 龚鹏程：《有文化的文学课》，中华书局2016年版，第11页。
③ 杨儒宾：《屈原原型——屈赋的思想史意义》，《中国文化》2014年第2期。
④ 熊鸣琴、范立舟：《宋明理学"情欲"思想刍议》，《西南民族大学学报》（人文社科版）2004年第1期。

情",钱穆则不限于此。在钱穆眼中,"重情"的不仅是儒家,还包括道家。也就是说,在分析中国文化"重情"的特点时,钱穆将道家也拉了进来,并对中国的科学进行了"亦富同情心"的分析,这是钱穆的特别之处。

第二节 在"情""欲"对举中凸显"情"的价值

"理""欲""性""情""心"都是中国传统心性思想的核心术语。相比较而言,人们对于"欲"则多持否定态度,经常将"理"与"欲"对举,"情"与"欲"并用,一正一反,一褒一贬,以显示人们对于"欲"的不看好。而且,同样是理学家常用并在后世广为使用的固定组合,人们对"理"与"性"、"理"与"情"的关系历来多有辨析,唯独对"情"与"欲"的关系多不加厘清,含混用之。这一做法,对于传统思想的传承、文化的创新性发展都是不无弊端的。

钱穆曾在著作中详细辨析"情"与"欲"的关系,不乏创新之处。钱穆对"情"和"欲"的看法,一如他对中国历史文化中情欲关系的判定,是"重情轻欲"。但是,钱穆对"情""欲"的分析,是在中国传统思想的基础上,尤其是宋理理学的基础上,又有所推进,而且体现为一种时代性的推进。这主要体现在他对"情""欲"关系的分疏上,他对"欲"的分析有了文化意味,而不只是哲学味。他用"情""欲"之别阐发了中西文化的差异。在钱穆看来,"欲"是向前的,充满希望的和理想的,因此富于进取性也富于掠夺性,体现为一种功利;"情"是向后的,充满回忆的怀旧的,因此富于历史感和保守性,体现为一种人情。钱穆的探讨既有继承性,也有创新性。为了后文论述的顺利展开,我们先从历代学者对"情""欲"关系的探讨入手分析问题。

一　历史上关于"情""欲"关系的探讨

在本书绪论部分解释"欲"的概念的时候，已经多少涉及一些历代思想家关于"情""欲"关系的探讨，但没有进行深入的分析。接下来，就对一些重要提法进行分析研究。

在中国思想史上，最早探讨"情"与"欲"关系，在先秦时代已经开始，寡欲、养欲、节欲、制欲、灭欲、导欲等观念那时就已经出现，孟子、荀子、杨朱等人关于"欲"已有相当多的论述。孟子从"性善论"的立场出发，认为人皆有"恻隐之心""羞恶之心""辞让之心""是非之心"，这"四心"都是"情"，是"仁""义""礼""智"这"四德"之端。孟子的逻辑是：既然"性"是善的，那么"情"也就是善的，只是"情"受到"欲"的影响会流于恶，流于恶的"情"也就是"放心"。所以，孟子主张"求放心"和"寡欲"。

荀子基于"性恶论"的立场，将"情""欲"直接两分："性者，天之就也；情者，性之质也；欲者，情之应也。"（《荀子·正名》）无疑，在荀子看来，"性"是人生来就有的，"情"是由性的本质表现出来的，"欲"则是情受外物感应而产生的，三者关系密切，但与他的性恶论立场相应，荀子认为由性发生的情、欲也是不善的。于是，提出了"节欲""导欲""养欲"的主张。

《礼记·礼运》中也有"情"与"欲"并提的做法："何谓人情？喜、怒、哀、惧、爱、恶、欲七者弗学而能。"并认为"饮食男女，人之大欲"，认为"欲"是人的自然需求。可以说，先秦时期的典籍中还基本没有把"情"和"欲"分开对待的，二者经常连在一起使用。

对于"心""性""情""欲"四者之间关系，最有代表性的论述来自南宋的胡宏和朱熹，他们都以水为喻来谈"心""性""情""欲"之间的关系。

先看胡宏的论述。

> 性譬诸水乎！则心犹水之下，情犹水之澜，欲犹水之波浪。①

也就是说，在胡宏看来，"性"好像水，"心"就像"水"的本性向下流淌，"情"就像水之波澜，"欲"就好像水的波浪。他在这段话中的核心意思是"性本情用"，但从中我们也能大致窥见古时人们对"情""欲"关系的大致看法，即"情""欲"同为"性"之动。二者具体是什么关系，胡宏没有进行明确的分析，我们也无从知道他如何理解二者之间的关系，因为依照《现代汉语词典》的说法，"澜"的本义即大波浪，那么"大波浪"与"波浪"有何区别？这里言之不详。如果借助胡宏的其他文字，或许可以大致看出胡宏对"情""欲"关系的理解。"正情"，是胡宏理学思想中的一个重要概念。在他看来，情有"正"与"非正"之别。具体说来，"首万物，存天地，谓之正情"②"夫衣非随时有异轻重也，情狃于寒暑而乱其心，非轻重之正也"③，也就是说，"正情"能做到把万物放在首要的位置，把天地放在心间；而"非正情"做事违反常理，总是不知轻重，这也就大致相当于"非正情"是"欲"。

胡宏之后，朱熹也曾有过类似的论述，但由朱熹对于"心""性"关系的理解不同于胡宏，所以他将"心"置于"性"之前。

> 心如水，性犹水之静，情则水之流，欲则水之波澜。但波澜有好底，有不好底。欲之好底，如我欲仁之类。不好底，则一向奔驰出去，若波涛翻滚。大段不好底欲，则灭却天理。如

---

① （宋）胡宏：《知言·往来》，收入《胡宏集》，吴仁华点校，中华书局1987年版，第15页。
② （宋）胡宏：《知言·往来》，收入《胡宏集》，吴仁华点校，中华书局1987年版，第15页。
③ （宋）胡宏：《知言·往来》，收入《胡宏集》，吴仁华点校，中华书局1987年版，第15页。

水之壅决，无所不害。①

  心譬水也；性，水之理也。性所以立乎水之静，情所以行乎水之动，欲则水之流而至于滥也。②

上引两段文字看似表述不同，实则思想内涵基本一致。朱熹认为，"心"如"水"；"性"是"水之理"，如同"水之静"时的样子；"情"是"水之流"，如同"水之动"时的样子；"欲"是"水之波澜"，甚至是"水之流而至于滥"时的样子。从朱熹的比喻中可以清晰地看出他理解的"情""欲"关系："情"与"欲"都来自"心""性"，但是先有"情"后有"欲"，而且"情"有好有坏，"欲"则是"情"的激化状态。当然，也要明确朱熹对"欲"的界定，才不会偏离其思想所指：在朱熹那里，人正常的欲念属于天理的范畴，只有不正常的、不好的、不受控制的欲念才是属于"人欲"的范畴。

综合胡宏与朱熹的看法，再联系《礼记·礼运》中关于"七情"——"喜""怒""哀""惧""爱""恶""欲"中含有"欲"的表述，可以大致认为，"情大于欲""情包含欲"是中国古人的一般看法。③

但相比于或被重视或被轻视的"情"，"欲"的处境一直就不好，因为在很多人看来，"人之为不善，欲诱之也"④。但是，也有例外。明清之际，由于现实因素和学术因素的双重作用，很多学者开始肯定"欲"，那时的正面表现情欲的小说、戏剧发达就是明证。

---

① （宋）黎靖德：《朱子语类·卷五性理二》，王星贤点校，中华书局1986年版，第93—94页。
② （宋）黎靖德：《朱子语类·卷五性理二》，王星贤点校，中华书局1986年版，第97页。
③ 这里说的只是一般情况，也有学者不认为"欲"属于"情"，比如荀子就提出了"六情"说——"好恶喜怒哀乐"，没有包括"欲"。但是，荀子另一方面又说："性者，天之就也；情者，性之质也；欲者，情之应也。"（《荀子·正名》），还是将"欲"视为"情"对外物的感应。
④ （宋）程颢、程颐：《二程遗书》卷25，中华书局1981年版，第319页。

"情"与"欲"界限的模糊,"情"的欲化和世俗化正是晚明"情"论的一大特性。①

原本中国思想史上"情"与"欲"之间的界限就很模糊,到了晚明时期就更加模糊了,而且出现了"情""欲化"的新的问题。也就是说,原本,"情"是高于"欲"的,但这时已经开始"情"滑向"欲"。

到了清代,出于对理学的反对,一些学者开始批判"存天理,灭人欲"的提法,戴震就是代表性人物之一。

> 人生而后有欲,有情,有知。三者,血气心知之自然也。……辨于知者,美丑是非也;而因有好恶。声色臭味之欲,资以养其生;喜怒哀乐之情,感而接于物;美丑是非之知,极而通于天地鬼神。……是皆成性然也。……唯有情有欲,而又有知,然后欲得遂也,情得达也。天下之事,使欲之得遂,情之得达,斯已矣。……道德之盛,使人之欲无不遂,人之情无不达,斯已矣。②

> 有血气,则所资以养其血气者,声、色、臭、味是也。有心知,则知有父子,有昆弟,有夫妇,而不止于一家之亲也,于是又知有君臣,有朋友;五者之伦,相亲相治,则随感而应为喜、怒、哀、乐。合声、色、臭、味之欲,喜、怒、哀、乐之情,而人道备。③

虽然戴震正面对待"欲",提高了"欲"的地位,并将之与"情""知"同等对待,但关于"情""欲"的关系,依然没有进一

---

① 黄卫总:《中华帝国晚期的欲望与小说叙述》,江苏人民出版社2010年版,第29页。
② (清)戴震:《孟子字义疏证》,载《原善孟子字义疏证》,古籍出版社1956年版,第66—67页。
③ (清)戴震:《原善》,载《原善孟子字义疏证》,古籍出版社1956年版,第10页。

步的明确分析。

二 钱穆"情""欲"之辨的主要内容

"情""欲"的关系，虽然也属于中国思想史探讨的主要内容，但如上文所分析，历代思想家们对二者关系的关注与探讨远远不够。以"情"与"欲"对举，钱穆一方面是有得于荀子的，但与荀子不同的是，钱穆对"情"与"欲"进行了更加仔细的分析，并为"情"和"欲"各自圈定了领地，认为情善而欲恶，确立的"情"的合法性与"欲"的不正当性，并以此为前提探讨中西文化的不同属性。另一方面，钱穆将"情"与"欲"对举进行论证的思路，与宋明理学家相类似，或者也可以说，钱穆是受了宋明理学的启发，才将二者对举，并在此对举中凸显其中的一者，恰似宋明理学将"天"与"人"、"心"与"性"、"理"与"欲"等对举一样。钱穆基于中国的"重情"传统，对二者的关系进行了深入且独具特色的探讨，在"情"与"欲"的对举中凸显"情"的价值。也可以说，正是在这个意义上，钱穆的"情""欲"之辨才具有重要的学术意义。

钱穆关于"情"与"欲"的分析文字，散见于各部著作之中，尤其以文化类著作居多。他有两篇专门论述"情"与"欲"关系的文字，同以"情与欲"为题，一篇收在《湖上闲思录》中，另一篇收在《晚学盲言》中。下面，就以这两篇文字为主，兼及其他篇章中的文字，集中探讨钱穆的"情""欲"之辨。钱穆关于"情"与"欲"的探讨涉及很多方面，而且都很有创见。大致说来，有以下四方面内容。

（一）"欲生情""爱生欲"

"情"与"欲"是两个密切相关的概念，要论述二者的关系，首先要解决的就是"情"与"欲"谁先谁后、谁是基础谁是派生的问题。据郭永玉研究，中国思想史上历来有两种关于"情""欲"先后次序的观念。

一种观点认为欲是在情的基础上产生的。荀子说:"性者,天之就也;情者同,性之质也;欲者,情之应也。"(《荀子·正名》)就是说,先天生就的性是最根本的,情是天性的实际内涵,欲又是情的表现,是情对外物的感应而产生的,情与欲都是人性的表现。欲、情、性三者,既相互蕴含,又依次上升。另一种观点认为,情是在欲的基础上产生的,欲望满足与否是产生情绪情感的根源,持这种观点的人为多数。《墨子》说:"利,所得而喜也";"害,所得而恶也"(《经上》)。得到的东西好,能满足人的需要,就产生喜悦之情;得到的东西不好,不能满足人的需要,就产生憎恶之情。《管子》说:"凡人之情,得所欲则乐,逢所恶则忧,此贵贱之所同有也。"(《禁藏》)①

郭永玉的分析基本属于实情。可以说,儒家以外的墨家、法家等重视现实功利的学派,都主张"欲"更基础、更根本,"情"是在"欲"的基础上产生的;而像儒家这样重要道德理想的动机主义学派,都主张"情"更基础、更根本,"欲"是在"情"的基础上产生的,即使像荀子这样偏于法家的儒家学者也是如此。这样一个思想传统也被后世的主流儒家学者所继承,包括宋明理学诸儒。

钱穆关于"情""欲"关系的看法,不同于传统儒家,而进行"翻转",他认为先有"欲"后有"情"。

> 可用两个字来讲,一曰欲,饥欲食,寒欲衣,倦欲息,此之谓人欲。喜怒哀乐爱恶欲为七情,婴孩出生即有欲,并此无之,便不成人。欲连带便生情,喜怒哀乐爱恶皆自欲来,这是婴孩所有。意便是情之所向,实即是欲。②

---

① 郭永玉:《先秦情欲论》,《心理学报》2001年第1期。
② 钱穆:《五四 己与道》,载《晚学盲言》,生活·读书·新知三联书店2014年版,第684页。

第四章 钱穆的"情""欲"之辨

在钱穆看来，人生而有欲，欲是人自然的生理需求。生理需求得到与否，会产生相应的情绪，所以，"喜""怒""哀""乐""爱""恶"之"情""皆自欲来"。在这里，钱穆谈到了包含"欲"在内的"七情"，但从钱穆的表述来看，显然他不认为"欲"属于"七情"之一，应该是"欲"产生其他"六情"。

上引文字是钱穆论述"欲"产生的第一个原因——自然的生理需求，接下来，钱穆又从另一个角度论述了"欲"产生的第二个原因——"爱"。

> 情有爱有敬，爱易滋生欲，敬亦人心自然。①

依据传统看法，"爱"既是"七情"之一种，又是"六情"之一种。钱穆认为，"爱""易滋生欲"。为何呢？钱穆没有继续分析，可能是因为"爱"容易产生获取、占有、掠夺之"欲"吧。这样，"欲"与"情"又实现了一个回环。

由"欲"生"情"，再到由"爱"生"欲"，体现了钱穆对"欲"产生条件的不同思考。可以这样理解：钱穆认为在生物学层面上，"欲"是人最初的本能，"欲"的满足与否可以带来不同的"情"；在社会学层面上，由于对外界的人与物产生"爱"的情感，所以也容易滋生对人与物的占有之"欲"。虽然同为"欲"，但有着本质的不同，前者因为是自然状态，所以人人本有，可以理解为"天理"；后者人人不同，有的人的"爱"可能已经超过了一定的"度"，所以才是真正的"人欲"。从一这点上看，钱穆与宋明理学家的看法也没有本质的不同。

（二）"对物则欲多于情，对人则情多于欲"

如果说认为由"欲"生"情"，又由"爱"生"欲"是从本

---

① 钱穆：《五二 情与欲》，载《晚学盲言》，生活·读书·新知三联书店 2014 年版，第 665 页。

体论层面探讨"情""欲"的关系,那么认为"对物则欲多于情,对人则情多于欲"则开始从人与物关系的角度继续探讨二者的关系。

  故西方有个人主义,又有集体主义,主要皆在权。集体主义实即个人主义之变相,则人与人间自无情感可言。权力则为人欲,中国则重情轻欲。但情中必有欲,欲中亦必有情。大体言之,对物则欲多于情,对人则情多于欲。对未得则有欲,对已得始有情。故男人恋爱多在欲,夫妇结合乃见情。果有情则欲自淡,至于无,斯见情之纯。夫妇之百年偕老是矣。父母子女乃天伦,父母非欲谁某之为其子女,子女非欲谁某之为其父母,非欲故其情纯。夫妇结合,亦求其不本于欲而纯于情,故虽父母之命,媒妁之言不为病。则夫妇虽人伦亦如天伦,乃得成为佳偶。以道义相处,则情深而可久。以利欲相结,则情不深不可久。虽男女之爱亦如此。情发乎己心,故可自由。欲起于外物,故不应有自由。内自足则生情,内不足始生欲。饥欲食,此欲即是性。食求美,乃欲非情。情以理节,欲以法制。两者之间,实有深义之存在。①

在钱穆看来,从文化比较的视角来看,"欲"主要表现为对"权力"的欲望,是"利欲""物欲",体现的实质是西方式的以个人为中心的个人主义,是自私自利的。争"权"的核心指向是获"利","利"又是指向"物"的,所以,"对物则欲多于情"。相反,"对人则情多于欲",因为中国人历来是大群生活,体现的是以家国为中心的集体主义,集体主义必须重视集体中的每个人,对集体饱含深情,而不是重在人与人之间的争权夺利,因此钱穆认为,"对人

---

① 钱穆:《五二 情与欲》,载《晚学盲言》,生活·读书·新知三联书店 2014 年版,第 664 页。

则情多于欲""中国则重情轻欲"。即使如此，钱穆也没有否认"情""欲"二者之间关系的复杂性，认为事实上"情中必有欲，欲中亦必有情"。确定如此，"情"与"欲"关系密切，有时难分彼此，也正因为如此，所以后来经常将二者固化为"情欲"一词。这不是最重要的，重要的还是要揭示二者的不同，在他看来，"情"与"欲"经常在日常生活中是对立的，要想获得"情之纯"，必须"欲自淡"，或者说，只有欲望淡了，情感才能纯粹。钱穆的这一看法还是基于他对"欲"的狭义理解，将"欲"仅视为物欲、利欲，没有将人的正常生理欲望放于其中。

(三)"人文之理超于欲外，事理物理随欲之后"

前文分析的"对物则欲多于情，对人则情多于欲"，是从人与物关系的角度探讨"情"与"欲"的关系，接下来，进一步从文化类型角度将"理"分作"人文之理"与"事理物理"，然后在此基础上探讨"欲"与"情"的关系。

> 尝试论之，古今人类凡奉以为制行之标的者，不外四宗。一曰天，二曰世，三曰物，四曰心。荀韩皆世宗也。在上者制礼作法，以临制其下，使在下者不敢各展其欲以乱群，斯乃籍了群以各遂其欲者。庄老则欲解散群体，谓使人不得恣其性而遂其欲者，皆群体之为害。故必离群而造于独，以使人遂其性焉。然亦必因顺乎天地万物自然之大理，而自节适其欲。而后我之性得以全，欲得以遂，此以谓之物宗也。斯二者，其主有群与无群异，其或主节欲，或主遂欲，亦各不同。然其所以为节为遂者，则皆因应乎其外，不主内心有理以为欲之主。此则二宗之所同。宗天者，推本上帝，信神道。凡上帝之所欲，我始欲之。上帝所不欲，则人斯舍其欲而不敢存。故曰天宗。心宗者，可欲不可欲，一判诸其心，而不论乎其外。凡信教者皆宗天，崇法者皆宗世，考寻物理者皆宗自然（物）。唯主张人伦道德者则宗心，宗心者所率循亦曰理。此所谓理，乃超欲外。

欲之无当于理者不存。故理以调欲克欲，而与欲抗，不以随欲而为欲使。信教者以天与欲抗。谢灵运所谓教理之争，则争其所以克欲调欲者，为外本之天乎，抑内本之心乎，亦如世宗物宗之争所以遂欲，亦争其就群以求遂，抑离群而求遂之二途而已耳。①

在论述开始，钱穆先从人类的"奉以为制行之标的"的"四宗"入手。他认为，中国历史上的荀子、韩非主张"制礼作法"，用群体的力量来节制人的欲望，属于"世宗"。庄子、老子主张"解散群体"以使"性得以全，欲得以遂"，他们都将管理欲望的力量放于外物，属于"物宗"。宗教将欲望的来源、管理都归本于"上帝"，属于"天宗"。只有"主张人伦道德者"，才属于"心宗"。无论"世宗""物宗""天宗"，都将管理人类欲望的着力点放于外界，所秉之理是"事理物理"；只有"心宗"将着力点放在人的自身，所秉之理是"道理情理"。那么二者又有什么不同吗？

理有超于欲外者，有随于欲后者。随于欲后，俗谓之物理事理。超于欲外，俗谓之道理情理。若专据物理事理言，则宇宙间事事物物尽在理，宇宙间不能有不合理之事物。凡一事一物之呈现存在于天地间者，必各有其所以呈现与存在之理。故曰无一事一物而非理。然此但指事理物理言则然。……所谓人文之理，即俗所谓之情理与道理，非指物理事理。人文之理与物理事理之分别何在？曰人文之理超于欲之外，事理物理随于欲之后。②

---

① 钱穆：《十四　禅宗与理学》，载《中国学术思想史论丛》（四），生活·读书·新知三联书店2009年版，第268—269页。
② 钱穆：《十四　禅宗与理学》，载《中国学术思想史论丛》（四），生活·读书·新知三联书店2009年版，第264页。

"物理事理"是"随于欲后",即在欲望产生之后才出现的理;"道理情理"是"超于欲外",是能凌驾于欲望之上的理,即"人文之理"。也可以说,"物理事理"所信在外,"道理情理"所信在内。

天理取与人欲对,上本《乐记》灭天理而穷人欲之语来。宋儒常引此言,则宋儒所谓之天理乃超欲而为之主,绝非随欲而为之使者显然矣。故明道《识仁》篇有曰:"学者识得此理,以诚敬存之而已。理有未得,故须穷索。存久自明,安待穷索。"盖宋儒宗旨,既不如荀卿之主性恶,又不如韩非之尚刑法,复不如老庄之主坏植散群,一任自然,又不愿如释氏之宗仰教义,信于外力,则其标宗立极,必主有一超于欲外而为欲主之理,而此理又为我之心所得而自悟。而后人道始得其纲纪,乃可以善群而淑世也。然程朱言理,亦常涉及事理物理,则近庄老荀韩,唯乃以事理物理会纳之于天理,绝非随欲而资欲使之理,而乃人之内心所能体贴之理,终是超于欲者。故宋儒言理,实是孔孟心宗。①

从上引文字不难看出,"人文之理超于欲之外",就是"天理乃超欲而为之主",也就是说,可以"以理制欲",而这样的理又是"为我之心所得而自悟",所以,主"人文之理"者必属"心宗"。以人心自有之理来克制人欲,可以做到"和会调协乎其群"。

苟不主解散人群,则必有人文之理以和会调协乎其群。此人文之理,不仅以遂欲,亦将以克欲。其达乎究极,必知理乃超乎欲之外,而非尽皆随乎欲之后。孔孟主人心自有此理,故待人心之自悟。荀韩主人心不能有此理,故必待圣王之制礼作法以强人之从而服。释氏不如孔孟之期人悟,亦不如荀韩之强

---

① 钱穆:《十四 禅宗与理学》,载《中国学术思想史论丛》(四),生活·读书·新知三联书店2009年版,第269—270页。

> 人服，唯求起人信而教之脩。故以释氏比荀韩，毋宁释氏于孔孟为近。何者，荀韩束其外，释氏固已诱其内也。唯释氏主于起信，信心固属内，而所信犹属外。孔孟主于觉，即后人所谓悟，觉悟心属内，而所觉所悟亦在内。此超欲之理，本吾心所自有，则属内不属外也。何以吾心自有此超欲之理，此亦天地之自然。人心有此理，亦属人之性。性即自然也。①

也就是说，在钱穆看来，只有"人文之理"，即"道理情理"，才能"不仅以遂欲，亦将以克欲"，也就是不仅满足人的合理欲望，还能克制人的不合理欲望。换句话说，这里面体现的"情""欲"关系是：必须依赖于"人情"，方能有"人文之理"；也只有"人文之理"，才是"超欲之理"，方能更好地管理"人欲"。

（四）"向前型"人生重欲，"向后型"人生重情

接下来，我们可以在前文论述的基础上，继续分析钱穆基于情欲观对中西文化类型的判定。

> 人生有"偏向前"（多希望未来）和"偏向后"（重记忆过去）之两型。向后型的特征，最显著的是爱好历史。历史全是人生过往之记录。向前型的人，对此不耐烦，他们急要向前，急要闯向未来不可知之域，他们不要现实，要理想。重历史的人，只从现实中建立理想，急向未来的，则要建立了理想来改造现实。②

在钱穆看来，人生类型无外乎两种：，一种"偏向前"，一种"偏向后"。钱穆对比两种人生的不同，认为"向后型"人生最显著的特点是"爱好历史"，重视"从现实中建立理想"，脚踏实地；

---

① 钱穆：《十四 禅宗与理学》，载《中国学术思想史论丛》（四），生活·读书·新知三联书店2009年版，第285页。

② 钱穆：《三 情与欲》，载《湖上闲思录》，生活·读书·新知三联书店2005年版，第11页。

"向前型"人生的最显著特点是不注重历史和现实,只要是理想,着急想要向前去,着急想要闯进未来的不可知的领域,整体上就是要先建立理想,再来依照理想改造现实。进一步分析,"向前型"人生和"向后型"人生也体现了或重"欲"或重"情"的区别。在钱穆看来,喜欢奔向未来的人重欲,喜欢留恋过去的人重情;不惜牺牲过去也要满足未来的人重欲,宁愿牺牲未来也要迁就过去的是重情。

  中国人观念,重情不重欲。①
  向后型的文化展演也会有宗教,但也和向前型的不同。向前型的注重希望,注重祈求;向后型的注重回念,注重报答。中国宗教也和中国文学般,在中国人观念里仍可说是情胜于欲的。是报恩重于求福的。向前型的不满现状,向前追求,因此感到上帝仍还在他之前,而他回顾人生,却不免要自感其渺小而且可厌了,因此才发展成"性恶论"。向后型的人,对已往现实表示满足,好像上帝已赋予我以一切了。我只该感恩图报,只求尽其在我,似乎我再不该向上帝别有期求了。如是却使人生自我地位提高,于是发展出"性善论"。我们也可说,前者的上帝是超越的,而后者的上帝则转成内在的。②

在钱穆看来,因为一意向前,所以"向前型"人生"注重希望,注重祈求",是"欲胜于情"的;因为喜欢回看,所以"向后型"人生"注重回念,注重报答",是"情胜于欲"的。而且进一步分析,"向前型"人生总是既不满现状,也不满过往,回顾人生时"不免要自感其渺小而且可厌",才发展了"性恶论";"向后型"人生"对已往现实表示满足",所以总是报着"感恩图报"的心情,

---

  ① 钱穆:《三　情与欲》,载《湖上闲思录》,生活·读书·新知三联书店2005年版,第13页。
  ② 钱穆:《三　情与欲》,载《湖上闲思录》,生活·读书·新知三联书店2005年版,第14页。

力求尽己之力使人生达到圆满,就发展出"性善论"。中国的文化,恰恰就属于"向后型",因此重视历史,使得历史学非常发达。西方的文化则大体属于"向前型"的文化。刚才说过,"向后型"的文化"情胜于欲","向前型"的文化"欲胜于情",这就在文化学的层次上,钱穆实现了他"重情轻欲"的论证。

三 钱穆"情""欲"之辨的特点

通过以上分析不难看出,钱穆的情欲之辨既有传承性也有创新性。传承性体现在他是基于中国传统关于心性的论述对"情"与"欲"的关系加以分析探讨的,无论是他对"欲"含义的理解,还是对"欲"的来源的分析,甚至是"情""理""欲"关系的理解,都有"照着讲"的一面。创新性,体现在钱穆主要是从文化层面而非本体论层面分析"情"与"欲"的关系,他对二者关系的分析是服务于他中西文化对抗的学术初衷的。具体说来体现在他认为"欲"主要是对"物",体现的是"向前型"文化;"情"主要是对"人",体现的是"向后型"文化。前者恰恰符合钱穆眼中的西方文化的特点,而后者正是中国文化。所以,钱穆在"情""欲"的问题上的处理思路,一如他在"历史心与文化心"上的处理思路,将本体论问题转换为文化论问题,使得单纯的学术探讨变成富于浓烈的民族情怀。

单纯从学术角度来讲,钱穆论"欲"与宋明理学论"欲"有相同处也有不同处。相同处在于都在"度"作为"性"(理)与"欲"的分界点;不同处在于钱穆一反宋明理学家将性"情""理"欲对举的做法,他仅侧重于"情"与"欲"的区别。在他眼中,"欲"是"人欲""物欲""利欲",是要不得的;"情"则为"人情",是"理",是"道",是必不可少的。那"欲"与"情"的含义到底是什么呢?在他看来,"欲"是对外在事物的一种过分追求,是一意向前的;"情"是什么?"情"对已拥有之人的一种留恋不舍,是一意向后的。

钱穆情欲观的意义，体现在可以通过对"情"的论述回归儒家大传统，通过"情""欲"对举解决宋明理学遗留的学术问题，通过重视"情"来回归历史文化传统，对抗西学，从而彰显民族精神，弘扬民族文化，借以复兴中国。

钱穆的情欲观也有理论困境，体现在钱穆在进行学术创新的同时，也在背离传统。一者他关于"情"与"欲"的论述，发前人之所未发，不仅孔孟不曾这样表述，而且程朱陆王也没有这样的表述。二者是他转换了话题。宋明理学论"欲"的时候，是在超"度"的情况下定义"欲"，本是哲学问题，本体论问题，但钱穆转换到文化问题上，在经验层面探讨"情"与"欲"的差别。在这个意义上说，似乎钱穆探讨了很多关于"情"与"欲"的问题，但他依然没有在宋明理学家思路上解决二者的关系。钱穆虽然有提及，但最终也没有解决"情"与"欲"关系如何密切的问题：是情中有欲，还是欲中有情？或者情欲混为一体，难分彼此？

在笔者看来，广义的"情"中是有"欲"的，"情"既有物质指向，又有精神指向。但是，狭义的"情"偏于精神指向，体现的是主体与客体相接后的一种感应以及感应的累积状态，有时也是"欲"的累积状态。主体对客体的感应持续得越久，其回望性也越强，其"情"也就越深。也可以说，在理论上，"情"可以只是主体行为，与客体在现实关系上无涉。

"欲"也有广义和狭义之分。广义的"欲"也是包含"情"的，既有物质指向又有精神指向。狭义的"欲"偏于物质指向，体现了主体间性，是在"情"的基础上，明确显示主体与客体想要在现实层面有涉的一种状态，有鲜明的向前趋向，而且主体与客体发生关系的念头越受阻，则"欲"的强度也越大。

进一步说，"欲"是"情"的基础，"情"靠"欲"来发动；"欲"偏物质，重获取；"情"偏精神，重付出。"情"的达成途径有很多，"欲"的累积只是其中的一种。"情"与"欲"在程度上也有叠加的可能，都有合乎和背离"理"（现实规则）的趋向。合乎和背离"理"的程度越高，二者同一的程度也越高。在现实中，"情"与"欲"都是经常变动不居的，二者也经常混在一起难分彼此。也正因如此，处理"情""欲"问题的难度大于处理"情"与"理"、"理"与"欲"的难度。于是，文明社会中也就出现了将"情"与"欲"分离的趋向。

> 人的原欲在文明的规约和导引中蒸发为爱，爱而生情，情又净化着人的原欲，由粗鄙转为优美。人生备尝爱欲之甘苦，上演了无数的悲剧和喜剧。情与欲的分离，也划出了人与兽的区别。①

而将"情"与"欲"对立起来产生的直接后果，就是导致人的正常生理状态的变异。

> 情与欲的对立，使欲处在一种社会理性的抑制和规约的状态，在各种文化因子的挤压下，不仅使欲，也使情产生一种非常态的变异。②

这也从一个侧面提示我们：钱穆对"情""欲"问题的关注与研究既有重要的学术意义，也有着重要的现实意义。谭唯作了如下总结。

> 钱穆论"情"是中国传统哲学现代阐释比较成功的一个范例。③

可惜的是钱穆虽然提出了一系列新的见解，但并没有很好地解决这一问题。

---

① 蔡翔：《情与欲的对立——当代小说中的精神文化现象》，《文学评论》1988年第4期。
② 蔡翔：《情与欲的对立——当代小说中的精神文化现象》，《文学评论》1988年第4期。
③ 谭唯：《儒家哲学核心范畴的现代阐释——以钱穆在"知情意"框架下论"情"为例》，《中国文化研究》2021年（春之卷）。

第三节 "情"在钱穆心性之学中
具有核心地位的缘由

可以这样说,"情"在钱穆的心性之学中居于重要的核心地位,钱穆的"历史心与文化心"范畴,也是基于"情"来立论的。接下来就有一个问题,为什么钱穆这样看重"情",而不是如宋明理学一般看重"理"呢?钱穆也知道很多人不看好"情",对"情"是持"不放心"的态度的。

> 但无论古今中外的思想家,似乎都对人心抱有或多或少或轻或重的一种不放心态度。尤其对于情感,似乎更多不放心,而有些则竟抱有重大的不放心。①

接下来,我们就着手分析钱穆重视"情"的深层原因。

一 "天理即在人情"

其实,钱穆的思想是"接着"宋明理学家讲的,尤其是"接着"朱子讲的。因此,他既讲"天理",也重视"天理"。随着时代形势的变化,钱穆的学术话语也在发生变化。钱穆生活的时代,"科学""理性"已经成为热门话题,"科学"与"人文"之争已成为那个时代的重要关注。在这种情况下,钱穆站在民族文化的立场上,以"人文"对抗"科学",也就是以"人情"对抗"理性"。因此,他的学术重点及表述重点,也就从"理"转向了"情"。虽然钱穆常言"人情",但依然没有忽视"天理",而是接着宋明理学从本体论角度讲"天理"与"人情"的关系。

---

① 钱穆:《心与性情与好恶》,载《中国学术思想史论丛》(二),生活·读书·新知三联书店2009年版,第89页。

情对外而发，欲为己而有。人之斗争对象当在己，即其欲。中国人谓之天人交战。人欲亦人生中一部分，天理乃人生之总体。情发中节即为理，故中国人常言合情合理，又称天理人情。①

只不过，宋明理学的重点在"天理"，而钱穆的重点在"人情"。在钱穆看来，"人情"是"天理"的前提，没有"人情"，就无从谈"天理"。

人生最先其心就只是一情感，此是人生之本源。中国人看法，天理即在人情。人而无情，此外便无可讲。②

这里，钱穆又在生物学意义上谈人生最初的状态。他认为，"天理"是后起的，人生最初时只有情感，因此，只有情感才是"人生之本源"。不难看出，钱穆还是反复强调"人情"对"天理"的前提与基础性作用，认为没有"人情"就没有"天理"，"天理"其实说的还是"人情"。

二 情感"在人生界之重要，乃更甚于理智"

从"人情"与"天理"的关系角度讲，"人情"是前提与基础，没有"人情"就没有"天理"，这是"接着"宋明理学讲的，只不过侧重点发生了变化。接下来，钱穆又基于中西文化的对比，来凸显"情感"优于"理智"之处。

西方人重知，中国人重情。③

---

① 钱穆：《一 整体与部分》，载《晚学盲言》，生活·读书·新知三联书店2014年版，第26页。
② 钱穆：《五四 己与道》，载《晚学盲言》，生活·读书·新知三联书店2014年版，第685页。
③ 钱穆：《七一 知与情》，载《晚学盲言》，生活·读书·新知三联书店2014年版，第884页。

> 西方人重知，重空间。中国人重情，重时间。西方人重扩张，中国人重绵延。①

在钱穆看来，中西方文化有很大的差异。前文提到，钱穆认为西方人"重物"，中国人"重人"。在此，钱穆又继续分析：西方人"重知"，中国人"重情"；西方人"重空间"，中国人"重时间"。什么意思呢？实质上，这里的分析与前文的分析是有关联的。"重物"，必须重视向外征服，向外征服必然重视在空间上的获取，而要想在空间上获取令人满意的结果，就必须重视拥有相关的科学知识与科学手段，因此，沿着这样一个思路，就引出了西方文化"重知"的特点。中国则不同，"重人"，就意味着必然重视人与人的关系，重视人与人的和谐相处之道即人文之道，而人文之道早在千百年来人与人心灵相通处体现出来，所以，就必须重视从历史时间的脉络上来获得这个人文之道，将人心与己心相通，而情感也就在这相通之处产生了，所以中国人是"重情"的。

认为情感的重要性甚于理智，这是有着传统学术渊源的。在钱穆看来，中国古人虽然主张"仁智兼尽"，但相比较而言，还是偏于"仁"的。钱穆继续在"仁"与"智"的对举中，凸显作为情感之一的"仁"的价值。

> 中国思想，尤其是儒家思想之最重要点，则在仁智兼尽。智属哲学范围，仁则不属于哲学范围。因智是理智，而仁则属于情感。尽可有主张以情感为重之哲学，而情感本身则不成为哲学。然情感纵非哲学，却不得谓非人生。毋宁谓其在人生界之重要，乃更甚于理智。②

---

① 钱穆：《七一 知与情》，载《晚学盲言》，生活·读书·新知三联书店2014年版，第890页。
② 钱穆：《中国思想史》，九州出版社2011年版，"自序"。

通常而言，钱穆是主张"仁智兼尽"的，他一贯认为中国思想尤其是儒家思想就是如此，也就是"仁"与"智"二者不可偏废。相比较而言，他又认为在具体的人生中，情感比理智更重要。为什么呢？在钱穆看来，与理智相比，情感是天赋的，是人心发展的基础，是人心的主要功能；理智是后起的，必须建立在情感之上，是人心的次要功能、辅助功能。所以，在人与人相处的过程中，真情的感通是最重要的，也只有懂得了这一点，才是拥有了"真知"。

> 人之相处，首贵直心由中，以真情相感通。①
> 中国重情，乃为对此人生有真知。②

三 "重情"就是珍视民族文化，传扬民族精神

将"重情"与民族文化传统相连，借弘扬"重情"传统来传扬民族精神，这是钱穆很有特色的一个做法。那钱穆到底是如何做的呢？我们先看别人的分析。

> 钱穆论"情"，也要面对"知情意"三分的现代语境。但他对此有着清醒地认知，他努力追求不使西方哲学思维干扰中国传统学术，不让纯抽象化的逻辑处理方式使中国传统学术能不脱离中国的"文史之学和历代治平实学"的大传统，导致中国学术失真。正是基于这样的前提性认知，故钱穆在阐释"情"这个范畴的时候，总是基于中国的"文史传统"，不脱离儒家的"性情"之学，同时也注意回应"知情意"三分范式下现代人对"情"的阐发，并随时指明在"西学中释"过程中可能发生的思想、精神误解，这体现了钱穆论"情"及其相关范畴时的

---

① 钱穆：《论语要略》，载《四书释义》，九州出版社2010年版，第55页。
② 钱穆：《七一 知与情》，载《晚学盲言》，生活·读书·新知三联书店2014年版，第884页。

基本立场与显著特点。①

谭唯的分析比较全面且切中要害。钱穆之所以一再强调情感的重要，重视人与人相处之间相处的"真理"，是有着现实原因的。他就是要基于中国固有的学术传统阐发中国传统学术思想，同时来回应现代的流行处理方式，并高屋建瓴地指点其中存在的问题，提示中国重人情文化的本质属性，对抗西方重物理事理文化对中国传统学术的误解。在钱穆看来，人文社会应运用人文之理，人文之理不是来自科学，而是来自人情。一个人如果没有了人情，把与人相关的一切都归入物理之中，那么人与动物就没有了区别。所以，中国从来没有"人理"这个词，只有"人情"。②

总而言之，钱穆"重情"一方面是基于对民族精神文化的传承与自身的体悟，另一方面是基于对西方科学文化的不满与对抗。

> 天地生人，大同而小异。异者在其身，同者在其心。异者在其欲，同者在其性。……欲偏对物，性偏于人。……情则在性与欲之间，故称性情，亦称情欲，又称天性人情物欲。……能使一己之欲向上流，乃见人情，乃见天道。天道即本于人之天性。自天性向下流，则有人情，又有物欲。故物欲亦在天性中，但非天性即尽在物欲中。③

> 由欲转情，乃是人类由自然人生转向到文化人生一大关键。……故欲是个人的，情是彼我群体共通的。人类由自然人进行文化人，比较上，欲日淡，情日深，此是人生一大进步。④

---

① 谭唯：《儒家哲学核心范畴的现代阐释——以钱穆在"知情意"框架下论"情"为例》，《中国文化研究》2021年（春之卷）。
② 参见钱穆《双溪独语》，九州出版社2011年版，第284页。
③ 钱穆：《略论中国教育学 三》，载《中国现代学术论衡》，生活·读书·新知三联书店2001年版，第182—183页。
④ 钱穆：《双溪独语》，九州出版社2011年版，第204页。

在钱穆看来，人与人是大同小异。"小异"体现在每个人都有与别人不同的身体、不同的欲望；"大同"体现在人和人的心是相通的、性是相近的。"欲"偏于对物，这是西方文化的主要特征；"性"偏于对人，这是中国文化的主要特征。"情"居于"性"与"欲"的中间，或者说"情"可以有向上与"性"接近，也可以向下与"欲"接近。如果"情"能接近"性"，那么，于"人情"中就可以见"天道"，发现彼我群体的共通之处；如果"情"接近"欲"，那么，于"人情"中可只见"物欲"，只重视个人的物质欲望。所以，必须努力"由欲转情"，也就是必须由重视西方物质文化，转回身来重视中国固有的精神文化、人情文化，方能由"情"见"道"。只有"欲日淡，情日深"，使得西方的物质文化对人文世界的影响越来越小，让中国的人情文化对人文化世界的影响越来越大，人生才有希望，有能进步。

四 "重情"就是"重道"

钱穆一直重视"于情见道"，认为"重情"就是"重道"。关于"重情"就是"重道"这一点，钱穆在著作中常有提及。他经常的做法是先将"理"与"道"进行对比，突出"道"的灵活性与灵动性。"理"，是先于事物而存在的，体现了唯一而不可变的特点。因此，我们不能创造"理"，只能发现"理"。换句话说，"理"就是可知的，早在那里，并且不会变化，等着我们去发现。"道"却不同。与"理"相比，"道"是由人的行动来完成的，所以，它不固定是什么样子，也不固定就在哪个地方，必须由人来靠行动创造，从这个意义上来说，"道"属不可知。① 要寻找"道"，必须经由"情"，由"人情"始见"人道"。

> 中国人所谓"道"，则必兼"情"，本于情，始见道。②

---

① 参见钱穆《中国思想通俗讲话》，九州出版社2011年版，第14页。
② 钱穆：《七一 知与情》，载《晚学盲言》，生活·读书·新知三联书店2014年版，第1311页。

第四章　钱穆的"情""欲"之辨

如前文所引胡宏和朱熹的比喻,"情"如"水之流""水之澜",认"道"、体"道"必须通过不断变化的"情"。"情"是什么?"情"就是"人心的好恶"。

> 若我们真看重人类现前的个体心,则自见现前个体心中,情感的成分,其比重会胜过理智与意志。其实此是亘古亘今而皆然的。而所谓情感,则主要便是人心的好恶。①

在钱穆看来,孔子之"仁"是"情",孟子之"恻隐之心"也是"情","情"从来都与"道"密切相关,无"情"由无以见"道",无以见人之为人的"仁道","仁道"就是"情道"。

> 仁者推己之好恶,而知他人之同有此好恶。以不背于他人之好恶者,而尽力以求满足其一己之好恶焉。以不背于其一己之好恶者,而尽力以求满足他人之好恶焉。究其极,人己两蒙其利。故仁者,人己之好恶两得之者也。故仁者,人我之见不敌其好恶之情者也。不仁者,好恶之情不敌其人我之见者也。后世之言仁者,不敢言好恶;不知无好恶,则其心麻痹而不仁矣。②

在钱穆看来,"推己之好恶"同于"人之好恶",如此便为"仁"。而"好恶"是什么?"好恶"即是"情"。可以说,这很好地体现了钱穆从"情"入手阐发"唯道论"的思路。关于这一点,罗义俊早有发现,在他看来,钱穆的"心"为生命意志,是能"开出新生机展出新宇宙的创造心",也是孟子和宋明理学诸儒说的"四端万善之心""道德本心",也就是天命之性、性善之性,是道德心性合一、天人合一之"道"。这样的"道"也正是"一

---

① 钱穆:《心与性情与好恶》,载《中国学术思想史论丛》(二),生活·读书·新知三联书店2009年版,第80页。

② 钱穆:《论语要略》,载《四书释义》,九州出版社2010年版,第57页。

天人、合内外之道",是天道也是人道,"即心即道,即心即天",体现了钱穆学术以心体中心主义的"唯道论"①。罗义俊的分析可谓切中要害,但是,他在此没有明确提出钱穆"情"的论中,"道"与"情"的关系。事实上,钱穆的"唯道论"是基于对情的认识加以阐发的。

认为"道始于情",这是有着深远的学术渊源的。郭店楚简《性自命出》中第一次明确表述了这句话。这句话高度凝炼了中国传统儒家对"道"与"情"关系的看法。当代学者李泽厚也对"道始于情"给予了极大的关注。

中国的"道"(天道)始于"情"。②

只是,同样认为"道始于情",钱穆由此走向了"唯道论",李泽厚由此走向了"情本体"。二人对"情"的重视,既体现了他们把偏离了儒学正统的中国学术思想回转到原始儒学的努力,也显示了他们以中国优秀传统思想文化解决现代人精神困境的尝试。因为说到底,重视"情"就是重视"人"。

人之有情乃为人类一大特点,而天地竟可无情。③

任何学问都具有时代性,是时代的核心矛盾引发了新的哲学思考。钱穆生活的时代是中国传统学术饱受西方学术冲击的时代,为了给自己民族的文化争得一席之地,钱穆总是会把整个中国文化视为整体,来与西方文化进行对比,从而阐发中国文化的独特价值,引起国内学人对自己民族文化的重视。

确实如此。钱穆曾在《师友杂忆》中提到自己小学时在果树学

---

① 罗义俊:《论钱穆与中国文化》,《史林》1996年第4期。
② 李泽厚:《李泽厚近年答问录》,天津社会科学院出版社2006年版,第225页。
③ 钱穆:《双溪独语》,九州出版社2011年版,第204页。

校的一段经历,他的体育老师钱伯圭曾对他说,《三国演义》一开篇就说天下合久必分、分久必合、一治一乱之类的话,这是中国历史走错了路,欧洲的英、法诸国就不是如此,他们是合了就不再分,治了就不再乱,所以我们应向他们学习。钱伯圭的话使钱穆受到了极大的震动。

> 东西文化孰得孰失,孰优孰劣,此一问题围困住近一百年来之全中国人,余之一生亦被困在此一问题内。而年方十龄,伯圭师即耳提面命,揭示此一问题,如巨雷轰顶,使余全心震撼。从此七十四年来,脑中所疑,心中所计,全属此一问题。余之用心,亦全在此一问题上。余之毕生从事学问,实皆伯圭师此一番话有以启之。①

钱穆一生以民族为本位,关心的都是东西文化孰得孰失,孰优孰劣的问题,虽然钱穆没有留过学,没有系统地学习过西方学术思想,但不代表钱穆没有世界视野。在治学上,钱穆总着力抉发中国文化的特性,以期达到为"故国招魂"的目的,由此,他终于得出了中国文化属于"唯道论"的判断。

---

① 钱穆:《八十忆双亲师友杂忆合刊》,(台北)联经出版事业股份有限公司1998年版,第36页。

第五章　钱穆心性之学体现的学术风格

钱穆一生重视心性之学，他概括中国传统学术是心性之学，其实，他本人的学术虽然博通四部，但说到底，也是心性之学。他不仅博览群书，全面阐释与弘扬中国传统各家各派的心性思想，而且立足现实，在古今中西思想文化的交汇中发展创新心性之学，使古老的心性之学在现时代又焕发出新的生机。但是，钱穆的心性之学研究所走的学术道路是别具一格的，是沿着中国传统的经史研究路径，再在中西文化的对比中，提出一系列新的学术命题与学术见解，这也体现出钱穆治学的独特风格。研究钱穆心性之学独特的治学风格，既有助于全面把握钱穆的学术特色，也有助于从一个新的角度"激活"中国传统心性思想，发展创新中国传统学术。

整体说来，钱穆心性之学体现的学术风格至少有三种：会通之学、万物一体思维和客观经验论。下面就一一展开论述。

第一节　"尚通学为通人"的会通之学

"会通"一词最早见于《周易》。《系辞上》说："圣人有以见天下之动，而观其会通，以行其典礼。"这里的"会通"，指阴阳的相遇交感，"会"即阴阳会合，"通"阴阳交感后阳变阴、阴变阳的循环交替的发展变化。

"会通"一词虽然最初为占卜用语，但不影响其逐渐发展成为更具普遍意义的学术语言。在学术发展的过程中，有时学者径直使用"通"字来表达"会通"之义。司马迁在《报任安书》中阐述自己写作《史记》的目的时那句著名的话"通古今之变，成一家之言"中的"通"，即"会通"之义，说的是会通古今。从那以后，"会通"就成为历代史家治史的核心追求与优良传统，也有很多史学家直接以"通"命名著作，如唐代刘知几的《史通》，唐代杜佑的《通典》，清代章学诚的《文史通义》。在《文史通义·释通》中，章学诚开篇即引用《周易》的"唯君子为能通天下之志"，将研习通史之人抬升到"君子"的高度。之后，他又集中论述了通史的优点："通史之修，其便有六：一曰免重复，二曰均类例，三曰便铨配，四曰平是非，五曰去牴牾，六曰详邻事。其长有二：一曰具剪裁，二曰立家法。"[①]

不仅史学领域注重会通，文学领域也注重会通。南朝梁的刘勰在《文心雕龙·物色》中说："古来辞人，异代接武，莫不参伍以相变，因革以为功，物色尽而情有余者，晓会通也。"将"会通"视为一个优秀作家的必备品质。"会通"也经常被视为一名朝廷命官的优秀品质，宋代叶适在《司农卿湖广总领詹公墓志铭》中说："公立朝，察消长，观会通，劝发善意，助达阳德。"不仅如此，"会通"还被视为一个读书人必备的能力，清代陆以湉在《冷庐杂识·为学之道》中即说："读古人书，就其篇中最胜处记之，久乃会通。"戊戌变法（1898）时期，会通思想更是成为理论武器，梁启超撰写《变法通议》宣传自己的变法思想。

可以说，追求"会通"、体现"会通"，是中国传统学术的一大优秀品质。钱穆是一位学贯古今的史学大家，"会通"也是钱穆一生的追求与其学术的突出风格。在钱穆的著作中，"通"是一个可以经

---

① （清）章学诚：《文史通义新编新注》，仓修良编注，商务印书馆2017年版，第237页。

常看到的词汇，钱穆开阔的学术视野也借助于"通"得以展现。

对于钱穆治学尚"通"的特点，很多学者曾从不同角度予以抉发。

> 钱宾四之为学，固然有融通四部之大目标。①
> 钱穆先生可能是将中国写历史的传统承前接后带到现代的首屈一指的大师。②

两位学者对钱穆的评价虽有相同或相近之处，但也不难看出他们各自的侧重点：黄仁宗侧重从治学的历时性、传承性上来肯定钱穆在学术史上具有的"承前接后"的重要作用，这也就相当于司马迁所说的"通古今之变"；刘梦溪侧重从治学的广泛上肯定了钱穆"融通四部"的博大气度，这也就相当于《中庸》中所谓的"致广大"。顾颉刚与钱穆有过很多交往，他非常了解钱穆的学术及为人，对钱穆有着很高的评价，认为钱穆"学识渊博，议论宏通"，其著作"缜密谨严，蜚声学圃"，并称钱穆为"今日国史界之第一人"。③

就此，可以说，钱穆学术上"通"的特点既体现在广度上，又体现在深度上，在广度上又涵盖了"纵"与"横"两个方面，具体而言就是纵向上的古今学问间的贯通、横向上的学科门类间的打通、义理思想内部的融会贯通，而这三个方面的特点在钱穆的思想体系中又是融通为一的。钱穆不仅在为学上尚通，在为人上也尚通，钱穆的会通之学可以集中体现为"尚通学为通人"六个字。钱穆在阐发心性之学时，总能全面梳理、综合运用相关史料，在此基础上挖掘、提炼核心思想与精神，做到既融汇古今，又高屋建瓴，借此总结历史经验、思想精华，把握学术发展的当前动向，预测学术发展

---

① 刘梦溪：《中国现代学术要略》，生活・读书・新知三联书店2008年版，第109页。
② 转引自陈勇《国学宗师钱穆》，北京大学出版社2007年版，"引言"。
③ 转引自陈勇《国学宗师钱穆》，"引言"。

的未来趋势。

接下来,笔者就具体从会通古今、会通中西、打通学科壁垒和追求通人之学四个方面展开论述。

一 会通古今

钱穆的心性之学会通古今这一特征,在前文的论述中已多有涉及。钱穆总能放眼整个中国学术思想史的大背景来畅谈自己的心性思想。他先从中华民族生存的地理环境入手,分析独特的民族性格与文化传统。在此基础上,打通古往今来各家各派的心性思想,分析提炼,以"历史心与文化心"这样体现会通思想的专门术语集中阐发自己对整个中国心性思想发展的理解。在具体分析心性之学的相关概念命题时,他不仅分析儒家,也分析了道家、佛家,甚至墨家、法家,这都体现了钱穆会通古今的学术努力。

对于会通的重要性,钱穆在自己的著作中多有表述,从20世纪30年代初他一人力任北大通史课程这一做法中就能体现出来。后来,他又在1937年出版的与梁启超同名的著作《中国近三百年学术史》中表述了通识的重要性。

> 古今文史著述,得跻于专门成家之流者盖不多,大率专门成家者必具别识,别识本于性真,其归会于大道,其用达于经世;其在风气,则常为辟而不为趋,其为抉择,则常于诚而不于名,此则所由以成家也。然专家既贵有别识,尤贵有通识。[①]

从上面的表述可以看出,钱穆是在不否定"别识"的前提下,来强调"通识"的重要性的。他的这一思想在心性之学研究中体现出来。下面这段文字很有代表性。

---

① 钱穆:《中国近三百年学术史》,九州出版社2011年版,第448页。

中庸言:"天命之谓性,率性之谓道。"儒家言人道,本之天性。性所表现曰心,曰情。而"心"统性情,尤为主要。故为学更重心。心有生命,有成长。心有学,为"道心"。心不学,为"人心"。"道心唯微,人心唯危。"故必存其道心使不亡,养其善性使日成;而后七情得中,而天下和。故存心养性,为中国儒家讲学主要一纲目。道家亦重心,故中国人为学,儒家外常兼采道家,佛家亦重心。而儒、释、道三家论修心工夫各不同。陆象山论学最主心。明代王阳明继之。陆、王之学,亦称"心学",均偏重存养。朱子则存养与格物穷理并重,始为内外交尽,心物并重,得儒家孔、孟之正传。《中庸》所谓"尊德性""道问学",惟朱子为得其全。①

在这段阐发朱子心性思想特点的文字中,钱穆集中国思想史上关于"心"的主要观点于一体,涉及《尚书》《孟子》《荀子》《礼记》《大学》《中庸》等古代典籍,又兼有二程、张载、陆王、王夫之等人的心性思想,同时旁涉道家、佛家关于性心的论述,鲜明地体现了钱穆心性之学重视会通的特点。具体说来,"儒家言人道,本之天性",这里既关涉儒家,也关涉道家庄子;"性所表现曰心",这一思想在《孟子》《荀子》《礼记》中都有体现(后来出土的郭店楚简《性自命出》更是明确地表述了这一思想);"而'心'统性情,尤为主要"一句,主要借鉴的是张载的思想(后来朱熹加以发扬光大);"故为学更重心",这是自孔孟以来所有儒家学者的共性学术特点;"心有生命,有成长",主要发扬的是王夫之"性日生日成"的观念;强调学与不学的区别,这来自孔子;将心分作"道心""人心",这来自《尚书》;养性、七情、尚中和,这与《孟子》《荀子》《中庸》都有渊源;"偏重存养"说是陆九渊、王阳明的

---

① 钱穆:《近思录随劄 上》,载《宋代理学三学随劄》,九州出版社2011年版,第223页。

"心学"一派；"存养与格物穷理并重"说是的朱熹。由此看来，钱穆对心性之学的阐发真的是追求并且体现了会通。从这种会通中，也不难看出钱穆儒学观的开放性。对钱穆这种开放的儒学观，其弟子戴景贤的表述为"宽松"的儒学观。

> 所谓钱先生之儒学观乃以一比较宽松，且系变动的方式定义，约有两层主要特征。其一为打破自来严格区划之儒、道分野观念，此项打破后之观念，即是认为：儒家与道家中之庄子于人生义理上不唯有可相通，且系一体之两面，庄子之学最初亦自孔子于《论语》中所表现之精神来，……钱先生对于儒家根本性质之讨论，毋宁为一种"学术"式的……此为第二层。而钱先生晚年所以于所著《朱子新学案》中，极力提高朱子（熹）（1130—1200年）于学术史上之地位，谓朱子系集孔子以后中国学术之大成者，着眼亦即在是。①

钱穆一生信奉儒家的心性之学，以儒家为中国传统文化之主干，按理说他只需传承发展儒家的心性之学即可，为何要持"宽松"的儒学观，将很多非儒学的东西纳入儒学中来？这就与他为学的初衷有关。

> 何以转移挽回此心？主要则在发扬中国之心理学，重加阐申。好在此心已传递四五千年，又非悬空立论，各有实事实物作为证据。如研究艺术，观一剧，唱一歌，绘一画，临一帖，赏玩一古器物，皆可重获吾心，如游子之返其家，其安其乐，有不期而自至。其次则治文学，一诗一词，一曲一文，反复朗诵，吾心如即在其内。再次则读史读经，以及百家集部，乃无不可反己以自晤吾心。即如释家佛典，中国人心亦多有在其内

---

① 戴景贤：《钱穆》，载王寿南《中国历代思想家·现代》（三），九州出版社2011年版，第224—225页。

者。得一门而入，斯吾心亦当如久别老友之重逢矣。①

从上引文字不难看出，他是要以中国传统的心性之学救人救世，扭转世道人心。正因如此，他不仅儒、释、道各家心性思想精华会通，还将几千年来以各种形式存在的传统学术思想加以会通，力图借以阐发大道、服务现实。

二 会通中西

钱穆心性之学会通中西的特点在前文也有提及。钱穆在《现代中国学术论衡》中有两个方面集中探讨中国心理学特点的文章，其中有大量的中西心理学的对比文字，很好地体现了他在心性之学上的会通中西的特点。

首先，钱穆"心"与"物"的角度，区别中西心理学的不同。

> 中国人言心，则既不在脑部，亦不在头部，乃指全身生活之和合会通处，乃一抽象名词。又人心必通于外以为心，非可脱离外面分别独立为心。西方主"心通物"，中国则更主"心通心"。②
>
> 中国人言心，则与西方大异。西方心理学属于自然科学，而中国心理学则属人文科学。③

说中国人的"心"不在脑部也不在头部，不是具体所指，而是抽象名词，这显然是在了解了西方自然科学关于"心"的研究之后进行对比才有的结论。钱穆不仅研究了西方的自然科学，还研究了西方文化的特点。

---

① 钱穆：《略论中国心理学 一》，载《现代中国学术论衡》，生活·读书·新知三联书店2001年版，第72—73页。
② 钱穆：《略论中国心理学 一》，载《现代中国学术论衡》，生活·读书·新知三联书店2001年版，第66页。
③ 钱穆：《略论中国心理学 一》，载《现代中国学术论衡》，生活·读书·新知三联书店2001年版，第67页。

第五章 钱穆心性之学体现的学术风格

> 故今日世界主要仍为一人与物相交之自然世界，其次始为一人与人相交之人文世界。而其心则毋宁群以第一世界为重，第二世界为轻，此实今日世界之真情实况，而其本源则从西方文化来，国人亦竞相趋附。固有传统，则置不再问。此亦以人心为其主要之关捩。①

在钱穆看来，"今日世界"以"自然世界"为第一世界，以"人文世界"为第二世界，这一"真情实况"，就是源自西方的文化传统。西方的文化传统与中国的文化传统显然不同，一重空间，一重时间。

> 中国人言喜、怒、哀、乐，则从心上来讲究，而又兼及"发"与"未发"问题，则更见与西方思想之大不同处。西方思想侧重在空间。……中国则时间属天，空间属地，时间观更重于空间观。发与未发，即在时间观上生出分别，但亦兼寓有空间内外之分别。②

其次，重空间与重时间的不同，也就体现了重心还是重物的不同。进一步从哲学角度分析，中西方心理学之不同，还体现了"体用"观的差异。

> 自"体用"观念言，西方人则可谓主身是体，心是用，用不能离于体。中国人则由用始有体，离用则体说不可见。……故用在先，体在后。③

---

① 钱穆：《略论中国心理学 一》，载《现代中国学术论衡》，生活·读书·新知三联书店2001年版，第72页。
② 钱穆：《略论中国心理学 一》，载《现代中国学术论衡》，生活·读书·新知三联书店2001年版，第74页。
③ 钱穆：《略论中国心理学 一》，载《现代中国学术论衡》，生活·读书·新知三联书店2001年版，第77页。

中国人是由用见体，认为用先体后，"由用始有体，离用则体不可见"；西方人由体见用，认为体先用后。

> 依中国人观念，心身一体，即心物一体。但此中国人之所谓"心"，西方人亦不能尽加以抹杀，于是遂于"心"与"物"又加以分别。在西方哲学中，乃有"唯心论"与"唯物论"。实则西方哲学唯心论之"心"，与西方心理学之"心"，显已有不同。而中国则断无唯心、唯物之分。①

> 中国人言道，必曰"大道"。言德，又曰"同德"。其"大"其"同"，则胥于己之一心日常体验得之，不烦外求。大之至，同之极，则达于一天人，合内外，亦胥验之于日常之一心。此心实兼知识与行为而一之，亦兼天地万物而一之。宁有知行而不涉于外者？然知行必内本于一心。此心何自来，则来自外，来自天，亦可谓来自自然，而可操于一己之内在。此可谓乃此心之"全体大用"，而众物之表里精粗亦无逃于此矣。故"大道""同德"，尽在此心，亦称曰"常心"，或"日常心"。一日一刹那，乃至千万世之心，此体恒常而无变。西方人则知行分，心物分，内外分，每专据一事一物之知以为推。互不相通，则启争。②

最后，中西双方体用观的差异，集中体现为有无唯物唯心之别上。在钱穆看来，西方有"唯心论"与"唯物论"之别，因其将心物二分；中国则视"心身一体""心物一体"，因此"断无唯心、唯物之分"。西方人不仅心物二分，还将知行二分、内外二分，因此喜欢"专据一事一物之知以为推"，这样做的后果必然是"互不相通，

---

① 钱穆：《略论中国心理学 二》，载《现代中国学术论衡》，生活·读书·新知三联书店2001年版，第82页。
② 钱穆：《略论中国心理学 一》，载《现代中国学术论衡》，生活·读书·新知三联书店2001年版，第93页。

则启争";中国人不同,中国人将知行视为一体,内外视为一体,追求"一天人,合内外",于是求得"大道"。

如果不是深入研究了中西文化的特性,如何会有这样的真知灼见?

三 打通学科壁垒

钱穆会通之学的第三个特点可以概括为"打通学科壁垒"。"学科"一词是近代学术语言,是近代学术发展精细化、专门化的产物。但是,在钱穆看来,这样一种学科分科是有着很多问题的。

> 似乎西方传统偏重"专业",而中国则尚"通学"。①
> 中国人观念则不同,真理必具共同性,不能谓我得于此,而他人绝无得于彼。②

在钱穆那里,"打通学科壁垒"主要体现为将中国传统学术的四部之学视为一体,用"心性之学"将其贯通;将现代学术中的宗教、科学、哲学、文学、艺术、教育等学科之间用"心理学"打通。

> 要之,如宗教,如科学,如哲学,其间莫不寓有心理学问题。则诚如朱子所言,当"即凡天下之物而格,而后众物之表里精粗无不到,吾心之全体大用无不明"。至少此亦是朱子个人一番心理学。凡治心理学者,宜亦有以善阐之。而凡治宗教信仰而治哲学科学者,亦所不当忽。③

---

① 钱穆:《中国学术特性》,载《中国学术通义》,九州出版社2011年版,第181页。
② 钱穆:《中国学术特性》,载《中国学术通义》,九州出版社2011年版,第198页。
③ 钱穆:《略论中国心理学 二》,载《现代中国学术论衡》,生活·读书·新知三联书店2001年版,第97页。

在钱穆看来，无论是宗教、哲学、科学，都与"心理学"有莫大关系。因此，"治心理学者，宜亦有以善阐之"，即不能受学科分类的限制，必须视野开阔，广泛涉猎，无所不通，"即凡天下之物而格，而后众物之表里精粗无不到"，方能达到朱子所谓的"吾心之全体大用无不明"，即"豁然贯通"的境界。

钱穆自己研究心性之学时也是这样的。前文说过，在阐发中国传统学术特性时，钱穆将四部之学视为一个整体，认为经学即心学、史学即心学、子学即心学，就连集学也是心学，把经史子集方方面面都囊括于心，这样宏大的学术视野让人叹为观止。国际汉学家杨联陞在读过钱穆的《朱子新学案》后，曾言：

> 钱先生的中国学术思想史研究博大精深，并世无人能出其右。①

朱子被称为是百科全书式的思想家，朱子学自产生之日起就号称难治，一是因为深度，二是因为广度。因为"广"，所以难得其"全"；因为"深"，所以难得其"真"。而"深"和"真"又必须以"广"和"全"为前提。所以，在未能得"广"和"全"的情况下就对朱子学进行研究，自然也就产生了钱穆所谓的"群言淆乱，所争益微，剖解益难"的状况。真正想要从广度上得朱子学之全，又非学力一般的学者能做到。在这一点上，兼通四部的钱穆治朱子学，自然就有得天独厚之处。关于这一点，陈来曾在分析了"新学案"对于朱子学研究界的意义。

> 我以为，《朱子新学案》是现有的一个最好最全的思想资料编汇，这是因为，从选汇朱子思想资料的方面说，钱先生的优势是其他任何个人难于相比的。现代人做学问免不了"专业化"

---

① 转引自陈勇《国学宗师钱穆》，北京大学出版社2007年版，"引言"。

的局限,而像钱先生等老一辈学者多兼通文史哲,于传统所谓"学术"的范围有相当周全的把握,现代专业化的学者只有通过集体合作来弥补个体专业化的不足。……由于在这方面,在对古代化经典、中国古代历史、宋明清理学发展源流脉络方面的了解以及此形成的学识和眼力上,钱先生皆可谓拔出众人之上……天假钱先生之手而成此书也。①

的确如此,真的可以说是"天假钱先生之手而成此书",钱穆的学识与眼力,在选汇朱子思想资料方面独具优势,因为朱子是经、史、子、集无不精通,钱穆也是学贯四部。在钱穆逝世之际,他的弟子逯耀东由衷的惋惜,生动地说明了他的四部之学对整个学术史的意义。

> 宾四先生们逝世时,……我绕室而行,口中喃喃:"绝了,绝了,四部之学从此绝了!"……经史子集四部,是治学的四个门径,入门之后,触类旁通,最后融而为一。但今后还有谁能融而为一呢!②

这也从一个侧面展现了钱穆会通之学的学术价值。

四 追求"通人"之学

在本章开始就已指出,钱穆的会通之学可以用六个字加以概括,即"尚通学为通人",如果说上述前三点是侧重于"尚通学"的话,那么第四点主要分析他的"为通人"。那么,"通学"与"通人"的含义是什么?二者的关系又是如此呢?这是我们首先要解决的问题。

---

① 陈来:《此亦一述朱,彼亦一述朱》,《读书》1989 年第 9 期。
② 逯耀东:《夫子百年——钱穆与香港的中国文化传承》,选自李振声编《钱穆印象》,学林出版社 1997 年版,第 124 页。

在钱穆看来,"通学"与"专业"相对,是"人人应该,亦属人人可能之学问"①,是"由实践起,而仍归宿到实践"②的学问,这样的学问"乃一日常人生之共同通道,故名之曰通学"③。具体来说,"孔门有德行、言语、政事、文学四科,此乃言孔六通学之内容"④。"孔门之教,主要在教人以'为人之道'。为人之道必相通,故谓此种学问为通学。"⑤那么什么又是"通人"呢?在钱穆看来,只有"具有通学"之人,方能称得上是"通人"。

> 人类之真主宰,仍必属于人。而厥为人类中具有通学之通人。通人所必备之德性曰"仁",通常所追求之主要目标曰"道"。⑥

"通人"是建立在"通学"的基础上,要想成为这样的人,必须通人生之共同学问,必须通"为人之道"即"仁"道。那么为何要成为尚通学的通人呢?"为通人"对人生而言有诸多好处。只有"为通人",才可以通"人类之大心",获得"人生之大道"。

> 故人类之心相通,不仅能通人己彼我,亦能通过去、现在、未来。于是此人生乃能贯彻通透于时间,广大无际,悠久无疆,而融通和合为体。惟此乃为人生之大全体。人之躯体,则限于六尺,止于百年。惟心灵,乃可展演出人生之大全体。由一人而至一群,由一世而至万世。此心乃为人类之大心,此道乃为人生之大道。⑦

"人生之大道"必须在人与人心灵相通之处方能获得,因此,必

---

① 钱穆:《中国学术特性》,载《中国学术通义》,九州出版社2011年版,第181页。
② 钱穆:《中国学术特性》,载《中国学术通义》,九州出版社2011年版,第182页。
③ 钱穆:《中国学术特性》,载《中国学术通义》,九州出版社2011年版,第182页。
④ 钱穆:《中国学术特性》,载《中国学术通义》,九州出版社2011年版,第182页。
⑤ 钱穆:《中国学术特性》,载《中国学术通义》,九州出版社2011年版,第183页。
⑥ 钱穆:《中国学术特性》,载《中国学术通义》,九州出版社2011年版,第196页。
⑦ 钱穆:《日译本孔子传序》,载《孔子与论语》,九州出版社2010年版,第417页。

须让人生"贯彻通透于时间",也只有获得了"人生之大道",从个人的人生来讲,也才能"多福"。

> 故人生多福在能"通人我"。……中国人之人生哲学主要在此,其心理学主要亦在此,此即《大学》所谓"在明明德,在亲民"也。故中国人之言心,乃一大自由,大作用,而身则仅为其一工具。①

那么如何做才能成为"通人"呢?接下来,钱穆就开始指点为学路径。

> 中国文学善于写人,故一部良史,同时必是一部好文学。不通人生,则无以读中国之文史。能通文史,始乃得为中国之通人。秦汉以下中国之学,即谓之乃文史之学,亦无不可。而司马迁之大功不可没矣。②

首先,要想成为"通人",必得"能通文史",中国自古以来就是"文史之学"只有"能通文史""始乃得为中国之通人",这是路径之一。其次,要想成为"通人",还必须"尊德性"与"道问学"兼顾,既能"致广大",又能"尽精微",不能有所偏重。南宋朱子正因为能做到这一点,集理学甚至儒学之大成,所以钱穆极力推崇朱子之学。

> 但自南宋朱子起,而理学之风又大变。北宋理学,可谓偏重"尊德性",而朱子济之以"道问学"。北宋理学可谓是"尽精微",而朱子济之以"致广大"。北宋理学可谓是"极高明",

---

① 钱穆:《略论中国心理学 一》,载《现代中国学术论衡》,生活·读书·新知三联书店2001年版,第80页。
② 钱穆:《略论中国心理学 二》,载《现代中国学术论衡》,生活·读书·新知三联书店2001年版,第109—110页。

而朱子济之以"道中庸"。朱子为学，经、史、子、集，无所不治，无所不通，可谓接近孔门游、夏文学一科。惟朱子于学，独尊濂溪、横渠、二程，而尤以伊、洛为宗，是即孔门颜、闵德行之科也。而朱子于政事，虽出仕之时日不久，而所至有政声，亦有当孔门子贡、子路言语、政事之科。故朱子之学乃显然孔门四科旧规，一面发扬北宋理学之新统，一面承袭汉、唐乃至北宋初期理学未兴以前之旧传，而集其大成。斯诚可以当中国学术传统尚通学为通人之高标上选矣。①

以上，从四个方面论述了钱穆会通之学的特点，钱穆的会通之学还体现出治学上的义理、考据、辞章并重的特点，可以说，是"尊德性"与"道问学"兼顾，既能"致广大"，又能"尽精微"。在当下学科分类越来越精细化、学科壁垒越来越严重的情况下，重提中国传统的会通之学，既注重宏观视野，又注重微观功夫，这对解决当代人精神空虚、价值缺失、社会失序等现实问题，都不无实践意义。

倡导"会通"之学，不仅有助于解决现实问题，也有助于解决学术问题。因此，对钱穆基于会通视角阐发的心性之学，是有继续深入研究的必要与价值的。张岂之曾在多次演讲报告中提到，会通对发扬中国传统文化价值的意义。

> "会通"强调的是融合、创新，而不是冲突、对抗。"会通"精神是我国古代文化的基本精神之一。②
> 我建议关注一下我国传统文化中的"会通"精神，它比"包容"更能体现中国学人对本土文化和人类文化的尊重，而且

---

① 钱穆：《中国学术特性》，载《中国学术通义》，九州出版社 2011 年版，第 187 页。
② 张岂之：《关于中华文化的"会通"精神》，载《张岂之谈中华优秀传统文化》，太白文艺出版社 2012 年版，第 79 页。原为 2010 年 9 月在山东尼山论坛上的讲演。

主张对文化进行分析、研究、融合、创新。①

可以说，张岂之的高瞻远瞩与中国文化的传统一脉相承，与钱穆的学术追求也是不谋而合的。

第二节 "一天人，合内外"的万物一体思维

钱穆在阐释中国传统心性之学的内涵、特点、价值时，经常使用"一天人，合内外"的断定，这体现的实质就是古已有之的万物一体思维。钱穆以此既实现了接续中国思想文化的大传统，也实现了他创新发展中国传统思想的学术愿望。接下来，我们就对钱穆的这一体现整体性、系统性、辩证性特点的运思路径进行分析。

为了后文论述更好地展开，有必要先对"一天人，合内外"与"万物一体"两个概念与命题进行内涵的分析。

一 "一天人，合内外"与"万物一体"的内涵

（一）"一天人，合内外"

一般情况下，"一天人，合内外"可以视为中国传统"天人合一"思想的另一种表述。"天人合一"的观念中国古已有之，最初来自道家。在北宋张载那里，"天人合一"思想有了明确的表述。张载在《正蒙·乾称篇》中说："儒者则因明致诚，因诚致明，故天人合一，致学而可以成圣，得天而未始遗人，《易》所谓不遗、不留、不过者也。"② 但关于"一天人，合内外"的表述，最早的来源

---

① 张岂之：《书院与文化"会通"》，载《张岂之谈中华优秀传统文化》，第104页。原为2010年6月26日在西安由著名作家陈忠实主持的"书院与当代中国社会"学术论坛上的讲演。

② （宋）张载：《正蒙·乾称篇第十七》，载（宋）《张载集》，章锡琛点校，中华书局1978年版，第65页。

可能是二程,《二程集》中有这样的表述:"须是合内外之道,一天人,齐上下,下学而上达,极高明而道中庸。"①

从二程的表述来看,"一天人"与"天人合一"中"一"的含义及用法都是不同的。"一天人"中的"一"应理解为使动用法,即"使天人合一"的意思,在一定意义上也可以理解为"应当使天人合一";而"天人合一"不仅有"使天人合一"的意思,至少还有"天人原本合而为一"与"天人应当合一"这两重意思,也就是说,"天人合一"这一命题的涵义更义,至少可以从本体论、方法论和境界论三个角度来加以理解;"一天人"则主要侧重于方法论,还涉及境界论。

刚才大致分析了"一天人",接下来分析"合内外"。如果借用钱穆常用的分析方式,"一天人"可以视为从宇宙界角度切入,而"合内外"可以视为从人生界角度切入。与对"一天人"的理解相似,"合内外"的"合"也可以理解为"使内外合一"与"应当使内外合一",主要还是从方法论与境界论的角度设立的命题。

钱穆自己对于"一天人,合内外",也有自己的解释。

> 中国文化特质,可以"一天人,合内外"六字尽之。何谓"一天人"?"天"指的是自然,"人"指的是人文。人生在大自然中,其本身即是一自然。脱离了自然,又哪里有人生?则一切人文,亦可谓尽是自然。自然、人文会通和合,融为一体,故称"一天人"。何谓"合内外"?人生寄在身,身则必赖外物而生存。如食、如衣、如住、如行,皆赖外物。若谓行只赖两足,但必穿鞋,鞋亦即身外之物。使无身外之物,又何得保有此一身?故称"合内外"。②

---

① (宋)程颢、程颐:《河南程氏遗书》(第三卷),载(宋)程颢、程颐《二程集》,王孝鱼点校,中华书局1981年版,第59页。
② 钱穆:《中国史学发微》,九州出版社2012年版,第144页。

此处，钱穆从自然与人文的角度解读"一天人，合内外"，将"自然、人文会通和合，融为一体"，视为"一天人"；将人身依赖外物而存在，视为"合内外"。可以说，钱穆解释得简洁明了，可惜的是太过平面与简单了，只说了表层没有涉及深层，只说了本然没有提到应然。因此有必要结合他的其他文字，再进行深入的解读。

（二）"万物一体"

"万物一体"观念在中国的起源很早。儒家虽然常说"万物一体"，孟子即认为"仁者以天地万物为一体"（《孟子·梁惠王》），但不能就此说这一观念最早就来自儒家，先秦时期的道家、名家、墨家、法家等诸家都有万物一体的观念。《庄子·齐物论》中有"天地与我并生，万物与我为一"的看法，名家和惠施曾说"泛爱万物，天地一体也"（《庄子·天下》），《管子·内业》也曾说"搏气如神，万物备存"，墨子和兼爱思想也可以视为万物一体思想的来源之一。虽然先秦时期较为普遍地存在"万物一体"的观念，但各家理解的"万物一体"的含义不尽相同，有的基于相对主义立场，有的基于名辨角度，有的体现自然主义路径。后来，佛教传入，又出现了新的理解"万物一体"的角度，僧肇在《肇论·涅槃无名论》中从"理体"（真如法性）的角度来阐发"万物一体"的观念时曾说"天地与我同根，万物与我一体"。到了宋明理学时期，"万物一体"观念已经成为理学家手中的一张"名片"。张载提出"民胞物与"的观念，二程提出"圣人以天下万物为一体"，更为明确地表达了"万物一体"的思想。明代王阳明继承了先儒"万物一体"的观念，并以"良知"学说来力证与达成万物一体的境界，对后世构成了深远的影响。

  他的万物一体思想，在价值观上体现为对生民苦难的一种迫切的悲悯情怀，将拯救苦难的人民作为他内心的一种终极关怀，也明确的引导了致良知实践方向的变化。①

即使如此，也不能否认这样一个事实，各家所理解的"万物一体"，是有很大不同的。具体因何不同，这不是此处探讨的重点，此处要大致弄清楚钱穆是在何种意义上使用"万物一体"的。

仅从字面来看，可以将"万物一体"理解为"世间万物本为一体"与"世间万物应为一体"。如果这样理解没有太大的问题，接下来就要认真分疏是"物"与"体"两字的含义。"物"在中国传统儒家思想的语境下，不能只理解为具体的事物，还应该包括世间一切的有形无形、具体抽象的东西，"意之所用必有其物，物即事也。如意用于事亲，即事亲为一物"②。"体"有时指整体，有时指本体（本来的样子）。基于对两个字的分析，我们大致可以说，"万物一体"就是世间一切的物与事原本就是一体，但"理一分殊"，也应该最后统一、整合为融通的一体。当然，最终达成"万物一体"，还是要在"心"上③。这里，钱穆的思维也是儒家的传统思维。综观钱穆的相关文字，可以说，他大致就是在这个意义上理解"万物一体"的。

"万物一体"观有一个重要的理论特征："同声相应，同气相求。"该语出自《周易·乾文言》："同声相应，同气相求，水流湿，火就燥，云从龙，风从虎，圣人作而万物睹，本乎天者亲上，本乎地者亲下，则各从其类也。"从物体学角度解释"同声相应"，可以理解为物体振动频率相同或相差一定倍数所发之声可使别的物体产生共振；从中医角度解释"同气相求"，可以理解为当病因性质与人体的体质表现同气之时，机体就容易遭受此病因的侵袭而患病。"同

---

① 陈来：《王阳明的万物一体思想》，《中共宁波市委党校学报》2019年第2期。
② 王阳明：《传习录中·答顾东桥书》，载《王阳明全集》，上海古籍出版社1992年版，第47页。
③ 钱穆认为，"万物一体"观念整体上有三种达到的方案，一种是唯神论，一种是唯物论，一种是唯心论。儒家属于第三种。参见钱穆《阳明学述要》，九州出版社2016年版，第3页。

气相求"与"同声相应"共通的一面，即强调同类相感，即同样的声音能产生共鸣，同样的气味会相互融合，同类的事物可以相互感应。

作为中华民族共同体主体的汉族与各少数民族早已事实上结为"同声相应，同气相求"的血脉相连的民族共同体。这一共同体，既是政治共同体、经济共同体、文化共同体，也是利益共同体、命运共同体、责任共同体。中国的56个民族，共同创造了伟大的中华民族。只有打牢中华民族共同体的思想基础，铸牢中华民族共同体意识，才能维护祖国统一，实现国家的长治久安。

同类相感的中华民族，其共同体意识的产生与铸牢均是基于这样一个基本事实：中华民族是多元一体。"多元一体"一直就是中华民族的显著特征。

第一个共同，体现在我们的疆域是我们共同开拓的。中华民族历史悠久，辽阔的地域是我国境内各民族共同开拓的。各民族在漫长的历史演进中，有冲突，有交流，有融合，渐渐地差别越来越小，共性越来越大，共同开发祖国的锦绣河山。曾经被各民族视为自己独有的生存空间，慢慢地开始接纳其他各族人民来共同居住、生活，各族人民一起拓展自己的生存空间，并在其中共同打造美好的生活。

第二个共同，体现在我们悠久的历史是各民族共同书写的。中华民族的历史就是各民族各尽所能的合力奋斗史。在合力奋斗的过程中，历史的演进在朝代更迭的背景上一遍遍被刷新，民族的交融在民族冲突的过程中一次次被加深，直至各民族成为一个事实上血脉相连、难分彼此的同气相感的共同体。千百年来，维护发展统一的多民族国家，始终是中华民族高于一切的政治理想、精神寄托和道德情感，始终是我国社会历史发展的主流。

第三个共同，体现在我们灿烂的文化是各民族共同创造的。传统中国的魅力源于中华文化。中华文化源远流长、悠久自足，具有很大的示范作用和同化力量。在中华文化创制、发展、流传的过程中，一直都是各民族共同参与。正是有了各民族在文化方面的交融碰撞，才能形成如此璀璨的民族文化。从"夷夏之辨"到"华夷一体"，中华民族共同体意识在各民族不断的交融碰撞中逐步形成。中华文化积淀着中华民族最深沉的精神追求，是中华民族生生不息、发展壮大的丰厚滋养。

第四个共同，体现在我们伟大的精神是各民族共同培育的。以爱国主义为核心的民族精神，以改革创新为核心的时代精神，同样是由我国各民族人民共同培育的。伟大的精神引导着我国各民族人民共同奋斗，共同发展，共同繁荣，共同进步。为了更好地铸牢中华民族共同体意识，我们一方面要继续以伟大的精神为引领，强化对中华民族"多元一体"结构的理性认知，另一方面要努力弘扬伟大的精神，身体力行维护民族团结，促进中华民族伟大复兴。

我国是一个统一的多民族国家。中华民族多元一体是先人留给我们的丰厚遗产，也是我国发展的巨大优势。多元一体的中华民族必然形成、拥有中华民族共同体意识。由于历史的原因和现实的国际、国内形势的变化，我们的民族工作当前还是面临着很多新情况、新问题，影响民族稳定、团结的因素还存在，尤其是国内外还存在极端反华势力、民族分裂势力的情况下，民族（种族、宗教、族群、移民等）问题将持续影响我国的民族稳定、和平与繁荣发展。因此，只有从深层次上清醒认识到中华民族多元一体的历史、现实与未来，在"万物一体"观的基础上深刻理解中华民族共同体意识，才能有效铸牢中华民族共同体意识，引导各族人民牢固树立休戚与共、荣辱与共、生死与共、命运与共的共同体理念，有效抵御各种极端、分裂思想的渗透颠覆，不断实现各族人民对美好生活的向往，实现好、维护好、发展好各民族根本利益。

二 钱穆"一天人，合内外"的万物一体思维的体现

钱穆接续了儒学的大传统，也常言"万物一体"。只不过，钱穆在说"万物一体"时，不仅侧重于本体与境界，即万物本一体，万

物应一体;还重视一体达成的方法与路径——"一天人,合内外",亦即使天人合一,使内外合一。具体来说,钱穆是从以下几个大的方面来体现其心性之学的"一天人,合内外"的万物一体思维的。①

(一) 有无一体

钱穆"一天人,合内外"的万物一体思维主要体现在视有无为一体。

通常来说,"有",侧重说的是具体;"无",侧重说的是"抽象"。有时,"有无"也从肉眼是否可见来加以区分,在这种语境下,"有""无"之间,还有个中间状态,有时称为"虚"。

> 老氏从时间追溯,从"无"生出"有"。释氏从空间着想,"有"表现在"无"之内。张载则主张有无只是一体。②

在此,钱穆虽然从表面看是在客观分析张载的思想,实质上,也表达了他自己的见解。老子从"无"生出"有",必然还要回到"无",这样的思想是消极而非积极的;佛家将"有"归结为"无",还是以"无"为终极,依然是消极而非积极的。因此,佛家与道家从表面上看有为学路径的不同,但殊途同归。钱穆主张积极入世,所以这不是他赞成的看法,他喜欢张载的"有无只是一体"。

从另一个角度来看,道家思想中合理的一面钱穆也注意到了。

> 庄、老道家,认为气由虚生,则是无限生出了有限。他们晓得有限、无限本是一体。③

---

① 关于钱穆的一体思想,也有学者从不同角度进行了研究。例如,孙世民在《钱宾四先生儒学和合论研究》(载于《彰化师大国文杂志》2002 年第 11 期。)一文中将其概括为:人生整体观、社会整体观、文化大我生命观和学术一体观。这是一种由小到大的概括方式;本文的概括体现的是由大到小、由抽象到具体的方式,相对来说更加细致些。
② 钱穆:《宋明理学概述》,九州出版社 2010 年版,第 50 页。
③ 钱穆:《宋明理学概述》,九州出版社 2010 年版,第 54 页。

视有限和无限为一体，在钱穆看来，这是庄、老道家的一个很正确的认知，因为"有限、无限本是一体"。视有无为一体，不仅是道家的长项，也是魏晋玄学家的长项，而且这一思维特点更是被宋明理学家很好地借鉴过来。宋明理学中的很多辩证思想在一定意义上正是受到道家有无一体思想的启发，视理气、理欲、心性、体用等都为一体。

朱子论宇宙万物本体，必兼言理气。气指其实质部分，理则约略相当于寄寓在此实质内之性，或可说是实质之内一切之条理与规范。朱子虽理气分言，但认为只是一体浑成，而非两体对立。此层最当深体，乃可无失朱子立言宗旨。朱子云："天下未有无理之气，亦未有无气之理。""有是理，便有是气。""理未尝离乎气。"无理，将不能有气。但无气，亦将不见有理。故此两者，不仅是同时并存，实乃是一体浑成。①

宋明理学的出现，既是基于儒家发展的内在逻辑，也是基于对抗佛教的现实需求。佛教讲"理"讲"性"讲"心"，高远深微，使得传统儒家望尘莫及。为了使儒家思想能在激烈的思想交锋中处于有利地位，必须学习借鉴方外的思想以弥补自身理论的缺陷，宋明理学家的代表性人物朱熹正是这样做的。他受佛教"月印万川"之喻的启发，提出理一分殊的思想就是明证。同时，为了对抗佛教之"理"，他又将"气"引进来，这样就可以基于实体的"气"阐明实有之"理"，从而区别佛教的虚无之"理"。但是，从根本上来说，理气原本一体，有理方有气，有气必有理，理气不离也不杂，钱穆将二者的关系概括为"理气一体浑成"，体现了有与无的辩证统一。

---

① 钱穆：《朱子新学案》（一），（台北）三民书局1971年版，第36页。

> 理学家无不辨天理人欲，然天理人欲同出一心，此亦一体两分两体合一之一例。朱子论阳不与阴对，善不与恶对，天理亦不与人欲对。①

> 说心性，犹如其说理气，可以分说，可以合说。心性亦非两体对立，仍属一体两分。②

在钱穆看来，在宇宙界，朱子视理气为一体，在人生界，朱子又视理欲为一体、心性为一体。不仅如此，在朱子那里，阴阳、善恶等看似两相对待的概念范畴，也无不体现着一体两分、两体合一的关系。更深一步说，以有无为一体，实际上体现的是宋明理学家"体用一源"的思想。

"体"的观念在先秦时期就已出现，《墨经》上即有对"体"的分析；"用"的观念在先秦时期也已出现，《老子》中就有"无之以为用"的提法。"体""用"对举，最早大概出现在《荀子·富国》中。

> 万物同宇而异体，无宜而有用。③

从本体论层面上解读"体""用"关系的，是魏晋时期的王弼。王弼在《老子注》中说了如下的话。

> 虽盛业大富而有万物，犹各得其德；虽贵以无为用，不能舍无以为体也。④

---

① 钱穆《朱子新学案》（一），（台北）三民书局1971年版，第87页。
② 钱穆《朱子新学案》（一），（台北）三民书局1971年版，第48页。
③ （清）王先谦：《荀子集解》（上），沈啸寰、王星贤点校，新编诸子集成本，中华书局1988年版，第175页。
④ （三国魏）王弼：《老子注》三十八章，见楼宇烈校释《老子道德经注校释》，新编诸子集成本，中华书局1988年版，第94页。

这里的"体"有存在者之义。到宋代理学家那里,开始从宇宙整体的角度谈"体""用"关系。① 程颐晚年在《易传序》中明确提出"体用一源、显微无间"的命题。伊川认为,"体"主要指理,"用"主要指事,理为体,事为用,理即在事中见,心性本体即在道德创造中与道理事中见,从而说明理事互为一体、不可分离的关系。到了朱子,对"体""用"关系的分析就更加深入了。

> 道者,兼体用,该费隐而言也。②
>
> 心者兼体用言。程子曰:仁是性,恻隐是情。若孟子便只说心。程子是分别体用而言,孟子是兼体用而言。③
>
> "体用一源"者,自理而观,则理为体,象为用,而理中有象,是一源也。显微无间者,自象而观,则象为显,理为微,而象中有理,是无间也。且既曰有理而后有象,则理象便非一物。故伊川但言其一源与无间耳。其实体用显微之分,则不能无也。今日理象一物,不必分别,恐陷于近日含胡之弊,不可不察。④

上引朱子《语类》中谈"体用"的文字,虽角度各异,但可以说,万变不离其宗,即道"兼体用,该费隐"是总纲,世间的万事万物都不能离开道而存在,那么道的属性就在世间的万事万物上都能体现出来。就"体"说"用"只是相对而言,"体"无定,"用"亦无定,但基本上可以说,"先在"的是"体","后生"的是"用","在内不显"的是"体",在外发之地是"用"。

朱子论"体用"的文字对钱穆的思想形成巨大影响。他曾在集

---

① (宋)程颢、程颐:《周易程氏传》,载《二程集》,王孝鱼点校,中华书局1981年版,第689页。
② (宋)黎靖德:《朱子语类》(卷六),中华书局1999年版,第99页。
③ (宋)黎靖德:《朱子语类》(卷二十),中华书局1999年版,第475—476页。
④ 朱杰人、严佐之、刘永翔主编:《朱子全书(22)·晦庵先生朱文公文集》,卷四十《答何叔京》,上海古籍出版社、安徽教育出版社2002年版,第1841页。

中探讨中国传统文化的血脉及其统一精神的《四部概论》一文中，谈到对"体用一源"的看法。

> 所谓体用，便是认为宇宙间一切事物现象有体必有用，反过来说，亦即是有用必有体。……宋儒有云："体用一源，显微无间。""微"是不可见的，即是体。"显"可见，即是用。……故中国思想常是在事象行动一切实际的用上，来探究其形而上的本体。①

到了写作《朱子新学案》时，钱穆更是把作为本体论、认识论层面的"体用一源"观念，以方法论的形式彰显出来。这就是他的"一体两分、两体合一"的思维模式："一体"即"一源"，"两分"即分"体"分"用"或分天分人。

（二）宇宙万物一体

如果说，视有无一体、体用一源是从本体论层面体现的钱穆的"一天人，合内外"的万物一体观的话，那么，视宇宙万物为一体就是这种本体观念的具体体现。

视宇宙万物为一体，这是万物一体观念最直接的一个义项。这一观念在先秦时就已起源，但各家论证万物一体的角度有所不同。

> 照我意思，要说万物一体，只有三种说法，一是惟神论，一是惟物论，一是惟心论。②

除了"惟神论"的视角外，"惟物论"与"惟心论"的视角都被宋明理学家继承了下来并发展了光大。

"惟物"的视角视万物为一体在北宋的周敦颐、张载和邵雍那里有鲜明的体现。

---

① 钱穆：《四部概论》，载《中国学术通义》，九州出版社2011年版，第41—42页。
② 钱穆：《阳明学述要》，九州出版社2016年版，第3页。

> 盖北宋理学诸儒，能言宇宙界者，端推濂溪康节横渠三家，二程则较逊。①
>
> 周濂溪的《太极图说》，是从"惟物"的观点上说明"万物一体"的。②
>
> 《西铭》大理论，只说万物一体，其实此论并非儒家言。孟子只说老吾老以及人之老，幼吾幼以及人之幼，善推此心，可以保四海。是孟子只主张一种人类同心情之推扩，并未说天地万物本属一体。若说是一体，亦只可从人类心上说起。其真从外面说起，确实指其成万物一体者，则为濂溪《太极图说》与百源之《观物》篇，其论近道家……先秦由外面阐说万物一体者，为庄周与惠施。③

在钱穆看来，从"惟物"的角度即从"气化"的角度证明万物一体，这体现的是道家的思路。之所以没有把这三个人归入道家，是因为他们虽然不像孔孟一样，基于人本身谈人道、人心，但三人理论的最终归宿还是人道、人心，并没有背离儒家大传统。

> 横渠之宇宙论，深入言之，无宁是更近于老释。惟老释归之虚无寂灭，横渠则归之万物一体，一虚一实，其终不失为一儒家者在此。④

钱穆说张载的宇宙论"归之万物一体"，即是说，张载从万物一体始，又能以万物一体终，始终是关心世道人生，始终是有所担当

---

① 钱穆《朱子新学案》（一），（台北）三民书局1971年版，第65页。
② 钱穆：《阳明学述要》，九州出版社2016年版，第3页。
③ 钱穆：《濂溪百源横渠之理学》，载《中国学术思想史论丛》（五），生活·读书·新知三联书店2009年版，第68页。
④ 钱穆：《濂溪百源横渠之理学》，载《中国学术思想史论丛》（五），生活·读书·新知三联书店2009年版，第74页。

而不是将宇宙万物"归之虚无寂灭",所以,从根本而言,宋明理学从表面看可能是"惟物"的,实质上还是"惟心""惟人"的。

南宋接续北宋"惟物"宇宙论思路的是朱熹。朱熹最终还是将之绾结到人的"心"上。

> 朱子专就心之生处心之仁处着眼,至是而宇宙万物乃得通为一体。当知从来儒家发挥仁字到此境界者,正惟朱子一人。①
>
> 朱子论宇宙界,似说理之重要性更过于气。但论人生界,则似心之重要性尤过于性。因论宇宙界,只在说明此实体而落到人生界。要由人返天,仍使人生界与宇宙界合一,则更重在工夫,工夫则全在心上用,故说心字尤更重要。但却不能说朱子重要说心,便接近了所谓唯心论。因心只属于气,朱子既不主唯气,自亦不主唯心。后人又多说,程朱主性即理,陆王主心即理,因此分别程朱为理学,陆王为心学。此一区别,实亦不甚恰当。理学家中善言心者莫过于朱子。②

在钱穆看来,朱子从"心之生处心之仁处着眼",最终经过一番格物穷理工夫,达到"宇宙万物乃得通为一体"的境界,将儒家历代相传的"仁"发挥到最高境界。所以,钱穆说"理学家中善言心者莫过于朱子"。连心学一系的陆九渊、王阳明也比朱子略逊一筹。

> 阳明之病,在推扩良知功能过其实,即以之当物理,当造化。混自然理于人文理,近似西方之唯心哲学。晦翁之主格物穷理,乃欲在造化物理中求人性情之畅遂,即所谓理一分殊之旨,即自然理与人文理之分别存在也。人之性情,虽与物理造化相通,虽亦为造化物理中之一事,而究自有别。象山阳明,

---

① 钱穆:《朱子新学案》(一),(台北)三民书局1971年版,第60页。
② 钱穆:《濂溪百源横渠之理学》,载《中国学术思想史论丛》(五),生活·读书·新知三联书店2009年版,第48页。

皆不免太重视了人之性情,而忽略了造化物理。而阳明乃以人之良知即包括尽了造化物理,此尤立言之失。①

(三) 人文世界一体

钱穆论学一如多数宋明理学诸家论学,虽然喜欢从宇宙层面起笔,但最终落脚点是人文层面。但是有一点明显不同,宋明理学这样做的目的是为给人文之道、人文之理提供理论来源,而钱穆这样做是为了还人文世界以人文之理,从而对抗西方式的自然之理在人文世界的滥用。接下来我们就具体分析。

先看人文之理与自然之理的关系。

> 若不明得自然之理,又何从有人文之理。故伊川曰:此乃合外内之道。象山不明于此,故读伊川言便不喜。②

> 但自然之理与人文之理究自有别。人不能只在自然之理中生活,应有其自创的一番人文之理,此即人类历史文化之所由来。人文之理,固不能违背了自然之理,但自然之理中,仍可自孕有人文之理。③

人文之理来自自然之理。必须研究自然之理,方能获得人文之理。但是,人文之理与自然之理有所不同,已得人文之理,就不能再以自然之理来具体处理、解决人文世界的问题,人群内部人与人之间的关系之协调还要凭借人文之理方可。人文之理的获得还必须依赖于人类的历史文化传统。这体现的正是"一天人,合内外"的万物一体思维。

---

① 钱穆:《禅宗与理学》,载《中国学术思想史论丛》(四),生活·读书·新知三联书店 2009 年版,第 287 页。
② 钱穆:《禅宗与理学》,载《中国学术思想史论丛》(四),生活·读书·新知三联书店 2009 年版,第 273 页。
③ 钱穆:《朱子学术述评》,载《中国学术通义》,九州出版社 2011 年版,第 106 页。

>苟不主解散人群，则必有人文之理以和会调协乎其群。此人文之理，不仅以遂欲，亦将以克欲。①

人生在世，最原始、最本能的表现就是欲望，处理好了人的欲望，也就处理好了人与人的关系。但是，也只有凭借人文之理，才能管理人的欲望。那么，什么是人文之理呢？人文之理有很多，但最核心的内容是"仁"。

>仁义则人文之理也。惟其仅主有天理，即事物之理，而不欲重有人文之理，故道家流而为权谋术数，此皆妙审事物之理以求遂所欲者。又变则流而为方伎符箓，亦在妙审事物之理以求遂我欲而已。②

"仁"作为人文之理的集中体现，不仅能在人文世界发挥作用，也能由人及天，会通宇宙大自然间的一切理，使得心与天合一，心与物合一。

>中国人并说"天即理也"，宇宙大自然，亦只是一理。但理一分殊，中国人则把人文之理来会通宇宙大自然间一切理，由此上，心与天合，心与物一。③

（四）儒释道一体

钱穆在具体探讨人文之理之时，喜欢将中国传统的儒、释、道三家思想放在一起进行比较，从而论证儒家的人文之理具有更大的

---

① 钱穆：《禅宗与理学》，载《中国学术思想史论丛》（四），生活·读书·新知三联书店2009年版，第285页。
② 钱穆：《禅宗与理学》，载《中国学术思想史论丛》（四），生活·读书·新知三联书店2009年版，第265—266页。
③ 钱穆：《第一编 四 从人类历史文化讨论中国之前途》，载《历史与文化论丛》，（台北）联经出版事业股份有限公司1998年版，第30页。

普适性。同样,他也没有将这三家思想截然分开,而是将三者视为一体,共同成就中华文化的大传统。

谈中华文化的大传统不能将道家排除在外。

> 儒、道两家有同一长处,他们都能以极高的智慧深入透视人类心性之精微。儒家本此建立了中国此下的道德理论,道家本此引发了中国此下的艺术精神。①

> 故中国人生彻头彻尾乃人本位,亦即人情本位之一种艺术与道德。儒家居正面,道家转居反面,乃为儒家补偏而救弊。②

虽然钱穆视儒家思想为中华文化之主干,但道家思想依然有着不可忽略的价值与意义。在钱穆看来,儒道两家都能凭借极高的智慧深入探讨了人类心性的精微之处,并且,儒家由此建立起了中国几千年的道德理论,道家由此引发出中国几千年的艺术精神,都具有开创之功。这两家,都主人情本位,属于一体之两面:儒家居于正面,道家居于反面,并且,道家就是为补偏儒家而救弊的。

儒道本为中国本土思想,视为一体也好理解,那为何要将外来的佛教思想也视为中华文化大传统中的一部分呢?

> 佛法为宗教,释迦为教主,释迦说法,应是僧人信仰对象,此亦在外不在内。而中国高僧,则一挽之向内。心即佛,心即法。心贵悟,不在信。生公云:"悟发信谢。"悟了便不需信。故佛法在中国,只成一种自心修行,终于失其宗教精神而成为中国传统文化之一支,其主要即在此。③

---

① 钱穆:《四部概论》,载《中国学术通义》,九州出版社2011年版,第30页。
② 钱穆:《五二 情与欲》,载《晚学盲言》,生活·读书·新知三联书店2014年版,第668页。
③ 钱穆:《六二 内与外》,载《晚学盲言》,生活·读书·新知三联书店2014年版,第798页。

在钱穆看来，佛教虽为外来宗教，但来到中国后，经过高僧们的努力，已经开始了本土化，主要标志在于将外在信仰"一挽之向内"，相信"心即佛""心即法"，将"信"演化为"悟"，认为"悟了便不需信"。佛法成了"一种自心修行"，也就失去了原始佛教的那种宗教精神，而成为中国传统文化的一支。从这个意义上来说，佛教也和儒家、道家一样，都是中华文化大传统的一部分。

（五）儒家文化一体

虽然儒释道一体，都是中华文化的重要组成部分，但说到底，对中国几千年历史文化发展产生深远影响的还要首推儒家。在钱穆看来，儒家思想虽然可划分为不同时期，产生不同流派，但从大的方面来说，儒家文化就是一个整体。对于这一点，钱穆有太多的阐释，他一方面仔细分疏儒家不同思想、流派的差异，另一方面又归纳总结不同思想、流派的共性，视所有的儒家文化为一体。

> 庄老的宇宙论，不信有一创造此宇宙的上帝，亦不信人的智慧可以主宰此宇宙，可说是近于"唯物"的。但他们对物的观念，注重在其流动变化，可说是一种"气化的一元论"。《易传》《中庸》并不反对此观点，只从天地万物之流动变化中，指出其内在固有之一种性格与特征，故说是"德性一元论"。此种德性一元的观点，实为中国思想史中之特创。《易传》《中庸》即运用此种德性一元的观点来求人生界与宇宙界之合一，即中国思想史里之所谓"天人合一"，因此《易传》《中庸》不失为儒家孔孟传统，而终与庄老异趋。①

上引文字中，钱穆仔细辨析《易传》《中庸》的相异之处，认为《易传》《中庸》也如庄老一般，从外在的天地万物开始起笔，指出天地万物在流动变化的过程中一种内在固的"性格与特征"，这

---

① 钱穆：《中国思想史》，九州出版社2011年版，第94页。

一"德性一元论"的做法，是以前所没有的，因此看似背离了儒家。但是，钱穆接着指出，《易传》《中庸》又将"人生界与宇宙界"合一，追求"天人合一"之境界，这又与庄老道家有着根本的区别，所以可以说，二者最终也没有背离儒家孔孟传统。

《易传》《中庸》如此，连被牟宗三视为"别子为宗"的朱子，在钱穆看来，不仅没有背离儒家大传统，反而是集孔子以下儒学之大成。

> 以上三点，都从学术史上着眼。若说到朱子自己的思想，则他的最大贡献，尚不重在他自己个人的创辟，而更看在其能把他自己理想中的儒学传统，上自五经、四书，下及宋代周、张、二程，完全融成一气，互相发明，归之条贯。照朱子的见解，真是"先圣后圣，其揆一也"。……至如朱子则确是集孔子以下儒学之大成，这是朱子第四大贡献。①

（六）人我一体

钱穆学术视野广阔，其学术古今中西无所不及，经史子集无所不到。但是，无论其涉猎多广，其核心关注在人本身。他研究人类文化的产生问题、发展问题，研究不同文化背景下人的和谐相处问题，研究古今人群生存之道的传承问题，研究现实社会中人的精神信仰问题。他在研究人本身的问题时，持有的主要观念即人我一体。

人与我，从分别的角度看，各有其身，各有其心，互不相干；但从和合的角度来看，宇宙就是一个大整体，所以人与我本为一体，可以相通相融。相通相融不是在身，而是在心。

人之生，其心能通于他人之心，能通于古人之心，又能通

---

① 钱穆：《朱子学术述评》，载《中国学术通义》，九州出版社2011年版，第91页。

于后世人之心,则此心即通于天地而为神。但不能人人之心如此。不能如此,则为一小人,其死则为鬼,不为神。惟有共同之心,则生为圣为神,通于天,而无死生之别。中国古人称之曰"不朽"。朽者在物在身,不在心。立德、立功、立言为三不朽,皆指"心"言。①

人与我之心相通,今人与古人之心相通,就实现了以心来"通于天地而为神"。这样,逝去之人才又真正活在他人之心中,实现真正意义上的"三不朽"。这个相通之心,就是千古相传之"仁"。

> 仁者,自内言之,则为人我相通之心也;自外言之,则为人我兼得之功业。②

也只有真正实现了人我一体,人我相通,人生才会多福。

> 故人生多福在能"通人我"。中国人之人生哲学主要在此,其心理学主要亦在此,此即《大学》所谓"在明明德,在亲民"也。故中国人之言心,乃一大自由,大作用,而身则仅为其一工具。③

这一观念是钱穆对中国传统儒学精神的理解与发展,在他看来,儒学就是这样一门能综合调整人我关系的一门学问。

> 儒家思想,是强烈的情感主义者,而很巧妙地交融了理智

---

① 钱穆:《略论中国宗教 一》,载《现代中国学术论衡》,生活·读书·新知三联书店2001年版,第2页。
② 钱穆:《论语要略》,载《四书释义》,九州出版社2010年版,第60页。
③ 钱穆:《略论中国心理学 一》,载《现代中国学术论衡》,生活·读书·新知三联书店2001年版,第80页。

的功能。儒家思想，是强烈的个己主义者，而很巧妙地调和了人我内外的冲突。儒家思想，是强烈的现实主义者，而很巧妙地渗透了一切神天不可知界的消息。①

三 钱穆"一天人，合内外"的万物一体思维的特点

钱穆的"一天人，合内外"万物一体思维由中国传统思想而来，既有继承也有创新性。

继承性体现在以下两方面。

第一，体现了中国传统的"由天及人"的纵向运思路径。近代以来，随着自然科学的发展，"宇宙""自然""天"在人们心目中的神秘性与根源性的特点已经在某种程度上被削弱。因此，在论及与人相关的伦理学或其他人文学科时，学界已经习惯按照近现代人的思维方式，从语言学角度先进行概念的溯源与分析，接下来进行学术史的梳理，然后才是进行相关观点的阐发与论证。钱穆基于中国传统学术，依然秉持着"由天及人"的运思方式，这就很好地体现了钱穆心性之学的传统性与继承性。

第二，依然喜欢用"一体两分，两体合一"辩证思维去思考相关学术问题。中国传统的道家与墨家的辩证思维都非常发达，外来的佛教中也包含着非常丰富的辩证思维。儒家学者广泛涉猎，多方借鉴，形成儒家全面、系统的辩证思维。作为一生信奉儒学的当代士人，钱穆的辩证思维也非常发达。他总能将宏观与微观结合、古与今结合，天与人结合，中与西结合，既能从"一体"方面提炼提示问题实质，又能从"两分"方面将同一问题从不角角度进行分别的分析与处理。具体来说，他的辩证思维体现在：于大整体析出小整体，观大不忘小，要小不遗大，既面面俱到又

---

① 钱穆：《儒家之性善论与其尽性主义》，载《中国学术思想史论丛》（二），生活·读书·新知三联书店2009年版，第2页。

有所偏重。

创新性体现在以下两方面。

第一，扩大"万物一体"的范围，充实"万物一体"的内涵。钱穆将人文世界从自然世界中剥离出来，凸显人文世界之理对人文世界的价值与意义，借此，以中国的人文之理对抗西方的自然之理、科学之理。这些前文已有详细分析，在此不再赘述。

第二，将"一天人，合内外"万物一体思维绾结于当前个体之"心"，在此基础上畅谈"三不朽"的实质内涵。"三不朽"是出自《左传》的重要观念，集中体现了中国传统社会中生命个体对生命价值与意义的追寻。一般理解"三不朽"，都是执着于表面意思，分别从"品德""事功""著书立说"角度加以分析。但是，钱穆将"三不朽"理解为凭借"古今一体""人我一体""人文世界一体"的观念实现的"心"与"心"的沟通与传承。钱穆在此环节上也实现了创新。

第三节 "摄知归仁"的客观经验论

"客观经验论"是钱穆学术思想体系中一个独特的概念，也是一个重要的概念。这一概念既体现了钱穆为学路径的鲜明特点，也表现了钱穆治学注重人类历史经验的学术追求。可以说，钱穆在表述自己很多学术见解时，都能体现出他基于客观经验论的立场，可惜的是，他本人明确表明或阐述客观经验论的文字并不多，因此，有必要对他这个具有鲜明个人特色和时代特色的学术概念进行系统的梳理与探讨。

一 "客观经验论"的内涵

"客观经验论"虽是钱穆提出的新概念，但他本人对于什么是"客观经验论"只给出了大致的逻辑推导过程及分析，并没有给出明确的概念。所以，要想理解什么是"客观经验论"，还必须从相关概念入手，结合钱穆的相关分析，对其内涵进行分析与挖掘。

（一）"客观"

我们先看一下"客观"的含义。作为哲学术语的"客观"，来自西方，与"主观"相对。从马克思主义哲学的视角来理解，"客观"有大致两种含义。一种是从本体论角度而言，指事物的本来存在状态；另一种是从方法论角度而言，指人们看事物时持有的不以人的意志为转移的态度或立场。

钱穆受西方学术影响，也经常使用"客观"一词，有时还用主客对待的思维分析相关命题（比如分析张载《正蒙·太和篇》）。但是，钱穆理解的"客观"与从西方哲学角度的理解不尽相同。他所说的客观在不同的语境下有不同的含义。

首先，在钱穆那里，"客观"有时指"物"，即客观世界本身，与"人"相对。他在分析邵雍的思想时，作了如下阐释。

> 故康节之观物，乃是一种客观，而非人本位观。乃以我融入物中，我亦一物，而物亦一我。乃由偏合全而成其天。人何以能由偏合全，何以能使全体在一偏合全，何以能使全体一偏中呈现，正为其能超出一偏之地位而为总体之客观。康节主性情分别论，亦主以理观物论。此与朱子之格物穷理，似乎本末倒置，唯朱子亦主莫不因其已知之理而益穷之，则朱子仍是以理观物也。庄子则可谓是以道观物，此康节之所以不失为理学家矩矱也。①

在钱穆看来，邵雍将人融入物中，即是一种客观立场而与人本立场。但是，邵雍又能"以理观物"，就实现了主客交融，所以

---

① 钱穆：《濂溪百源横渠之理学》，载《中国学术思想史论丛》（五），生活·读书·新知三联书店2009年版，第64页。

"不失为理学家矩矱"。

其次,在钱穆那里,"客"是指能"变"的东西,包括人在内,只有永恒性的东西才可以称为"主"。

>客虽永远在变,此一种太和生活与太和境界则永不变,所以说此太和乃是主。①

钱穆以"太和"为主,除此之外的一切因为永在变化,所以钱穆将之统统称为"客"。

再次,在钱穆那里,"客"有时也指除"主"以外的所有,这个"主"是人本身。因为"主"可以不断变化,所以"客观"也随时变化。但是,这时的"主"与"客"是辩证统一的。

>他理想上,要以孝父母的心来孝天地,要把对待家庭来对待全人类。我们试思,这一理想的家庭,又谁是其主呢?若说父与母是主,那孝子正在自发心孝父母,因而友爱其同胞,护惜其家人。如是则一家老幼,全在这孝子心中,连父母也只在这孝子的心中。我们哪能说父母是主,这孝子转是客?但那孝子心里,却决不以他自身作为这一家之主,他只把此一家作为他心之主。孝子自身,在这家里好像转是客,他将一切依随于家而存在。连此孝子之心,也决不是此一家之主,此孝子之心,仍在依随于家而转移。若使没有家,何来有孝子与此孝子与此孝子之心?但这一家,则明明因有此孝子与此孝子之心而呈现。换言之,这一是在此孝子心中所呈现。②

钱穆不仅推崇张载的"内外宾主之辨",而且自觉地吸收借鉴张载的这一思想,他多数次言及的"一天人合内外"和主张的"客观

---

① 钱穆:《宋明理学概述》,九州出版社2010年版,第52页。
② 钱穆:《宋明理学概述》,九州出版社2010年版,第53—54页。

经验论",从根源上来说,都是得益于张载。

最后,钱穆最常理解的"客观",是指人类的历史经验,与个人经验相对。

> 今人称中国思想近于西方之经验论,实则中国所重非个人经验,而更重于历史经验。个人经验是私的,短暂而狭小。历史经验是公的,广大而悠久。中国人必分别天理与人欲,非本之哲学,乃本之史学耳。①

(二)"经验论"

接下来,我们再看"经验论"。"经验论"也叫"经验主义",这种理论主张感性经验是知识的唯一来源,是近代西方哲学认识论中的一个流派,与"唯理论"相对。"经验论"虽然是在近代才正式形成,但作为一种思想,经验论的起源很早。

在西方,公元前4—5世纪的古希腊就已出现经验论思想,居勒尼学派、伊壁鸠鲁学派、早期斯多葛学派、亚里士多德等都有较丰富的经验论思想。中世纪时,经验论思想主要体现在经院哲学的唯名论思潮中。文艺复兴时期,经验论思想主要体现在强调经验和实验。"经验论"在近代获得重大发展,形成了唯物主义经验论和唯心主义经验论两大派别。培根、霍布斯、洛克、狄德罗、霍尔巴赫等人都是唯物主义经验论代表性人物,贝克莱、休谟、马赫等人都是唯心主义经验论的代表性人物。唯物主义经验论认为,知识来源于感性经验,贬低理性认识的意义;唯心主义经验论认为,经验由人的内心体验而产生,这一理论否认感觉经验来自客观世界,这种经验论发展到极致就是唯我论。

---

① 钱穆:《朱子四书集义精要随劄》,载《宋代理学三学随劄》,生活·读书·新知三联书店2002年版,第143页。

（三）"客观经验论"

钱穆对"客观经验论"进行集中表述的文字，集中在《湖上闲思录》的一篇名为《经验与思维》的文章中。《湖上闲思录》写于 1948 年，当时钱穆正任教于无锡江南大学。正值政局动荡，钱穆又胃病初愈，身体欠佳，于是每当课余之时，钱穆都徜徉于太湖之畔，于自然美景之中获得难得的肉体与精神的双重放松。这种情况下，平时很少能认真深入思考的哲学问题、人生问题，此时也在钱穆的脑际萦绕。这一时期的闲思遐想，后在友人的提点之下，就汇成了其在哲学方面的早期代表作之一《湖上闲思录》。对这本字数仅为 9 万字但涉及范围很广的散文小品式的哲学类著作，钱穆自己一直也是看好的，他曾在 86 岁高龄目盲之时，于本书的"再跋"中写了如下话语。

> 忽一日，（台北）三民书局主人来索《湖上闲思录》，将以再付剞劂。因由内人诵读一过，余逐篇听之。初不意余方今所撰，正多旧来见解，并有前所发得，而今已漫忘者，自惭学问未有进步。

这里虽不免有自谦，但此书的思想性之强从中也可见一斑。按下来我们就从该书中抽取相关文字，重点分析一下钱穆所说的"客观经验论"到底指的是什么。

> 所谓客观经验者，乃在此万事中抽出一共通条理而统一此万事。否则万事平铺散漫，势将转入这这如如之境，此则为一种纯经验。又否则必然超出于万事之上，或深入于万事之里，而另求统一，则为宗教与哲学。今则不超于万事之上，不入于万事之里，只就万事而在其本身上籀出其相互间之共通条理，认识其相与间之联系而统一之。故理不在事之上，亦不在事之后，乃只在事之中，只就于事之本身中寻统一，故为真统一，

而非对立上之统一。①

在钱穆看来,"客观"指的是"万事","经验"指的是其中蕴含的"共通条理"。所以,"客观经验"就是从"万事中抽出一共通条理而统一此万事"。这样一种寻找真理的思维,既有别于凭纯个人经验的思维,也有别"超出于万事之上"的思维。换句话说,客观经验论思维既有别于经验论(钱穆经常将其称为主观经验论),也有别于唯理论。这样一种思维,既"不超于万事之上",又"不入于万事之里";凭借此种思维获得之"理",既"不在事之上",也"不在事之后",而"在事之中"。这样,就实现了理与事的真正统一。

为了加深理解,钱穆还以中西对比的方式来解说他理解的"客观经验"。

> 此处所谓客观经验,若再以博格森术语相比拟,则有似于其所谓之"纯粹绵延"。此一种纯粹绵延,乃是生命本体,或说意识大流,穿越过个体生命之意识流而存在者。惟这一观念,无疑是思辨超越了经验,所以成其为西方的哲学。而中国儒家则在心之长期绵延中,必兼涵有此心之情感部分,即前述我心之爱敬,此乃把情感亦兼涵在意识之内,而与西方人只言纯理性、纯思辨、纯知识之意识大流又不同。今再浅白言之,若由纯知识的探讨,则彼我死生自成两体对立。加进了情感,则死生彼我自然融会成为一体。实则此一体,非有情感,则无可经验。而兼有了情感,则自无主客之分了。又试问如博格森言记忆,使无情感,又何来记忆呢?②

---

① 钱穆:《十八 经验与思维》,载《湖上闲思录》,生活·读书·新知三联书店2005年版,第84—85页。
② 钱穆:《十八 经验与思维》,载《湖上闲思录》,生活·读书·新知三联书店2005年版,第84页。

从表面上来看，钱穆说的"客观经验"与博格森说的"纯粹绵延"很相似，但从根本来说，二者有着本质的区别，集中体现在情感的渗入上。在钱穆看来，只有有了爱敬等情感的渗入，主客内外才能融通为一体，人生的对立也才真正地化解，而这种化解并非道家与佛家般的消极化解，而是一种勇于面对人生的积极化解，勇于面对人生就是珍视人类的以爱敬等情感为纽带的群体经验，而这就是客观经验。这客观经验就是生命间的经验，也是生命间的情感，这个生命是囊括了已在者与已逝者、将在者，这样的人类化解对立的方式自然也就是最合理的。在此，钱穆以"客观经验论"的提法，实现了对西方以培根为代表的经验主义与以笛卡尔为代表的理性主义思维模式的融通与超越，并试着以"客观经验"的思维模式实现东方思维模式与西方思维模式的对话与沟通，借以彰显东方思维模式，尤其是儒家思维模式的价值。

为了深入理解钱穆的"客观经验"论，有一个问题是不能回避的，这就是客观经验与主观经验的关系问题。在钱穆看来，主观经验是指个体的经验，自古以来，中国人就有各种以客观经验来统一个体主观经验对立的做法，先秦儒道两家用"道"字，佛教华严宗用"理"字。一事就是一经验，集合万事散殊之经验，就能合成一客观经验，这一客观经验就是"理"。

二 "客观经验论"的导出过程

钱穆对客观经验论这一命题的导出是循序渐进的。

他于对立中求统一为人类的总目标，分析了古今重要思想派别对此的各种不同的解决方式。

> 人生根本是一个对立，我以外不能没有非我之存在，我与非我便是一个对立。即就我而论，有生便有死，死与生又是一对立。……人的意见，总想在此对立上面寻出一个统一来。然而若超出此对立之外求统一，则此超出之统一，又与被超出之

对立者成为对立。若深入此对立之里面求统一，则此深入之统一，又与被深入者成为对立，这样则依然仍是一对立。①

在钱穆看来，人生就是一个对立，能够化解对立，则是人类最根本的理论诉求。古今中外的重要的思想派别，无论是超出此对立之外求统一，还是深入此对立之内求统一，都没有从根本上化解对立。在这一点上，东方的道家和佛家正因为看到了此对立之难于统一，于是他们提供了一种"唯一可以的统一"的方案。

若真要避免对立，寻求统一，不如只在这之本身上求之。所以说这是甲，不如说这是这。与其说人生由神创造，不如说人生便是人生。与其说现象背后有本体，不如说现象便是现象。然而这是这，依然还是一对立。前一这与后一这对立，依然不统一。若真要避免对立，寻求统一，则不如只说这，更不说这是什么。一切人生，一切现象，这这这这，直下皆是，生也是这，死也是这，我也是这，非我也是这，是也是这，非也是这，一切对立，一切矛盾，只一这字，便尽归统一，尽归调停了。佛家称此曰如，道家称此曰是，又曰然。佛家说如如不动，道家说因是已，又说万物尽然。一切皆如，一切皆是，一切皆然。生与死对立，如只说如，或只说是，只说然，便不见有对立。然而在此上便着不得言语，容不得思维。若要言，只言这，若要思，只思这，这是唯一可能的统一。②

但是以道家和佛家的这种以"着不得言语，容不得思维"的方式实现的统一，是不令人满意的。

---

① 钱穆：《十八 经验与思维》，载《湖上闲思录》，生活·读书·新知三联书店2005年版，第80页。
② 钱穆：《十八 经验与思维》，载《湖上闲思录》，生活·读书·新知三联书店2005年版，第80页。

然而这一个宇宙，只见这这如如是是然然，便成为一点一点分离，一节一节切断了的宇宙。一个这这如如是是然然的人生，也是一个点点分离，节节切断的人生。人们在此宇宙中，过此人生，便只有突然顿然的跳跃，从生跳跃到死，从这一这跳跃到那一这。因为点点分离，节节切断了，这与这中间似乎一些也没有联系，没有阶层次第了。所以虽像极静止，实在却是极跳动。但人生又耐得常如此突然顿然地跳动？形式逻辑本来是一种静止的逻辑。这这如如的逻辑，更是形式逻辑之彻底倒退。①

或者可以说，道家和佛家体现的是一种东方的化解矛盾与冲突的智慧，但这种智慧是一种消极的智慧，因为这种智慧固然可以解决人类的很多问题，但这种解决的方式毋宁说是在回避矛盾。因此，从根本而言，在化解对立的方式上，道家、佛家与西方人并没有本质的区别，且看钱穆下面的分析。

黑格尔辩证法，见称为动的逻辑，一连串正反合的发展，其实仍还是一个正反对立。他的绝对的客观精神，仍不免和物质界现象界对立，这在上面也说过。东方人这这如如的观法，则是从经验倒退到纯难验直观的路上去，在此上把对立却真统一了。但又苦于太突兀、太跳动。博格森的绵延与创造的所谓意识之流，其实则并非纯经验的直观，此二者间应该有其区别的。依博格森的理论，应该说在心之解放之下，始得有纯经验之直观。但在东方人看法，纯经验直观里，似乎不该有记忆，而博格森的所谓意识之流则不能没有记忆的，这是二者间区别之最要关键。再换言之，上述佛家道家这这如如的直观法，用

---

① 钱穆：《十八 经验与思维》，载《湖上闲思录》，生活·读书·新知三联书店 2005年版，第80—81页。

博格森术语言之，应该是意识之流之倒转，而非意识之流之前进。应该是生命力之散弛，而非生命力之紧张。博格森要把纯经验的直观来把握生命之真实，其实仍是在深入一层看，仍逃不出上述所谓哲学上的对立之窠臼。因此博格森哲学，依然是一种对立的哲学，生命与物质对立，向上流转与向下流转对立，依然得不到统一。博格森认为只有哲学可以把握到真的实在之统一，其实依然摆脱不了西方哲学家之习见，遂陷入于西方哲学界同一的毛病。①

黑格尔辩证法无疑体现的是一种"超出此对立之外求统一"的化解方式，作为理性主义哲学，在钱穆看来，这种化解方式无疑是失败的；博格森的生命哲学体现的是一种"深入此对立之里面求统一"化解方式，作为非理性主义哲学，在钱穆看来，它同样是失败的。既然无论是西方的理性主义和非理性主义，还是东方的道家与佛家的思想，都不能从根本上很好地解决人生的对立问题，那么，哪一种思维能很好地在对立的人生中求得统一呢？钱穆认为，只有儒家，只有儒家的仁礼、爱敬之情感，才真正地实现对立中之统一。

孟子说："以仁存心，以礼存心。仁者爱人，有礼者敬人。爱人者人恒爱之，敬人者人恒敬之。"即此爱敬之心，则已融入我而一之。人我非对立，只是一爱敬。此乃是一亲实经验，而非思维。凡所思维，则在爱敬上思维。思其当如何爱，如何敬而止，不越出爱敬上，别有思维。如夫妇和合，父慈子孝，在我外与我对立之他，其实即吾心爱敬之所在。能爱敬与所爱敬，能所主客内外合人，体用无间，那才是真统一了。更何得视之

---

① 钱穆：《十八 经验与思维》，载《湖上闲思录》，生活·读书·新知三联书店2005年版，第81—82页。

为外在之一如，一是，一然。故此种经验不得只谓是一主体经验，因客体已兼融为一。即谓之一客体经验，亦复不是，因主体亦同在此经验中，如此则爱敬即人生本体，非仅属现象，但亦不得谓是唯心论。①

儒家这种化解人生对立的方式，就是一种"摄知归仁"的方式。只有这种思维方式，才真正实现了主客对立，求得统一。这种情况下所摄之"知"，是"仁"中之"知"，是人类群族中那一份共通之情感经验，因而，也就可以称为"客观经验"，"客观经验"一词本身就是主客交融的成果。到此，钱穆才一步步地引出了他那个上升到一定哲学高度的哲学术语——客观经验。

三 "客观经验论"的理论价值

钱穆整个学术思想的立基在于史学和心学，"一天人，合内外"是其最终旨归，"客观经验论"是其思想理论的必然升华。钱穆所说的"客观"是最大化的人生经验历史，"经验"是大群全体的人心体悟。在方法论上，在现时代的社会背景、思想背景下，可以说，钱穆走的是一条正确的思维之路。成中英曾用"超融"②作为术语，对朱子的方法论进行概括，"超融"的方法同样适用于钱穆提出"客观经验"论。只不过，作为史家的钱穆，其哲学思想是依托于史学思想的，在具体的论证层面，他也就不会哲学家般进行纯粹的逻辑推演，因此，李泽厚作了如下解释。

---

① 钱穆：《十八 经验与思维》，载《湖上闲思录》，生活·读书·新知三联书店 2005 年版，第 82 页。

② "超融"（transcendentai integration）一词，成中英自己这样解释："所谓'超融'，指的是提升概念以超越地融合众异与众端，透显秩序与层次，以见一体中之多元与多元中之一体。""'超融'不是一般的综合，而是在思考过程中找到一个涵盖一切经验与相关概念的观念，整合一切经验与概念为一个内涵丰富、层层相关、面面俱到的整体。"参见蔡方鹿、舒大刚、郭齐主编《新视野新诠释——朱熹思想与现代社会》（上），四川大学出版社 2007 年版，第 32—33 页。

梁（梁漱溟）和钱（钱穆）比现代新儒家如熊、冯、牟更为准确地把握了中国传统的特质和根本。但他们语焉不详，没有从哲学上展开，经常只是提示一下而已。①

"语焉不详"，不是说钱穆没有能力进行如李泽厚所说的"详"，而是他的兴趣本不在此，历史、文化才是钱穆关注的焦点。"没有从哲学上展开，经常只是提示一下而已"的"客观经验"正是学通四部经验的钱穆的"客观"经验，"客观经验"的思维模式，对学术思想史的意义却是非同寻常的。

众所周知，古老中国是一个重视历史与传统的国度，为何定要重视历史与传统，不同学人曾有多种不同的理解，钱穆在这里，将问题上升到了历史哲学的高度。他说历史心文化心，他说道理一体浑成，其实质都是因为他发现了传统中国人的重视客观经验的特点。钱穆看重的客观经验，既是对历史经验的总结，又是对哲学理念的抽离。很多人都知道钱穆喜欢谈经验，不喜欢谈理性，却不知钱穆也喜欢进行逻辑的推演，只不过钱穆不喜欢脱离史学的概念性的推演。纯粹的理性主义和主观的经验主义，钱穆都是不能接受的。在钱穆看来，任何真理都具有相对的属性，只有在相对真理内部，才有所谓绝对真理的存在。既然真理都具有相对性，那么真理就不能是"必然"的，而只能是"盖然"的；既然要在相对真理的内部寻找绝对真理，那么真理就不能依据"偶然"，而只能依据最大限度的"盖然"，而这一最大限度的"盖然"只能是整部人文发展的历史。这样，钱穆在史学的基础上提出"客观经验论"。在钱穆看来，中国近七百年的学术史上，也只有朱子真正地做到以"客观经验"为人类大群提供生存真理。虽然钱穆从未把"客观经验"一词用于朱子学的分析，但他关注朱子学的历史学与心学属性，本身就是他认可朱子学的历史经验的

---

① 李泽厚：《人类学历史本体论》，天津社会科学院出版社2008年版，第272页。

第五章 钱穆心性之学体现的学术风格

表征,钱穆也正是以历史经验为准绳来解读宋明理学、分疏中西文化的差异。

> 今人称中国思想近于西方之经验论,实则中国所重非个人经验,而更重于历史经验。个人经验是私的,短暂而狭小。历史经验是公的,广大而悠久。中国人必分别天理与人欲,非本之哲学,乃本之史学耳。①

这就再一次表明钱穆对朱子学或整个宋明理学的最基本看法是本之史学立论,而非哲学立论。《经验与思维》一文标题的深意即在于:思维是必要的,但思维要以经验为前提来进行。这个经验不是个体的主观经验,而是人类大群的客观经验。可以说,钱穆说的"客观经验",既非理性主义,也非直觉主义,而是一种新的学术类型。

> 在人的认识活动中,钱穆虽然肯定与推崇直觉的作用,但又承认而不夸大思辨、理性(理智)的作用。因此,如果一定要比较西方哲学,那么,其知识论的性质与基本特征,绝不是非理性主义、直觉主义所能概括,也没有理据加以界定为理性主义,而只能说是超(越的)理性主义与超(越的)直觉主义,实是理性主义与直觉主义的和合会通,可平实地说是主体会通主义。此主体会通主义,同时亦即是其学问论与方法论。分解言之,为:可知与不可知同在论,(认知)主体自由论,客观经验论、直觉根源源、主体会通主义与真理会通论,以及以求道明德为目的的知识目的论。②

---

① 钱穆:《宋明理学三书随劄》,生活·读书·新知三联书店2002年版,第75页。
② 罗义俊:《钱穆学案》,载方克立、李锦全主编《现代新儒家学案》中,中国社会科学出版社1995年版,第417页。

在罗义俊看来，钱穆的"客观经验"论是容纳思辨又超越思辨的"主体会通主义"，有时也可称为是"经验直觉主义"①。只是"主体会通主义"也好，"经验直觉主义"也好，都是从不同侧面表明钱穆的学术特质。可以说，钱穆的"客观经验"论关联着好多学术问题，如何深入挖掘其中的丰富含义，如何给钱穆的"客观经验"论定性，还是一个需要深入探讨的工作。如果本书能起到一个抛砖引玉的作用，吸引更多研究者对钱穆学术的兴趣，那么本书的作用也就实现了。

---

① 罗义俊：《钱穆学案》，载方克立、李锦全主编《现代新儒家学案》中，中国社会科学出版社1995年版，第421页。

第六章　钱穆心性之学与现时代

在 20 世纪的中国，钱穆有很长一段时期被排斥于主流学界之外。他在 1946 年北大复校时就没接到聘书，1948 年中央研究院第一届选举的 81 名院士中更没有他的提名，直到 1968 年他才当选第八届院士，就可见一斑。

钱穆的学问在 20 世纪崇尚西学、狂飙突进的时代，经常被贴上文化保守主义的标签，意谓钱穆的学术思想落后于时代。确实如此吗？答案是否定的，前文已多有分析。黄仁宇曾说，钱穆先生可能是将中国写历史的传统承前接后、首屈一指的现代大师。这样的一位大师热爱本民族的历史文化传统，期盼这一"源远"的传统能"流长"，他还身体力行地为中华文化的发展与创新做出了巨大贡献，其思想中固然有"旧"，但也不是没有"新"，而且他一直在"据本开新"。正因如此，有学者称其学为"新保守主义"。

> 很长一段时间以来，钱穆的学术思想都被归类为"保守主义"。这样的一种学术标签，固然离不开五四时期特定的时代氛围，尤其值得注意的是，早在 1919 年之前，青年钱穆"已逐月看《新青年》杂志，新思想新潮流坌至涌来。而余决心重温旧书，乃不为时代潮流挟卷而去"，钱穆独特的学术追求更是他本人在学术价值和路径取向上的一种主动选择。百年之后，我们

重估新文化运动的遗产，反而会更加清晰地发现，钱穆所坚守的"保守主义"有着更为复杂、斑驳、多变的时代底色，这种底色不仅仅是一边"新青年"、一边"温旧书"的新旧并陈，更有"除旧开新""若守旧而实求新""于旧机构中发现新生命"的钱氏学术特色。特定历史时期中西思想激荡交变在钱穆学术思想中的表现，并非落后、保守、恋旧的"保守主义"四个字所能概括，笔者在找不到更好的表述之际，姑且用"新保守主义"一词描述钱穆学术思想中"新旧交融、创旧为新"的复杂面貌。①

在作者看来，给钱穆之学贴上"保守主义"标签是不合适的，因为钱氏学术具有"除旧开新""若守旧而实求新""于旧机构中发现新生命"的特色，因此，这是一种"新保守主义"。持有这样的保守主义的人，无疑是"离经叛道者"。

钱穆作为一个非典型的"保守主义"者，其"新保守主义"姿态恰恰表现为他是一个"保守主义"阵容中孤独的"离经叛道者"——早年废今文、古文之辨反击康有为托古改制，中年发愤著通史与"革新派""科学派"分道扬镳，1949年离家在香港创办新亚书院之时，小心翼翼地与"新儒家"划清界限，钱穆独特的学术价值取向和路径，更像是一个激进派中的保守者，或者是保守主义中的激进派。钱穆毕生的学术实践都在破除门户之见，力图从"守旧"中"维新"，去解决那个"东西文化孰得孰失、孰优孰劣"的维系一生的"大问题"。②

在大量列举钱穆"离经叛道"的表现之后，作者进一步指出钱

---

① 马向阳：《重估钱穆的新保守主义价值》，《中国政治学》2021年第1期。
② 马向阳：《重估钱穆的新保守主义价值》，《中国政治学》2021年第1期。

穆思想之"新"处的表现。

笔者认为，如果沿用中国近代思想史中"激进主义"和"保守主义"的分析框架，钱穆作为一个非典型的"保守主义"者，其"新保守主义"姿态恰恰表现为他是一个"保守主义"阵容中孤独的"离经叛道者"——早年废今文、古文之辨反击康有为托古改制，中年发愤著通史与"革新派""科学派"分道扬镳，1949年离家在香港创办新亚书院之时，小心翼翼地与"新儒家"划清界限，钱穆独特的学术价值取向和路径，更像是一个激进派中的保守者，或者是保守主义中的激进派。钱穆毕生的学术实践都在破除门户之见，力图从"守旧"中"维新"，去解决那个"东西文化孰得孰失、孰优孰劣"的维系一生的"大问题"。①

这种"新"至少表现在以下三个层面：首先，从学术宗旨上而言，钱穆一生推崇守旧为开新，守旧只是一种基本的策略或者路径，其学术探索的本质仍是以开新为目的；其次，从学术的研究方法上来说，钱穆的学术体系都是建立在以新学（包括其所代表的西方文化）为参照、以旧学为素材的方法论之上，他的"史学殊无新旧"论和代表作品《国史大纲》就是最好的注脚；最后，钱穆的人生实践都融合在新学、旧学这两条河流中，他一方面恪守经世致用、知行合一的儒学传统，另一方面他又远离政治，兀兀穷年著书育人，以1700万言的著述阐释他萦萦于怀的那个中西文化比较的时代"大问题"——以钱穆的知识结构而论，也许他关于西方文化的诸多论述中确有可以商榷之处，但如此用心如一、归宗于中西文化之辨的学术志业，即使在钱穆的同时代学人中，也并不多见。②

---

① 马向阳：《重估钱穆的新保守主义价值》，《中国政治学》2021年第1期。
② 马向阳：《重估钱穆的新保守主义价值》，《中国政治学》2021年第1期。

至此，作者清楚地从学术宗旨、研究方法、人生实践三个层面揭示了钱穆之学所具有的"新旧交融、创旧为新"的特点，钱穆的"守旧"只是"开新"的"策略或者路径"，"新学""旧学"不仅在方法论上得到统一，在人生实践上也实现交融。可以说，作者分析得很准确到位。可惜的是，作者没有更进一步探讨钱穆之学的核心——心性之学，用以揭示钱穆之学所具有的时代性价值。因此，笔者认为有必要全面、系统地分析钱穆心性之学与现时代的关系，既为学术传承，也为学术创新；既为"通经"，也为"致用"。正如习近平总书记所说的那样：

> 宣传阐释中国特色，要讲清楚每个国家和民族的历史传统、文化积淀、基本国情不同，其发展道路必然有着自己的特色；讲清楚中华文化积淀着中华民族最深沉的精神追求，是中华民族生生不息、发展壮大的丰厚滋养；讲清楚中华优秀传统文化是中华民族的突出优势，是我们最深厚的文化软实力；讲清楚中国特色社会主义植根于中华文化沃土，反映中国人民意愿、适应中国和时代发展进步要求，有着深厚历史渊源和广泛现实基础。①

新与旧之间，一直就存在着辩证的统一。因此，不能不从新与旧相关联的角度，探讨钱穆思想的时代价值。

第一节　心性之学之于现时代的价值②

心性，是使人成为人的根本。心性之学，对"成人"来说，其

---

① 习近平：《在全国宣传思想工作会议上的讲话》（2013年8月19日），载《论坚持党对一切工作的领导》，中央文献出版社2019年版，第26页。

② 这是一个很大的题目，甚至可以称得上是一个很大的课题，完全不是三言两语所能说清的。在此笔者仅于钱穆心性之学研究的框架下，就目光所及、思虑所达浅表层地谈论一二，以为下一节正式谈论钱穆心性之学对于现时代的意义与价值作一铺垫。

重点性是不言而喻的。同时,作为东方特有的学问,心性之学对中国传统学术(尤其是儒家思想文化)而言,其关键性同样是不言而喻的,无论是哪一家哪一派,在研究中国传统学术思想的时候,都无法不涉及心性。

> "心性之学"在中国古代又被称为"真学问",她所强调的是与人的生命直接打通,是关乎"成圣""成道""成佛",一句话,是关乎"成人"的问题,除此之外别无他求。①

"成圣""成道""成佛",是中国传统社会中儒、道、佛三家对"心性之学"最高境界的揭示,而对生活在现时代的普通人来说,很少有人再用到这样的词汇,但"成人"一词永远不会过时。那么,什么是"成人"呢?钱穆做了如下阐述。

> 天地生人,只生了人的身体,两手空空,没有带来任何东西;人为了生存,要自己用心想办法生活,饿了找东西吃,渴了找水喝,冷了找衣服穿,经过一段长时间,待身心完成成长之后,才算成人。②

对"成人"一词的表层理解是"成为一个人"。"成为一个人",不仅关乎外在,也关乎内在;不仅关乎肉体,也关乎精神,而且只有心智与道德的成熟,才是"成人"的最关键方面。因此,真正能"使人成为人"的"心性之学"才是关于任何时代、任何生命个体的"真学问",这样的一门学问对现时代的意义依然是重大的。但是,近代以来,随着传统学术得以产生与发展的内在、外在条件的变化,科学"祛魅"能力的强化,传统"心性之学"容纳的人文精

---

① 徐小跃:《"无神"是中华优秀传统文化的重要特征和中华民族最深沉的精神追求——兼论中国哲学的心性之学与天人之学》,《新世纪图书馆》2014年第1期。
② 钱穆:《中国的人文精神》,载《中国文化丛谈》,(台北)联经出版事业股份有限公司1998年版,第340页。

神在学术性文字之外遇到似乎怎么看都觉得不合时宜,好似有人穿着大袖长摆的汉服在生活的场景中活动,怎么都会认为这是心血来潮的偶尔为之,无论如何不会认为这是常态之举。为什么会这样?"心性之学"真的已经被请进博物馆①了吗?如果真的是这样,那是否也就意味着中国几千年的文化传统已经止步于时代而与现实无涉了?显然不是。

  中华优秀传统文化已经成为中华民族的基因,植根在中国人内心,潜移默化影响着中国人的思想方式和行为方式。②
  我们决不可抛弃中华民族的优秀文化传统,恰恰相反,我们要很好传承和弘扬,因为这是我们民族的"根"和"魂",丢了这个"根"和"魂",就没有根基了。③

这是极其正确的论断。所以,有必要在现在的时代背景下进一步探寻中国传统心性之学的时代价值。大致说来,笔者认为心性之学至少可以从个人、社会、国家、宇宙四个层面体现其于现时代的价值。

一 个人层面:提供安身立命之方

作为万物之灵,人不仅是物质性的存在,更是精神性的存在。人生在世既是使生命得到延展的过程,也是使精神不断提升的过程。

---

① 这一说法来自约瑟夫·列文森。20世纪60年代,美国著名学者约瑟夫·列文森在《儒教中国及其现代命运》中断言,儒教已经失去所有的现实意义,只是博物馆中的陈列品。在列文森看来,儒学所代表的儒家传统在近代已经死亡,如今儒学只是一种"博物馆"中的哲学而已,因为儒学已随中国的封建时代一起"走入历史",在儒学体系中无法产生现代民主。这些说法都真实地描述了现时代儒学的存在境遇:生命力的丧失。
② 习近平:《习近平谈治国理政》,外文出版社2014年版,第170页。
③ 中共中央文献研究室编:《习近平关于实现中华民族伟大复兴的中国梦论述摘编》,中央文献出版社2013年版,第33页。

> 人生只是一个向往，我们不能想象一个没有向往的人生。①

很多人只知道追求外在的物质，用以满足人作为动物本能所具有的物质欲求，终其一生都处在追求物质、享受物质又迷失于物质之中，犹如孟子所说"人有鸡犬放，则知求之；有放心，而不知求"。最后，精神世界的空虚与荒芜必然给人本身带来各种各样的问题，如坑蒙拐骗、贩毒吸毒、卖淫嫖娼等恣意妄为的现象大量出现，不仅影响了个人的健康长远发展，也导致了群体的生存危机，有违易学的"继之者善也，成之者性也"的"生生之道"。解决问题的根本在于生命个体的自觉自悟，发现"我"，成就"我"。

> 天地只生了一个一个"人"，并未生成一个一个"我"。因此大家是一人，却未必大家成一我。我之自觉，乃自然人跃进人文世界至要之一关。有人无我，此属原人时代。其时的人类，有"共相"，无别相。有"类性"，无个性。此等景况，看鸟兽草木便见。"我"之发现，有赖于"人心"之自觉。②

在此，钱穆所说的"人"是指人的物质存在，所说的"我"是指人的精神存在。一个人如果只是作为物质存在，那么他与鸟兽草木没有区别。只有能发现自我并成就自我，人作为精神存在的意义与价值才能得到凸显。这一切的达成，必须依靠心性的自觉。唯有如此，才能填补现代人精神世界的空虚，使个体之心得到妥善的安顿。

二 社会层面：以道德自律托载法治他律

心性之学在现时代不仅对生命个体的"成人"具有重要意义，对社会群体和谐共生而言，同样具有重要价值，两方面是一

---

① 钱穆：《人生十论》，广西师范大学出版社2004年版，第1页。
② 钱穆：《人生十论》，广西师范大学出版社2004年版，第73页。

脉相承的。

国防大学朱康有认为，现时代是以科技为基础的经济社会，"知识经济"带来社会高度繁荣的同时，也使得价值标准被庸俗化。人们竭尽所能地追求本能欲望，使人性在不断堕落，"物支配人"的生活模式成为人类的痛苦遗产。虽然人们也在想办法寻求解决之道，但"现代文化形上的根本困乏"给不出更好的方案。因此，必须回归传统，从"心性之学"那里寻找思路与借鉴。①

朱康有对传统心性之学现实价值的理解具有一般性，可以视为传统"精神文化"对现代"物质文化"的纠偏。但是，"精神"与"物质"的关系不是两相对立而是和合成体的，这样一种视二者为"分庭抗礼"的思维本质上就有问题。人虽然也是动物，但人不完全等同于动物，人有作为万物之灵的独特属性。这种独特性，最本质的方面应该是作为道德主体的自觉自为性。人可以根据自我的道德自觉提出自己的道德标准，并且用适合自己的方式规范自己的行为，知道什么该做，什么不该做，知道为什么要这样做，并且知道这样做的意义、价值。所以，必须有"先立其大者"的精神生活，然后才能更好地满足"食色性也"的物质生活，应该以"精神"来主导与规范"物质"，否则，生命个体将沦为只有物欲的动物，生命个体组成的人类社会将沦为物欲横流的名利场。

> 最佳生活方式的标的，应该是物质与精神的统一，灵与肉的统一，享受与奉献的统一，自我与他者的统一。②

这样看来，道德主体自觉自为的心性之学，在今天依然具有重要的现实价值。

《论语·为政》中这样的话："道之以政，齐之以刑，民免而无

---

① 参见朱康有《儒家心性之学对现代人生的价值》，《哈尔滨学院学报》2003 年第 7 期。
② 彭定安：《论中华文化从传统向现代的转换》，《文化学刊》2007 年第 1 期。

耻。道之以德，齐之以礼，有耻且格。"大意是：用法制禁令去引导百姓，使用刑法来约束他们，老百姓只是求得免于犯罪受惩，却失去了廉耻之心；用道德教化引导百姓，使用礼制去统一百姓的言行，百姓不仅会有羞耻之心，还守规矩了。一般看法是这里分析了"法治"与"德治"的关系，孔子在此的核心思想不是不要"法治"，而是"法治"与"德治"相辅相成、配合使用。在笔者看来，这不是问题的关键，关键是"自律"与"他律"的关系问题。如果"道德"也变成了一种外在的说教，那么百姓对违反"道德"的行为只会产生舆论压力，是不会有"羞耻之心"的。因此，孔子虽然没有明确提出要引导百姓进行"自律"，但实质就是要唤醒百姓的道德良知，自觉自为。于此，才是处理人与外界关系的关键。

这样的思维同样适用于当今社会。体现公共意愿的"法治"社会固然是现代文明社会的重要标志，但是，只有追求社会每个成员都能"从心所欲不逾矩"的"德治"社会才是人类社会发展到最高阶段的标志。我们现在的社会正走在"法治"社会的路上，是不是也应同时启动"德治"方案？相信只要每个成员遵守法制他律的同时开启道德自律，社会的文明进步前景才会越来越好。而这一切的达成，离不开心性教育，离不开对心性之学的追寻与探讨。

> ……随着社会现代化进程的发展，道德将越来越是自律性的，他律的成分将伴随权威意识的衰落而越发减少。在这一意义上，心性之学可说是在制度化的儒家已经死亡之后所留存的比较有生命力的东西。哲学应当持久地致力于呼唤人的道德良知，在社会里不断增强道德的声音，帮助人们在心中建立终极的道德关怀，确立道德自律的意识，塑造自己的道德人格。就此而言，新儒学重建心性之学是符合历史发展趋势的。[①]

[①] 陈嘉明：《新儒家、心性之学与现代化》，《东南学术》1998年第3期。

三　国家层面：接续民族文化传统，助力中国的现代化

现代化（也称"近代化"），是近代中国由弱国变为强国的关键一招。2017年10月，在党的十九大报告中，习近平总书记浓墨重彩地描绘了在2020年全面建成小康社会之后，向第二个百年奋斗目标进军的宏伟蓝图，开启了全面建设社会主义现代化国家新征程。党的二十大报告提出，全面建成社会主义现代化强国，总的战略安排是分两步走：从2020年到2035年基本实现社会主义现代化；从2035年到21世纪中叶把我国建成富强、民主、文明、和谐美丽的社会主义现代化强国。这一战略安排，明确了全面建成社会主义现代化强国的时间表、路线图，展现了中华民族伟大复兴的壮丽前景，令人鼓舞，催人奋进。"现代化强国"不仅指物质文明，也指精神文明；不仅涉及经济方面，还涉及社会、政治、文化、生态等方面。而且物质方面所处的只是基础性地位，精神文明的高度发达才是一个国家真正现代化的标志。正如美国人类文化和社会心理学家阿历克斯·英格尔斯如下指出的那样。

> 所谓"现代化"，不应该被理解成为一种经济制度或政治制度的形式，而是一种精神现象或一种心理状态。……"现代性"可以被认为是一种"精神状态"。
>
> ……没有从心理、思想和行为方式上实现由传统人到现代人的转变，真正能顺应和推动现代经济制度与政治管理的健全发展，那么，这个国家的现代化只是徒有虚名。①
>
> 痛切的教训使一些人开始体会和领悟到，那些完善的现代制度以及伴随而来的指导大纲，管理守则，本身是一些空的躯壳。如果一个国家的人民缺乏一种能赋予这些制度以真实生命

---

① ［美］阿历克斯·英格尔斯：《人的现代化》，殷陆君译，四川人民出版社1985年版，第20—21页。

力的广泛的心理基础,如果执行和运用这些现代制度的人,自身还没有从心理、思想、态度和行为方式上都经历一个向现代化的转变,失败和畸形发展的悲剧结局是不可避免的。①

我们之所以在研究现代国家现代化时,把人的现代化考虑进去,正是因为在整个国家向现代化发展的进程中,人是一个基本的因素。一个国家,只有当它的人民是现代人,它的国民从心理和行为上都转变为现代的人格,它的现代政治、经济和文化管理机构中的工作人员都获得了某种与现代化发展相适应的现代性,这样的国家才真正称之为现代化的国家。否则,高速稳定的经济发展和有效的管理,都不会实现,即使经济已经开始起飞,也不会持续长久。②

英格尔斯在此一针见血地指出,一些国家或企业即使有先进的制度,但如果缺乏能赋予这些制度以真实生命的广泛现代心理基础,如果执行和运用这些现代制度的人自身还没有从心理、思想、态度和行为上都经历一个向现代化的转变,那么,畸形发展的悲剧将不可避免。这就是著名的"英格尔斯效应"。也就是说,只有人的现代化,才是一个国家现代化的真正意指,这样的国家才是真正的现代化国家。在此意义也可以进一步说明,国家不仅是政治存在、经济存在,更是历史存在、文化存在,其中,"人"是核心。那么,中国的现代化事业现在是什么状态呢?

过度现代化、技术化、个人化、私人化,使我们失去传统的基地,承受"不能承受的轻",在社会生活和生存状态中,存在自然毁坏、生态失衡、物种灭亡、家庭破损、亲情疏离、人

---

① [美]阿历克斯·英格尔斯:《人的现代化》,殷陆君译,四川人民出版社1985年版,第4页。
② [美]阿历克斯·英格尔斯:《人的现代化》,殷陆君译,四川人民出版社1985年版,第7—8页。

际关系紧张、社会犯罪、吸毒、艾滋病、恐怖主义等等的侵害和威胁。现代人缺乏安全感、稳定感、归属感，幸福感也在缩水和寻觅新的指归。市场化和城市化是现代化的必经之路，它们也确实给人类带来了、创造了高度发达生产力、巨大财富、高水平福利生活以及人的高智能及其良好的发挥；但是，市场经济的营造运转，城市化的高度发达，技术的深入生活的每一个角落，几十万、几百万甚至千万以上的人口高度集中等等，这种现代化的进展，造成物质化、技术化、享乐化、自我化、排他性、严重竞争性的，非自然、非人伦、非人性、非道德化、非仁爱化的价值观、行为准则和精神状态与生存状态。这不仅造成社会的磨擦、矛盾、争斗、冲突，社会分层化进至分裂化，社会构造、社会稳态受到损坏和震荡，社会生态遭受破坏；而且，深及人类的精神肌体、心灵世界；人的人生圭臬、存在方式与生命本性，受到戕害，面对三大家园——自然家园、社会家园和自身心理家园的整体性破损局面。①

我国现代化事业正在迅速进展，文化的滞后，在思维方式、行为准则、价值观等方面，都表现出来。文化不实现现代转换，人不成为现代文化所装备的现代人，现代化事业就不可能顺利地和完满地完成。②

确实如此。近代以来，一代又一代的中国人为了把古老的中国从落后的泥淖中拖出，继而走上现代化的光明大道，耗费了无数的心血。在这个意义上，中国的现代化还有很长一段路要走，俗语说"十年树木，百年树人"，人的教育、培养绝不是一朝一夕就是完成的。因此，重视中国传统学术，重视民族文化固有的心性之学，重视本民族的历史文化，是国家现代化举措中的重要一环。

---

① 彭定安：《论中华文化从传统向现代的转换》，《文化学刊》2007年第1期。
② 彭定安：《论中华文化从传统向现代的转换》，《文化学刊》2007年第1期。

清代龚自珍曾从反面说明了历史文化对一个国家的重要性。

> 欲知大道，必先为史。灭人之国，必先去其史。①

如果从正面说，恰如钱穆如下所言。

> 欲复兴国家，复兴文化，首当复兴学术。而新学术则仍当从旧学术中翻新复兴。此始为中国学术文化将来光明一坦途。②

复兴国家，不离开复兴文化；复兴文化，首先必须复兴学术。作为中国传统学术思想的核心内容，心性思想是重中之重。传承心性之学，从"旧学术翻新"，实现"中国学术文化将来光明一坦途"，才能真正地从思想文化层面打造中国式现代化。

> 每个国家、每个民族都生存于自己的传统中，"传统"，散布、弥漫、潜存于现实的日常生活中和生活方式中、民族的集体无意识中、国民心态和民族精神中。它是不应该也不可能完全、彻底地清除的。果如此，则丧失了国家、民族自身，成为没有历史、没有传统，也就是没有根基的民族。那就是民族的灭亡，而不是民族在现代化进程中的新生。③

四　宇宙层面：实现天人合一，使生命之间和谐共处

印度著名神话学家德夫杜特·帕塔纳伊克（Devdutt Pattanaik）在题为《信仰命运或畏惧》的 TED 演讲中，讲述了马其顿王国亚历山大大帝到访印度的故事。这位世界征服者在恒河边上遇到了

---

① （清）龚自珍：《定庵续集》卷2《古史钩沉二》，载《龚定庵全集》，上海鸿文书局1902年版。
② 钱穆：《中国学术通义》，九州出版社2011年版，"序"。
③ 彭定安：《论中华文化从传统向现代的转换》，《文化学刊》2007年第1期。

一位赤裸的"修行者"。亚历山大大帝问他:"你在做什么?""我在感知虚无。你在做什么?"修行者回应。"我在征服世界。"亚历山大说。之后,他们都笑了,彼此都觉得对方是荒废生命的傻瓜。我们可以把这个故事看作是一种隐喻,通过对比的方式含蓄地揭示了东西方文化的不同之处。化用钱穆的话说,西方文化是一种外倾型的文化,这种文化喜欢向外看,喜欢获取,精神实质是"开物成务";东方文化是一种内倾型的文化,这种文化喜欢向内看,喜欢安定,精神实质是"人文化成"。以心性之学为核心的中国传统文化具有东方内倾型文化的典型特征。在 21 世纪西方外倾型的文化大行其道的现时代,冲突不断,纷争不停。在此情形下,主张天人合一的中国传统的心性之学,有着无可替代的时代价值。那么"天人合一"的精神对宇宙间的所有生命到底有何价值呢?我们且看钱穆如下的分析。

> 中国传统文化中虽无自己特创的一种宗教,但不能说中国人没有他们所特有的一种信仰。中国人相信在宇宙一切万物及人类之外,别有一种最高存在,即"天"。此一最高存在之天,乃为宇宙一切万物及人类之最后主宰。[①]
>
> 惟中国人又认为宇宙一切万物及及人类,皆由于此最高存在之天而有,因此,宇宙一切万物及人类,其相互间,应有"原始和谐"及"终极和谐"之一境界。至于过去、现代及将来,宇宙一切万物及人类相互间,种种纷乱和冲突,此等现象,只该从一切万物及人类本身求解答。决不能谓出于天心与天意。
>
> 若求解消此宇宙间一切万物及人类相互间之种种纷乱和冲突,就人事自身立场言,应从人类之自求和谐开始,乃能企及于一切万物之终极和谐。

[①] 钱穆:《中国传统文化与宗教信仰》,载《中国文化丛谈》,(台北)联经出版事业股份有限公司 1998 年版,第 101 页。

同样道理，就人类中各个人之立场言，欲求人类和谐，应从人类中各个人之自求和谐始。人类中各个人之自求和谐，应该从各个人之自求其内心和谐始。

中国人认为人类之各自有其心灵，亦由于此最高存在之天而来。因此个人之内心，乃及于全人类之心与心之间，亦必有其原始和谐乃及终极和谐之一境。中国人认为，必由各个人先求内心和谐，然后乃可企及于人类相互间这和谐。必由人类自身和谐，乃可企及于宇宙一切万物之大和谐。

此在中国人理想中，谓之"天人合一"。①

只有信仰"天人合一"，主张"天人合一"，努力去追求"天人合一"，才能真正地实现宇宙间所有生命的和谐共处。理解"天人合一"的关键，则在于我们每一个人的"心性"，也就是说，只有每个人"内心和谐"，才能实现"人类和谐"；只有实现了"人类和谐"，才能"解消此宇宙间一切万物及人类相互间之种种纷乱和冲突"，实现"一切万物之终极和谐"。

所以，在现时代，无论基于何种角度，作为真正的关于人的学问——心性之学并没有不合时宜，它依然有持久的价值，可以借用倪培民的话来概括其现实意义。

> 从当代世界哲学的处境来看，儒家心性论的功夫取向正是哲学走出后现代解构废墟途径。从人类所面临的危机来看，作为功法的心性之学不仅不是无意义的抽象空谈，相反，它恰恰是人类走向成熟、摆脱生存危机所急需的资源。②

我们需要做的，只是将传统的心性之学进行重新诠释，以使其

---

① 钱穆：《中国传统文化与宗教信仰》，载《中国文化丛谈》，（台北）联经出版事业股份有限公司1998年版，第102页。

② 倪培民：《再论心性之学与当代儒学的世界化》，《中国哲学年鉴》2020年第1期。

适应现时代，服务于现时代。

第二节　钱穆心性之学之于现时代的价值

无论学界对钱穆之学有多少争论，笔者始终认为，钱穆的思想体现的是一种"新"的儒家思想，从根本上来说，他是属于"新儒家"① 的。他也一直同唐君毅等人一样，认为心性之学对中国文化的价值、对于现实的意义是非常重要的，可以打通内外、古今、天人。

> 今人如能了解此心性之学，乃中国文化之神髓所在，则决不容许任何人视中国文化，为只重外在的现实的人与人之关系之调整，而无内在之精神生活，及宗教性、形上性的超越感情之说。而当知在此心性学下，人之外在的行为，实无不为依据，亦兼成就人内在的精神生活，亦无不兼为上达天德，而赞天地之化育者。此心性之学，乃通于人之生活之内与外及人与天之枢纽所在，亦即通贯社会之伦理礼法、内心修养、宗教精神及形上学等而一之者。②

也就是说，"心性之学"具有的"通贯社会之伦理礼法、内心修养、宗教精神及形上学等而一之者"的特质是一直存在的。只是，钱穆的为学之路异乎其他的港台新儒家，他论学不讲门户，尚通学为通人，立足经史传统，结合时代特点畅发"心性之学"宏旨，提出了很多既传统又现代的极有启发意义的思想和命题。因此，研究

---

① 这里所说的"新儒家"，是从广泛的意义上说的，着眼的是钱穆思想之于传统儒家相比，具有了很多时代性的、创新性的方面，而不是从余英时意义上的学派流派的角度上说。

② 唐君毅等：《中国文化与世界》，载《唐君毅全集》（第9卷），九州出版社2016年版，第21页。

钱穆的"心性之学",具有不可忽略的学术价值和实践价值。

一 学术价值

如前所述,钱穆的心性之学既具传统性又具时代性,既能承续传统学术精神,又能推进传统学术理论。下面,就从这两个方面分别展开论述。

(一)承续传统

钱穆是现代学人中少有的能全面传承中国固有学术传统与精神的人。探讨钱穆心性之学的学术价值,当从其能很好地承续中国固有学术传统方面展开。

1. 承续四部之学的经史传统

中国固有学术是以四部之学的形式存在的。严格意义上的"四部之学"从唐初魏征领衔编纂《隋书·经籍志》时开始确立,包括经、史、子、集四个部分,内容涉及自然、社会、人文科学各领域。具体从治学的角度来说,"四部之学"的核心内容主要在经与史。陈壁生认为,这样一个传统的形成不是一蹴而就的。

> 中国经史传统的形成是一个极为复杂的问题。汉代以后,经学诠释深刻地影响了历史书写。①

也就是说,先有经学,后有史学,然后才是经史结合、密不可分,但相对来说,经学更为根本,经学影响史学,这是从经学与史学两者的关系来看;如果从整个四部之学来看,则经史之学可视为一个整体,是四部的根本,比子集之学重要得多,如同有学者如下总结的那样。

---

① 陈壁生:《经学诠释与经史传统的形成——以殷周爵国问题为例》,《哲学动态》2021年第2期。

在经史子集四部之中，经史为本，子集为末；在经史之中，经为经，史为纬。经史缺一不可：有经学而无史学，不足以达权应变；有史学而无经学，不足以知大道；经与史共同构成了士大夫之学，宋代以来的科举考试主要就是考察经史之学。帝王和士人都是以经史之学修身、齐家、治国、平天下。所以，经史之学就是秩序构建、维护、重建之学，是探求应变以致善的道术，是真正的大人之学，关于民族、国家、文明生死存亡之学。①

依据作者的分析，经史之学是"士大夫之学"，是"真正的大人之学"，是"关于民族、国家、文明生死存亡之学"，这样的学问怎能不重要？这是从经史之学的内容、价值取向来看其社会功用，如果从纯学术的角度出发，经史之学体现的不是纯学术的理论思辨，而是历史与逻辑的统一，所以这就决定了这样一门学问不仅有鲜明的义理指向，也有强烈的现实关怀。

经史之学当然有其方法，也就是经史方法，或许可以概括为：实事求是。②

正是基于此，对中国传统学术采取的治学方法就是对经、史类文献进行文字学、音韵学、训诂学、义理学研究的方法，这一治学传统代代相沿，就成为研究中国传统学术特有的方法。但是，经史方法不同于时下流行的哲学方法，因为经史方法有着更为确凿的事实根基，有着更明确的经世致用追求，而不是只追求"逻辑统一"和"为学术而学术"。因此，姚中秋认为，经史之学是真正的中国研究方法，今天所说的"文史哲"传统只是"传统经史体制崩解后，被迫寄身于现代学术体系中的残片。如果我们意欲接续经史之学传

---

① 姚中秋：《经史传统抑或文史哲传统》，《开放时代》2021年第1期。
② 姚中秋：《经史传统抑或文史哲传统》，《开放时代》2021年第1期。

统，尤其是发现并宏大于 20 世纪的经史之学，从而在更大范围的新天下发展中国式社会科学体系"[①]。

钱穆的心性之学正是立足于中国传统的四部之学，以经史方法为进路，体现了兼容并包、融会贯通的特点，具有学术大家的风范。

四部之学囊括了中国固有学术的方方面面，是一种没有门户界限、没有学科壁垒的通学。要想掌握通学，必须有通人。只有尚通学为通人，才能逐步改变"道术为天下裂"的现实学术弊端，使学术回归正轨，真正服务于人生，使得人类社会良性运转。钱穆为学一贯主张破除门户，"强调门户之见必须打破"，在他看来，四部之学本就是一体，都在"呈露中国文化的特性"，中国传统学术都是以"贯通和整合为其最主要的精神"的。这样，钱穆就一边传承传统学术话语与精神，一边借经史之学努力回应现时代的学术挑战。他沿着经史之学的学术进路，依托古圣先贤已有之言、民族历史实有之迹进行严谨的逻辑推衍，归纳提炼出"历史心与文化心"这样的核心用语，用以安顿人心于"大群"生活处，成就一个"大我"，发挥古已有之的万物一体精神。万物一体观自古以来的证成方式，有着眼于宇宙整体的（如惠施、庄子），有着眼于心灵境界的（如孟子、陆王），用钱穆的话说就是"唯物"的和"唯心"的。为什么相比于哲学进路，心性之学研究中的经史进路更加可贵？其中最主要的，借助钱穆的用语，整体而言哲学进路偏于"唯心"而缺失了"唯物"的一面，钱穆则走了一条即物即心、心物合一的综合之路："唯史"的。他主张回归经史（"唯物"），从中会通、抽离出共性的精神（"唯心"），这样一条为学进路，即存在即本质、即实然即超然，真正实现了历史与逻辑的统一，不能不说，这于中国传统学术思维是一种传承与创新。

这样一条为学进路，适应于钱穆生活的古今交错、中西碰撞的

[①] 姚中秋：《经史传统抑或文史哲传统》，《开放时代》2021 年第 1 期。

时代，也自然适合于如今以至很长一段时期内都存在的古今交错、中西碰撞的既定现实与可能现实。钱穆的这一做法，无疑具有典范意义。因此，沿着钱穆所走路径和接着钱穆话语继续向前推进，对构建中国特色哲学社会科学体系来说，是大有裨益的。

2. 承续中国传统人文精神

中国传统学术讲究一个"学以载道"，如果说上一个标题侧重解决的是学术方法问题，属于"学"的范畴的话，那么这个标题侧重解决是就是人文精神的问题，属于"道"的范畴。这个"道"，概括而言就是"内圣外王"，具体来说就是修身、齐家、治国、平天下，体现的就是经史之学的经世致用精神。

众所周知，近代以来，随着国力的衰落，西方文化伴随着军事侵略开始对文化中国进行强势入侵。也正是基于这样的时代背景，从最初的对西方世界的闭目塞听，到逐渐睁眼看世界，再到"中体西用"式的有保留的学习西方，一直到新文化运动大张旗鼓地批判"孔学"，一点点地导致为了彻底接受西方文化而对中国传统文化、固有学术精神进行无情的挞伐。近年来，无论是从个人层面，还是社会层面和国家层次，甚至是人类层面，都逐渐认识到中国传统文化的价值，于是大力主张复兴中华优秀传统文化。但是，中华优秀传统文化是牵涉甚广的范畴，因此，必须抓紧这一范畴的核心精神，即才能事半功倍。那么，中国文化的核心精神是什么呢？钱穆用如下的话语告诉我们。

我们中国文化，是以人文精神做中心的一种文化。[1]

中国文化偏重于人文主义，最重要的是道德。[2]

中国文化，是人文主义的文化，讲人文精神，重要在道德，

---

[1] 钱穆：《中国的人文精神》，载《中国文化丛谈》，(台北)联经出版事业股份有限公司1998年版，第329页。

[2] 钱穆：《中国的人文精神》，载《中国文化丛谈》，(台北)联经出版事业股份有限公司1998年版，第338页。

"心"又是道德的发源地……①

在钱穆看来，中国文化是以一种人文作为中心的文化，而人文精神的核心就是道德。也就是说，复兴中国文化，实质就是复兴人文精神，复兴道德精神，而道德根植于人心，所以，复兴中国文化，就是复兴中国的"心"文化。为什么"心"文化如此重要、关键？因为"心"文化是真正关于人的文化，是人类文化的核心所在。

> 人类文化有所谓自然主义的文化，与人文主义的文化，自然主义的文化，比较偏重于自然，是向外的，外为物；拿人来讲，便偏重讲人外表的躯壳身体。人文主义的文化，比较着重于人文，是向内的，内为心；拿人来讲，则着重于讲人身内最重要的部分心。这两种文化虽有倚重倚轻之不同，彼此应该是相通的，合一的，就像是我们人的身心，必须协调一样。这两种文化有三大产物"宗教"、"科学"与"道德"三者。②
>
> 故宗教、科学、道德三者的讲求，都得靠"心"。宗教家的心、科学家的心以及一切人的心。宗教家、科学家以及一切人都是人，而人最重要的部分就是心，因此人文主义者拿"心"做文化的中心这一点，非常重要，我们当特别注意。③

于是，钱穆再次强调，"心"之于中国文化的重要，因此"我们当特别注意"。也正是基于这样的考量，钱穆认为，今天我们讲复兴中国文化，核心就在于复兴传统人文精神。

---

① 钱穆：《中国的人文精神》，载《中国文化丛谈》，（台北）联经出版事业股份有限公司1998年版，第340页。
② 钱穆：《中国的人文精神》，载《中国文化丛谈》，（台北）联经出版事业股份有限公司1998年版，第336页。
③ 钱穆：《中国的人文精神》，载《中国文化丛谈》，（台北）联经出版事业股份有限公司1998年版，第340页。

  事实上，今天西洋人的科学比我们进步。我们今天可说是处在真空之中，如果不甘堕落，就要努力复兴中国文化，要复兴中国文化，就要讲人文精神，要重道德，将心比心，把别人当人看，要承认自己是个中国人。①

  这样，钱穆就在继承中国思想文化传统的大背景下，凸显了中国人文精神的价值。钱穆也在等身的著作中具体落实着他的人文理想，他于四书五经、于历代王朝、于古今圣贤，包罗万象，无所不及，为的就是基于经史之学，承续中国文化的人文精神、道德精神，承续中国关于"心"的文化。

（二）推进理论

  前面，我们分析了钱穆心性之学具有的承续传统的方面，接下来我们探讨钱穆心性之学具有的理论创新方面，看看一代大师是如何沿着前贤的思路与问题继续推进中国传统的心性理论的。

  钱穆对传统心性之学的理论推进是多方面的，甚至可以说是全方位的。例如，从历史与文化的角度解读"心"的内涵，从心史结合的角度解读孔学，从自由与平等的角度解读孟子"性善论"，等等。因为前文对这些方面已多有分析，所以在此就不再赘述。此处主要探讨的是基于思想史角度，钱穆对心性理论发展的重要时期——宋明理学时期心性之学的重要推进（有时可称得上是翻转），一如宋明理学家曾将孔孟儒学在很多方面进行推进，借此进一步阐发钱穆心性之学的学术史意义。

1. 将论证思路从先验转向经验

  先秦时期重经验思维，因此那时的心性之学多从经验角度立论，儒家尤其如此；宋明时期的心性思想受到佛教哲学的巨大冲击，为了应对方外之学的挑战，也开始从先验论角度立论。这样，基于

---

① 钱穆：《中国的人文精神》，载《中国文化丛谈》，（台北）联经出版事业股份有限公司1998年版，第343页。

"本体"的追寻,"心性"之学的论证路径也从经验转向先验。这一运思路径,极大地展现了中国传统心性之学的魅力,使中国传统学术思想在与佛教思想的抗衡中占据了兼容并包且积极向上的基础性优势,也使中国传统学术的光芒辐射到了周边很大的区域。

与先秦儒家的心性之学进行比较可以发现,宋明理学心性论完成了心性之学领域论证思路从经验向先验的翻转,虽然这在一定程度上背离中国固有的学术传统,但体现的是一种"经世致用"式的理论推进。

但是,任何时代的学术都必须适应于时代才能服务于时代,宋明理论心性论尤其是程朱理学的本体论的运思路径发展至后来就越来越明显地束缚了人的思想与精神,而阳明一系的心学虽然也一定程度解绑了人的主体性,但不久又走向另一个极端,"狂禅"遍地,传统人文精神也由此开始走向衰落。紧接着盛行考据学风,虽然于学术方面有自己的贡献,但在人文精神方面还是遗失了很多。

钱穆生于传统人文精神逐渐衰落的晚清,再加上西方学术的猛烈冲击,钱穆时常困惑于东西方文化孰优孰劣的深层疑问。钱穆采取的做法是结合时代课题,以西学为参照,对整个中国学术传统进行通盘考量。在他看来,只有发扬中国的人文精神,弘扬传统的心性之学,才能真正回应时代课题,使学术服务于现实。

钱穆深厚的经史之学功底,使得他没有空谈心性,而是使心性之学落实于确确实实的人类生存经验。所以,他的运思路径就既非先验的,也非经验的;既能留取"先验""总揽全局"之长,又避其"束缚全局"之短;既留取"经验""踏实可靠"之长,又避其"以偏概全"之短,这就形成了他的"客观经验论"运思路径。这样,一路运思路径既能回到传统,又再超越传统;既能揭示一般性,也能兼顾特殊性;既能体现原则,也能变通原则。

同时,这样一种运思路径,也具有鲜明的典范意义。近代以来,理性主义思维受到了后现代思维的激烈抨击与解构。解构主义固然帮人们摧毁了桎梏于人类的精神枷锁，但人类也由此失去了安身立命的精神家园。人类无法忍受生存于一片精神废墟中，但也无法轻而易举在被解构的思想废墟中再次建构起新的精神家园。钱穆的由先验转向经验，确切地说是转向客观经验论的治学，则有效地既承继又超越了近代的理性主义思维，也修正与重构了后现代的解构主义思维，因此，在这个意义上，钱穆阐发的心性之学，也是有着继往开来的学术价值的。

2. 将"道心"与"人心"的关系进行翻转

除了将心性论的论证思路从宋明理学的先验转向客观经验之外，钱穆还将理学家们常说的"道家""人心"关系进行了翻转，认为不是先有"道心"后有"人心"，而是先有"人心"后有"道心"，从"人心"导出"道心"。下面且看他的表述。

> 中国人贵言"道"，而此心未必尽合于道。但道则必本之于心，未有违于人心而可以为道者。故人心之合于道者，则谓之"道心"，非别于人心之外而有道心之存在。道心即在人心中，唯隐藏难见，故曰微。若此心违于道，则但谓之人心，则此心则不易安定，故曰危。此"微"此"危"，只此一心。①

在钱穆看来，中国人都重视"道"，但任何的"道"必须本于"人心"，也只有基于"人心"才可以谈"道心"，"道心"即在"人心"中。从这一表述不难看出，钱穆非常重视"人心"。那么他为什么要如此重视"人心"呢？

> 心只是一个心，果无人心，则何来有道心。道心即是人心中之理，即人心而合理者。其实人生一切理全从心出，故曰心即理。至安危之别，亦此心自知，是即心即理之真凭实据矣。

---

① 钱穆：《略论中国心理学 一》，载《现代中国学术论衡》，生活·读书·新知三联书店2001年版，第76页。

何须更有外加之探索乎!①

在钱穆看来,"人心"之所以重要,是因为它是"道心"产生的基础,没有"人心"就根本不会有"道心"。所谓的"道心",不过是"人心中而合理者","道心"必须以"人心"为"真凭实据"。从钱穆的分析不难看出,他是主张即心即理的,认为"人心""道心"属于一心。

从表面来看,钱穆只是将"人心"置于"道心"之前,但这样分析与处理有着重要的学术史意义,因为他将宋明理学家原本是从本体论角度阐发的学术问题转向了从认识论角度进行阐发,可以说是对传统的"道心""人心"关系进行了翻转。这样的翻转从表面来看似乎凸显了"人心"的地位与价值,从而相对降低了"道心"的地位与价值,实则不然。钱穆将"人心"置于"道心"之前,只是显示了他不同于先验思维的经验思维,与其说他重"人心"轻"道心",不如说他基于"人心"谈"道心",他是二者并重。这就与他为学重视现实的同时也重视历史的为学特点密切相关:因为重视现实,所以看重现实的"人心";因为重视历史,所以重视历史上的"人心"。将现实与历史相贯通,将"人心"与"道心"相和合,就形成了他重视基于当前个体心的"千古常然之心"。

> 人心道心虽属一心,而自有辨。人心乃一人一时之心,当下而即是。道心乃万众万世之心,千古而常然。常离却当下即是之心,亦不见有千古常然之心,此一义也。然不可谓凡属当下即是者,皆属千古常然,此又一义也。②

---

① 钱穆:《朱子四书集义精要随劄》,载《宋代理学三学随劄》,生活·读书·新知三联书店 2002 年版,第 165 页。
② 钱穆:《说良知四句教与三教合一》,载《中国学术思想史论丛》(七),生活·读书·新知三联书店 2009 年版,第 160 页。

此处,"人心"与"道心"虽是一心,但也有别。如果"人心"中有不合于理者,体现不了"千古常然",那就不是"道心"。由此看来,钱穆重视"道心"还是胜于"人心"的,因为"道心"一定是人心中合于理的方面,而"人心"中并不是全都合于理的。仅从这一点上看,钱穆的思想本身还是承继宋明理学家的,只不过他的思维方式有了很多自己的特色。

分析完钱穆的"人心""道心"之论,接下来说要探讨钱穆这样处理"人心"与"道心"关系的学术意义。从整体说来,钱穆的这样一套经史之学的运思路径体现了对本体论思维的对抗,他想做的是将中国学术思想"盘活"。他不是不要"一般",而是要将"一般"建立在"特殊"的基础上,将"共相"建立在尽可以广大的"殊相"之上,从而为现实人类提供客观经验和法则。他也提示人类:应该立足于人类的生存经验来获取现今人类的生命知识。仅从这一点看来,钱穆的思想是一脉贯通的。

3. 将"情"与"欲"的关系进行翻转,将认识的角度进行转换

重情,是传统儒家思想的重要特征。中国传统思想中的很多重要范畴都与"情"有着密切的关系,如"道""理""性""心"等。但是,随着理性主义的扩张,儒家重情的传统也一再受到挑战,"情"作为"道"产生的基本前提的观念也时有式微。到了近代,世界范围内的理性主义霸权都面临着被彻底解构的危机,这固然有思想解放的意义,但也有普遍法则无从产生的困境。于此情势下,基于人文立场,从人本身固有的自然情感出发,为人类社会立法,就成为一种大有希望的时代潮流。因此,钱穆主张回归原始儒学,在理性降格的时代趋势下推崇重情传统,将"情""欲"对举,也是为时代难题提出了中国式的情感主义的解决方案。

重情轻欲,由欲转情,是钱穆心性之学又一个非常明显的特点。前文对他关于"情""欲"的论述已做过较为详细的分析,整体来说,钱穆认为先有"欲"后有"情","情"从"欲"中产生。钱穆

这样的主张，体现的是中国传统的"天人合一"思想。

在钱穆那里，性出于自然，成为包含"欲"与"情"的多元范畴。"性"是一种先天具有又待后天发现的动态性能，人们需要在"由性生欲，由欲转情"的发展过程中，实现性的价值，最终完成天人合一。①

需要思考的是：钱穆没有像宋明理学那样将"理"与"欲"并提，而是将"情"与"欲"并提，到底有何学术意义？

第一，大致说来，在钱穆那里，"情"是产生"道"的基础，是人的本心所有。这样，"情""道""心"就达成了统一，三者之间是即心、即道、即情的关系。但是，这是一种原初状态和理想状态，现实中每个生命个体之心中都有不合乎情不合乎道的地方，因此，就要分析这些地方是什么，怎么面对它顺应它改变它，这就引出了"欲"。"欲"是人与动物共有的生物本能，只有"欲"出于"心"并合于"道"，才能体现为"情"，这就牵涉了中国传统的修养论（功夫论），钱穆这样的情欲观是为他凸显中国传统学术的实践指向作铺垫的。

第二，将"情""欲"关系问题由基于本体论的探讨转到基于文化属性的探讨。之所以会如此，这与钱穆力图通过情欲之辨，张扬他以中国传统学术对抗西方文化、以人文之理对抗科学之理的为学主张密切相关。在他看来，中国文化重情，是精神文化；西方文化重欲，是物质文化，因此，弘扬中国传统文化，就是弘扬重情的文化而轻视重欲的文化。前文已有列举，在此不赘述。

第三，钱穆重情的主张，既切合了先秦的"道生于情"的学术传统，也顺应了近代以来"情感主义"哲学的学术趋势。出于对理

---

① 李亚奇、文碧方：《自然与道德的张力：钱穆性情观刍议》，《天府新论》2020年第4期。

性主义思潮的反思,对解构主义思潮的修正,世界范围的学术界在20世纪30年代兴起了情感主义哲学。这一哲学最初在英美等国最流行,代表人物是维特根斯坦、史蒂文森。情感主义主张道德基于情感,是个人情感的表达,否认道德判断的客观性。这一思潮在解放人类情感的同时也将人类的价值标准引向了相对主义。在中国国内,很多学者也持有情感主义立场,但他们大多没有从"重建形而上学"的角度将"情""道"关系客观化。或者说,很多还不放心将客观之"道"建立在主观之"情"上。但中国传统哲学的"情感"属性却是不争的事实,蒙培元即认为——

> 情感是重要的,但是将情感作为真正的哲学问题来对待,作为人的存在问题来对待,提出和讨论情感的各个方面……,成为解决人与世界关系问题的主要话题,则是儒家哲学特有的。这里所说的"哲学问题",不是指哲学中的某一个问题,或哲学中的一个分支(比如美学和伦理学),而是指哲学的核心问题,或整个的哲学问题。在西方哲学中,也有将情感作为哲学问题来处理的,但在西方"分析思维"的传统之下,情感之时作为哲学中的一个问题或一个分支来处理的。①
>
> 中国哲学就其特质而言,是"情感哲学"。②

不管人们对"情感"还有多少的不放心,但"情感"于人类生存与发展的意义不容忽视。因此,构建未来的适合人类生存与发展的哲学思想体系,构建中国人自己的哲学社会科学话语体系,都不能回避"情感"的问题。如何使理性与情感达成有机统一,则是处理问题的关键。钱穆的重情思想,体现了应对现时代人类价值困境所能提出的一种情感主义的方案,因此,无论是对中国

---

① 蒙培元:《情感与理性》,中国人民大学出版社2009年版,第8页。
② 蒙培元:《情感与理性》,中国人民大学出版社2009年版,第8页。

固有的学术传统,还是对世界范围的学术思想,都是有着重要的启示与借鉴意义的。

二 实践价值

我们习惯称钱穆为史学家,但他一直以传统的"士"自居,亦有学者尊其为中国最后的"士大夫"。那么,为什么非要强调钱穆作为"士"的身份呢?因为"士"作为中国传统的知识分子,具有独特的属性。

> 中国传统之士,其对前有崇奉,其对后有创新,二者可以相和合。①

在钱穆看来,中国传统的士在人类历史的发展中是具有承前启后作用的一个群体。具体来说,这样的承前启后作用就是把"经世致用"的学术传统从古传到今。

"士"一定要有所学,但不是为学术而学术,其治学是有着鲜明的现实指向的,而且富于宗教情怀,愿意为公共事业(天下苍生)奉献自己。所以,"士"远比"史学家"的内涵要丰富得多,与现实的关联也要大得多。换个说法,为学讲究经世致用,其人才具有"士大夫"精神。钱穆就是这样的人,他推崇"士人"精神,具有强烈的济世情怀,立志做中国现代的"士"。因此,钱穆心性之学的实践价值是不容忽视的。

(一)可以凝聚人心,张扬民族精神

心性之学,是民族文化的灵魂。这样一种具有灵魂性价值的学问,不是坐而论道的空虚之学,而是经世致用的实践之学。经世致用的基本含义是指做学问关注社会现实,面对社会矛盾,并用所学

---

① 钱穆:《再论中国文化传统中之士》,载《国史新论》,(台北)联经出版事业股份有限公司1998年版,第219页。

解决社会问题，以求达到国治民安的实效。虽然"经世致用"一词最初由明清之际王夫之、黄宗羲、顾炎武等人提出，但作为一种学术精神与为学指向，是古已有之的。儒家从其产生之初，就具有强烈的经世情怀，千百年来，这一传统负载着独特的民族精神传递下来。

钱穆的心性之性从历史文化入手，提炼出富有民族特色的心性理论，将心性之学与本民族的历史文化传统紧密结合，一方面在传承学术思想，另一方面在关注现实。以"历史心与文化心"的学术理论提炼民族精神，在时局动荡中以此来凝聚人心，激发种性。这样的一种学问在今天来说，也是有着重要的现实意义的。

首先，我们可以借鉴钱穆的治学思路，去创造性发展传统学术，使学术与民族精神两者之间做到和合为一。其次，我们可以学习钱穆热爱民族文化的观点、主张，借学术大师之力张扬中国传统民族精神。钱穆阐发的心性思想，强调基于民族历史文化传统形成的心与心之相通，这是中国自古以来代代相传的大同理想得以实现的心理基础，是中华民族复兴伟业的重要表征。钱穆生活的时代，竞慕西化，菲薄传统，钱穆以一己之力，甘冒天下之大不韪，为本民族固有思想、文化传统振臂高呼，这不是螳臂当车式的文化保守，而是对历史发展的走向确有所见，事实也证明，他全力呵护民族文化传统的做法是对的。因此，研究钱穆所阐发的"历史心与文化心"命题，对中华民族伟大复兴理想蓝图的实现是有着重要的现实价值的。余英时曾说：钱穆一生都是"为故国招魂"，即钱穆一生思考和解决的都是面对西方文化的冲击和中国的变局，中国的文化传统究竟将何去何从的问题。中国固有的文化传统是我们一笔巨大的精神财富，我们应该善于利用民族优秀文化服务于民族发展的现实与未来。正如习近平总书记强调——

> 中华优秀传统文化是中华民族的精神命脉，是涵养社会主义核心价值观的重要源泉，也是我们在世界文化激荡中站稳脚

跟的坚实根基。①

(二) 有助于推进祖国统一大业

钱穆早在1986年就发表了《丙寅新春看时局》② 一文，指出和平统一是中国的大前途、大希望、大理想、大原则，坚定地认为"和平统一是国家的出路"，而"历史传统和文化精神的民族性，是中国走向统一的基础"，成为台湾岛内较早阐发和平统一理念的重要学者，而不久之后，《人民日报》摘录了该文要点。

研究在海峡两岸暨香港都留下过足迹的钱穆的"心性之学"，就是在寻找台湾与大陆共同的文化心理基础，有利于祖国统一大业的推进。对此，钱穆作出如下的阐述。

> 就中国民族文化前途之大原则、大理想而论，则大陆与台湾终必统一，更应是一和平统一。不能专就眼前事状，而抹杀其大理想、大原则之所在。这是我民族、我国人当前最当努力注意一问题。③
>
> 归根结底一句话，一个民族、一个国家的前途，主要依赖在全民合理想、合原则的自尊自信上。除此之外，别无他途。④

近些年，随着人们对中国传统文化认识的加深，学界对中国传统心性之学已一改一度将其视为"唯心论"的偏见，这就大大推进了我们对心性之学的历史性继承与现实性发展。但是，就近些年的

---

① 中共中央文献研究室：《习近平关于社会主义文化建设论述摘编》，中央文献出版社2017年版，第167页。
② 钱穆：《丙寅新春看时局——答联合月刊问》，载《中国学术思想史论丛》（十），（台北）联经出版事业股份有限公司1998年版，第289页。
③ 钱穆：《丙寅新春看时局——答联合月刊问》，载《中国学术思想史论丛》（十），（台北）联经出版事业股份有限公司1998年版，第296页。
④ 钱穆：《丙寅新春看时局——答联合月刊问》，载《中国学术思想史论丛》（十），（台北）联经出版事业股份有限公司1998年版，第293页。

学术史研究来看，对中国传统心性学资源多是以哲学进路进行创造性阐释，以史学进路研究传统心性之学明显不足。在哲学进路方面，海内外都涌现出了一大批学者和大量的学术专著，港台新儒学的成绩更是不容漠视，以当代"鹅湖学派"（以牟宗三及其弟子为核心）为代表，其以康德哲学会通中国传统心性论思想而形成的新儒学的心性论思想体系，颇为引人注目。同样是在学术成熟时期驻足台湾、以传统经史之学进路阐释中国传统心性学思想与进行创造性转化的钱穆的心性思想，学界却关注不够，且少有人进行全面、系统的解读与挖掘。

钱穆的心性论思想丰富且独特，完全可以看作是当代新儒学中另一种有独特价值的理论体系之代表。钱穆学通四部，其心性论思想是其四部融通之学的点睛之处。钱穆的心性论思想，不仅有对中国传统儒释道心性论思想的继承、发扬，更有翻转式的推进。可以说，一直期盼以民族精神凝聚人心、以思想文化促成统一的钱穆的心性之学，与习近平在《告台湾同胞书》发表 40 周年纪念会上的讲话的第五点主张，在旨趣上是一致的。深入研究与践行钱穆的心性之学主张，对祖国的和平统一大业是有帮助的。

（三）能为"共产党人心学"建设提供可资借鉴的学术资源

一直以来，中国共产党人就重视党性修养，近些年，更是提出共产党人的"心学"的命题。2016 年 1 月，十八届中央纪委六次全会公报指出，党性教育是共产党人的"心学"，是党员正心修身的必修课。2018 年 11 月 26 日，习近平总书记在十九届中央政治局第十次集体学习时强调，选人和用人必须把好政治关，把是否忠诚于党和人民，是否具有坚定理想信念，是否增强"四个意识"、坚定"四个自信"，是否坚决维护党中央权威和集中统一领导，是否全面贯彻执行党的理论和路线方针政策，作为衡量干部的第一标准。无疑对修好共产党人的"心学"提出了更为明确的要求。共产党人的"心学"，只有常修深修，方有实效常效。借助钱穆对传统心性之学的创造性阐释服务于共产党的"心学"建设,有着重要的实践价值。

综上所述,钱穆的心性之学,基于中国全部思想文化成果,以经史研究为路径,以揭示中国传统学术的心性之学的特质为重点,着力弘扬中国传统人文学术精神,经世致用,对抗西学,传承人类优秀文化。

钱穆在阐发自己的心性之学宏旨时,基本都是从历史文化角度立论。重视以往的历史文化,就是重视人类已有的生存经验。人类已有的生存经验,既不属于个体之"小我",是独立于我的、在时间的脉络中的客观实存;又属于共性之"大我",是存在于人类以往的共性历史经历中的生存经验,而"小我"与"大我"都贯通于人类历史发展整体中的人类共有的"心性",这就形成了钱穆学术独特的主客交融客观经验论特质。换个角度说,钱穆不认可传统心性之学中研究(主要是指宋明理学)的先验思路:由"理"引出"性",再由"性"说到"心"和"情";而是采用客观经验论的思路:由"史"引出"情"和"心",再由"情"和"心"说到"性"。在此过程中,他又将"人情"视为一切人文之理产生的基础,将认识"人心"视为认识"道心"的前提。

钱穆的心性之学具有鲜明的客观经验论取向,既能继承传统,又能创新理论,体现了一种"以中治中"的为学路径。钱穆关注现实,紧承宋明理学,竭毕生之力回归经典,重新诠释中国传统学术,力图继承与发展中国固有的经史之学来应对西方学术的时代挑战,这一勇气与魄力非具备大格局之人不能拥有。可以毫不夸张地说,弘扬钱穆之学也就是弘扬中国传统学术文化。

放眼未来,钱穆极力弘扬的中国传统心性之学,也切合了未来人类哲学发展的走向。杜维明曾说,21世纪的哲学,会有一重要面向,就是具有"精神转向",而儒家心性之学的重要价值即在于人类可以凭借于此,使人类精神更好地实现由外转向内,从而回归人本身。

> 哲学的精神转向是儒家心性之学对于当代世界的一个重要贡献。①

> 儒学对于21世纪有非常重要的意义，比如可以作为对话的中介来面对全球化，可以促进对自然环境的关怀等等。无知很容易理解，我们多多少少都无知，但无知加上傲慢，那就无可救药。②

杜维明说的"无知加上傲慢"如何理解呢？这个"无知"，可以理解为不了解过去，不了解现实；也可以理解为不了解自己的文化，不了解西方的文化，等等；"傲慢"就是不了解还不善于学习、反思，因此没有办法改变和进步，这是最可怕的。钱穆治学，承续传统又随时代而变，这样的治学结论与路数都是有着承前启后的价值与意义的。

> 钱穆治学立说，一生数变，最终鞭辟入里，脱去早年附会西学处，直入塔轮，可谓"与时而化，而独立不倚"③

因此，钱穆心性之学，能高扬主体精神，能汇通文化精神，能彰显经世精神，能推动创新精神。于学术，于时代，都具有不可估量的价值！

---

① 杜维明：《儒家心性之学的当代意义》，《开放时代》2011年第4期。
② 杜维明：《儒家心性之学的当代意义》，《开放时代》2011年第4期。
③ 于梅舫：《心学"乌托邦"：钱穆〈国学概论〉之理路与志趣发微》，《中山大学学报》（社会科学版）2020年第3期。

参考文献

一 相关古籍

（战国）管仲：《管子》，梁运华校，辽宁教育出版社1997年版。

（汉）司马迁：《史记》，中华书局2014年版。

（汉）董仲舒：《春秋繁露》，中华书局1975年版。

（汉）班固：《汉书》，中华书局1982年版。

（汉）高诱：《吕氏春秋》，（清）毕沅校，徐小蛮标点，上海古籍出版社2014年版。

（三国）王弼：《老子道德经注》，楼宇烈校，中华书局2011年版。

（东晋）葛洪：《抱朴子》，上海古籍出版社1990年版。

（唐）孔颖达：《周易正义》，中华书局1981年版。

（宋）周敦颐：《周敦颐集》，中华书局2009年版。

（宋）张载：《张载集》，章锡琛校，中华书局2009年版。

（宋）程颢、程颐：《二程集》，王孝鱼点校，中华书局2004年版。

（宋）胡宏：《胡宏集》，中华书局1987年版。

（宋）朱熹：《四书章句集注》，岳麓书社2008年版。

（宋）黎靖德：《朱子语类》，王星贤点校，中华书局1986年版。

（宋）陆九渊：《陆九渊集》，中华书局1980年版。

（宋）陈淳：《北溪字义》，熊国祯、高流水校，中华书局1983年版。

（明）王阳明：《传习录》，中州古籍出版社2008年版。

（明）罗钦顺：《困知记》，中华书局1990年版。

（明）陈建：《学蔀通辨》，齐鲁书社1995年版。

（清）顾炎武：《日知录集释全校本》（全三册），黄汝成集释，栾保群、吕宗力点校，上海古籍出版社2006年版。

（清）黄宗羲：《明儒学案》，中华书局1986年版。

（清）王夫之：《船山全书》，岳麓书社2011年版。

（清）段玉裁：《说文解字注》，上海古籍出版社1988年版。

（清）戴震：《戴震集》，汤志钧校，上海古籍出版社2009年版。

（清）焦循：《里堂道听录》，广陵书社2015年版。

（清）阮元：《十三经注疏》，上海古籍出版社1987年版。

（清）郭庆藩：《庄子集释》，中华书局1961年版。

（清）王先谦：《荀子集解》，中华书局1988年版。

（清）王先慎：《韩非子集解》，钟哲点校，中华书局2013年版。

二　钱穆著作

钱穆：《朱子新学案》，（台北）三民书局1971年版。

钱穆：《文化学大义》，（台北）联经出版事业股份有限公司1998年版。

钱穆：《中华文化十二讲》，（台北）联经出版事业股份有限公司1998年版。

钱穆：《民族与文化》，（台北）联经出版事业股份有限公司1998年版。

钱穆：《中国文化丛谈》，（台北）联经出版事业股份有限公司1998年版。

钱穆：《中国文化精神》，（台北）联经出版事业股份有限公司1998年版。

钱穆：《世界局势与中国文化》，（台北）联经出版事业股份有限公司1998年版。

钱穆：《从中国历史来看中国民族性及中国文化》，（台北）联经出版事业股份有限公司1998年版。

钱穆：《历史与文化论丛》，（台北）联经出版事业股份有限公司1998年版。

钱穆：《双溪独语》，（台北）联经出版事业股份有限公司1998年版。

钱穆：《人生十论》，广西师范大学出版社2004年版。

钱穆：《灵魂与心》，广西师范大学出版社2004年版。

钱穆：《现代中国学术论衡》，生活·读书·新知三联书店2001年版。

钱穆：《宋代理学三书随札》，生活·读书·新知三联书店2002年版。

钱穆：《中国思想通俗讲话》，生活·读书·新知三联书店2002年版。

钱穆：《湖上闲思录》，生活·读书·新知三联书店2005年版。

钱穆：《国史新论》，生活·读书·新知三联书店2006年版。

钱穆：《论语新解》，生活·读书·新知三联书店2007年版。

钱穆：《文化与教育》，生活·读书·新知三联书店2009年版。

钱穆：《中国学术思想史论丛》，生活·读书·新知三联书店2009年版。

钱穆：《晚学盲言》，生活·读书·新知三联书店2014年版。

钱穆：《国史大纲》，九州出版社2010年版。

钱穆：《孔子与论语》，九州出版社2010年版。

钱穆：《国史大纲》，九州出版社2010年版。

钱穆：《中国文化史导论》，九州出版社2010年版。

钱穆：《中国历史精神》，九州出版社2010年版。

钱穆：《宋明理学概述》，九州出版社2010年版。

钱穆：《四书释义》，九州出版社2010年版。

钱穆：《中国思想史》，九州出版社2011年版。

钱穆：《中国近三百年学术史》，九州出版社2011年版。

钱穆：《中国学术通义》，九州出版社2011年版。

钱穆：《阳明学述要》，九州出版社 2016 年版。

三　相关研究著作

牟宗三：《心体与性体》（三册），（台北）正中书局 1968、1969 年版。

徐复观：《中国人性论史·先秦篇》，（台北）商务印书馆 1982 年版。

唐君毅：《中国哲学原论·原性篇》，（台北）学生书局 1989 年版。

梁漱溟：《东西文化及其哲学》，山东人民出版 1989 年版。

蒙培元：《理学范畴系统》，人民出版社 1989 年版。

张立文：《中国哲学范畴精粹丛书：心》，中国人民大学出版社 1990 年版。

蒙培元：《中国心性论》，（台北）学生书局 1990 年版。

霍韬晦：《法言"钱穆悼念专辑"》，法言出版社 1990 年版。

余英时：《犹忆风吹水上鳞——钱穆与现代中国学术》，（台北）三民书局 1991 年版。

杨祖汉：《儒家的心学传统》，（台北）文津出版社 1992 年版。

余英时：《钱穆与中国文化》，上海远东出版社 1994 年版。

罗义俊：《钱穆学案》，载方克立、李锦全主编《现代新儒家学案》中，中国社会科学出版社 1995 年版。

杜维明：《现代精神与儒家传统》，（台北）联经出版事业股份有限公司 1996 年版。

李振声：《钱穆印象》，学林出版社 1997 年版。

汪学群：《钱穆学术思想评传》，国家图书馆出版社 1998 年版。

陈勇：《钱穆传》，人民出版社 2001 年版。

高新民、储昭华：《心灵哲学》，商务印书馆 2002 年版。

韦政通：《中国文化概论》，岳麓书社 2003 年版。

徐国利：《钱穆史学思想研究》，（台北）商务印书馆 2004 年版。

宫哲兵：《唯道论——质疑中国哲学史唯物唯心体系》，武汉出版社 2004 年版。

韩复智：《钱穆先生学术年谱》，五云图书出版公司 2005 年版。

劳思光：《新编中国哲学史》，广西师范大学出版社 2005 年版。

罗安宪：《虚静与逍遥：道家心性论研究》，人民出版社 2005 年版。

杨维中：《中国佛教心性论研究》，宗教文化出版社 2007 年版。

陈勇：《国学宗师钱穆》，北京大学出版社 2007 年版。

杨维中：《中国佛教心性论研究》，宗教文化出版社 2007 年版。

冯契：《哲学大辞典》（分类修订本），上海辞书出版社 2007 年版。

刘梦溪：《中国现代学术要略》，生活·读书·新知三联书店 2008 年版。

李泽厚：《人类学历史本体论》，天津社会科学院出版社 2008 年版。

韦政通：《中国哲学辞典》，吉林出版集团有限责任公司 2009 年版。

杨国荣：《心学之思——王阳明哲学的阐释》，中国人民大学出版社 2009 年版。

洪晓楠：《哲学的文化转向》，人民出版社 2009 年版。

黄意明：《道始于情——先秦儒家情感论》，上海交通大学出版社 2009 年版。

蔡方鹿：《宋明理学心性论》，巴蜀书社 2009 年版。

罗义俊：《生命存在与文化意识——当代新儒家史论》，学林出版社 2009 年版。

李景林：《教养的本原：哲学突破期的儒家心性论》，北京师范大学出版社 2009 年版。

蒙培元：《情感与理性》，中国人民大学出版社 2009 年版。

倪梁康：《心的秩序：一种现象学心学研究的可能性》，江苏人民出版社 2010 年版。

刘述先：《理想与现实的纠结》，吉林出版集团有限责任公司 2011 年版。

戴景贤：《钱穆》，王寿南：《中国历代思想家·现代》（三），九州出版社 2011 年版。

冯友兰：《中国哲学史》，华东师范大学出版社 2011 年版。

郭齐勇：《儒家文化研究（第 4 辑）"心性论研究专号"》，生活·读书·新知三联书店 2012 年版。

张岱年：《中国哲学大辞典》（修订本），上海辞书出版社 2014 年版。

余开亮：《先秦儒道心性论美学》，北京师范大学出版社 2015 年版。

陈兵的《佛教心理学》，陕西师范大学出版社 2015 年版。

戴景贤：《钱宾四先生与现代中国学术》，东方出版中心 2016 年版。

张岱年：《中国古典哲学概念范畴要论》，载《张岱年全集》（增订版），中华书局 2017 年版。

罗安宪：《儒道心性论的追究》，人民出版社 2018 年版。

张任之：《心性与体知：从现象学到儒家》，商务印书馆 2019 年版。

葛鲁嘉：《心性心理学：中国本土文化源流中的心理学》，浙江教育出版社 2019 年版。

王明珂：《历史事实、历史记忆与历史心性》，上海人民出版社 2020 年版。

朱浩：《由〈辨性篇〉论章太炎之"心性"观》，《近代中国》第 25 辑，上海社会科学院出版社 2015 年版。

[德] 卡西尔：《人论》，上海译文出版社 1986 年版。

[英] 大卫·休谟：《人性论》，商务印书馆 2005 年版。

[美] 约翰·麦克道威尔：《心灵与世界》，中国人民大学出版社 2006 年版。

[美] 约翰·海尔：《真实心灵的本质》，中国人民大学出版社 2006 年版。

[美] 约翰·R. 塞尔：《意向性：论心灵哲学》，上海人民出版社 2007 年版。

[美] 狄百瑞：《中国的自由传统》，贵州人民出版社 2009 年版。

[美] 金在权：《物理世界中的心灵：论心身问题与心理因果性》，商务印书馆 2010 年版。

[美] 杰瑞·艾伦·福多：《心理语义学：心灵哲学中的意义问题》，商务印书馆 2010 年版。

[英] 辛西娅·麦克唐纲：《心身同一论》，商务印书馆 2010 年版。

［日］沟口雄三：《作为方法的中国》，孙军悦译，生活·读书·新知三联书店 2011 年版。

［美］大卫·J. 查默斯：《有意识的心灵：一种基础理论研究》，中国人民大学出版社 2013 年版。

四　相关研究论文

宋润泽：《钱穆〈论语新解〉对儒学的创造性解释——以"人道本于人心"为中心》，《名作欣赏》2022 年第 12 期。

喻长友：《钱穆"民族文化本位"思想论析》，《哈尔滨师范大学社会科学学报》2022 年第 12 期。

杨艳香：《五伦、心性、公德：论孔子"诗可以群"》，《孔子研究》2022 年第 3 期。

史逸华：《从郭店楚简〈五行〉篇"惪"字看先秦儒家心性论》，《西部学刊》2022 年第 3 期。

吴宜珊、储昭华：《张载"心解"视域下的心性论》，《唐都学刊》2022 年第 3 期。

史逸华：《从郭店楚简〈五行〉篇"惪"字看先秦儒家心性论》，《西部学刊》2022 年第 3 期。

吴恺：《新儒家学者心性论思想探析》，《河北青年管理干部学院学报》2022 年第 2 期。

张峥：《"性即理"与佛教心性论之关系——程颐"性即理也，所谓理性是也"考辨》，《中国哲学史》2022 年第 2 期。

郭敬东：《心性与政治的贯通：陆九渊治道思想析论》，《东华理工大学学报》（社会科学版）2022 年第 2 期。

吴恺：《新儒家学者心性论思想探析》，《河北青年管理干部学院学报》2022 年第 2 期。

刘悦笛：《荀子的心"性"与朱熹的心"情"——试论朱熹在何种意义上"行荀学"》，《国学学刊》2022 年第 2 期。

韩强：《王阳明心性论对现代新儒家的影响》，《河北师范大学学报》

（哲学社会科学版）2022 年第 2 期。

汪丽君、贾薇：《中国传统向心性空间图式的溯源与流变》，《南方建筑》2022 年第 2 期。

荆雨、曾筱琪：《"性伪合而天下治"：荀子心性论及其政治哲学之教化特质》，《东北师大学报》（哲学社会科学版）2022 年第 1 期。

东方朔：《性恶、情恶抑或心恶？——从荀子论"质具"与"心性"问题说起》，《孔子研究》2022 年第 1 期。

杨大春：《从心性现象学到物性现象学》，《学术月刊》2022 年第 1 期。

张维：《禅机与神机：论惠能与李道纯心性论的异同》，《五台山研究》2022 年第 1 期。

秦晋楠：《罗钦顺哲学理气论与心性论关系再探讨》，《现代哲学》2022 年第 1 期。

钱婉约：《钱宾四先生研究概述》，《走进孔子》2022 年第 1 期。

曾春海：《评比朱熹与钱穆的道统观》，《哲学与文化》2021 年第 9 期。

张立文、董凯凯：《永嘉学视野中的理体学与心体学——项乔的理气心性论》，《浙江工商大学学报》2021 年第 6 期。

席玥桐：《从"心性大小之辨"看陆象山心学的展开》，《理论界》2021 年第 6 期。

黄光国：《"关系论"与"心性论"：儒家思想的开展与完成》，《宗教心理学》2021 年。

王文静：《以心为性还是以心见性？——孟子心性关系重探》，《山东科技大学学报》（社会科学版）2021 年第 5 期。

陈乔见：《孟子"义"论：在心性中寻求普遍道义》，《国际儒学》（中英文）2021 年第 4 期。

牛军：《文化传统与时代之间的回响——钱穆儒家心性美育思想研究》，《河北工业大学学报》（社会科学版）2021 年第 4 期。

张金兰：《从"心统性情"略论张载与朱熹心性思想之异同》，《内蒙古师范大学学报》（哲学社会科学版）2021 年第 4 期。

刘长春：《宋初儒学"心性论"转向的一个重要环节——论智圆、晁迥〈中庸〉新释的意义》，《学习与探索》2021 年第 4 期。

王希：《〈天方性理〉的心性论及其思想来源——兼论伊儒会通》，《世界宗教研究》2021 年第 3 期。

丁四新：《作为中国哲学关键词的"性"概念的生成及其早期论域的开展》，《中央民族大学学报》（哲学社会科学版）2021 年第 3 期。

陈鹏、聂毅：《许孚远心性论辨析》，《中国哲学史》2021 年第 3 期。

马猛猛、沈蜜：《从"文化的钱穆"到"经世的钱穆"——钱穆研究三十年述评》，《中国政治学》2021 年第 3 期。

陈钰、关沁：《比较哲学视域下的中西心性论》，《今古文创》2021 年第 2 期。

马珍、马晓琴：《明清回儒心性论之学术史述评》，《回族研究》2021 年第 2 期。

郑开：《试论孟子心性论哲学的理论结构》，《国际儒学》（中英文）2021 年第 2 期。

韩书安、董平：《钱穆汉宋观的转变及其意义——以经学即理学"的评价为线索》，《中国哲学史》2021 年第 2 期。

李亚奇、文碧方：《论钱穆、牟宗三关于朱子心观的分歧》，《中华文化论坛》2021 年第 2 期。

陈晓平：《论儒家心性之学的哲学定位及其走向——形而上学与形而中学之辨析》，《武汉科技大学学报》2021 年第 2 期。

谭唯：《儒家哲学核心范畴的现代阐释——以钱穆在"知情意"框架下论"情"为例》，《中国文化研究》2021 年（春之卷）。

李亚奇：《"好恶之心"能否保证"仁"？——论钱穆诠释孔子仁观的情感向度》，《哲学评论》2021 年第 1 期。

马向阳：《重估钱穆的新保守主义价值》，《中国政治学》2021 年第 1 期。

周恩荣：《"心性儒学"中心性与治道的互动——虚与实的辩证》，《西南民族大学学报》（人文社科版）2020年第9期。

张卫红：《朱子的心性论与工夫进路之关系》，《哲学研究》2020年第7期。

朱光磊：《由天到仁：孔子心性论的天道渊源与架构特征》，《中共宁波市委党校学报》2020年第6期。

白辉洪：《孔孟之间的德性心性论开展》，《道德与文明》2020年第6期。

朱光磊：《由天到仁：孔子心性论的天道渊源与架构特征》，《中共宁波市委党校学报》2020年第6期。

李海超：《心性儒学道德修养论反思》，《吉林师范大学学报》（人文社会科学版）2020年第5期。

彭彦琴：《中国心性心理学的确立与体系构建》，《西北师大学报》（社会科学版）2020年第4期。

倪培民：《再论心性之学与当代儒学的世界化》，《中国哲学年鉴》2020年第1期。

秦际明：《20世纪理解儒家政治的两种进路——再论钱穆与新儒家的关系》，《福州大学学报》（哲学社会科学版）2020年第4期。

李亚奇、文碧方：《自然与道德的张力：钱穆性情观刍议》，《天府新论》2020年第4期。

于梅舫：《心学"乌托邦"：钱穆〈国学概论〉之理路与志趣发微》，《中山大学学报》（社会科学版）2020年第3期。

朱康有、杜芳芳：《钱穆中国文化史观述评》，《北方工业大学学报》2020年第3期。

朱斌：《"理学救国"：抗战时期钱穆的学术转向》，《孔子研究》2020年第3期。

易冬冬：《艺术、道德与现代心性：梁漱溟对礼乐的现代重构》，《哲学家》2020年第2期。

郑治文：《本体·心性·工夫——"北宋五子"到朱熹的理学范式

建构》，《齐鲁学刊》2020 年第 2 期。

赵法生：《情理、心性和理性——论先秦儒家道德理性的形成与特色》，《道德与文明》2020 年第 1 期。

何光顺：《孔子"中庸"的"时中"境域——兼评当代新儒家心性儒学和政治儒学两条路径》，《哲学研究》2019 年第 9 期。

李健芸：《朱子对〈孟子〉"尽心""知性"诠释中的心性论问题》，《船山学刊》2019 年第 5 期。

钱寅：《由心性伦理到实践伦理：清代礼学的进路》，《学习与实践》2019 年第 5 期。

吕楠楠：《试析心性论的哲学观意义》，《文化学刊》2019 年第 5 期。

曹晓虎：《"情"字考——先秦文献断代的重要依据》，《中国社会科学报》2019 年 5 月 7 日。

廖春阳：《心统性情：朱子心性论的意象诠释》，《山东农业大学学报》（社会科学版）2019 年第 4 期。

王觅泉：《重提儒家心性论的现代化课题》，《管子学刊》2019 年第 3 期。

李丽：《心性的"两分"与"圆融"——刘宗周心学思想评析》，《求索》2019 年第 3 期。

王觅泉：《重提儒家心性论的现代化课题》，《管子学刊》2019 年第 3 期。

李存山：《经史传统与中国的哲学和学术分科》，《中国哲学史》2019 年第 2 期。

梁杰、吕惠卿：《〈庄子义〉的心性论探讨》，《齐鲁师范学院学报》2019 年第 1 期。

岳德常：《"心性之学"与无神论》，《科学与无神论》2019 年第 1 期。

马兰兰、陈鹏：《心性的三重维度：本然、道德与认知——先秦儒家建构价值体系的逻辑起点》，《宁夏社会科学》2018 年第 5 期。

牟永生：《试论惠能的心性价值观》，《宁夏社会科学》2018 年第 5 期。

郑开：《作为中国古代哲学范式的心性论》，《中国社会科学报》2018 年 4 月 24 日。

刘巍：《钱穆的"中国主义"》，《北京日报》2018 年 7 月 18 日。

刘树升：《孟子的心性论思想及当代启示》，《山东省社会主义学院学报》2018 年第 4 期。

陈光军：《试论儒家内圣心性论及其现实意义》，《华夏文化》2018 年第 4 期。

高新民、胡水周：《钱穆"安心之学"——价值性心灵哲学的视角》，《伦理学研究》2018 年第 2 期。

辛正根：《孟子和庄子之心性论的特征》，《国际儒学论丛》2018 年第 2 期。

成伯清：《心性、人伦与秩序——探寻中国社会学之道》，《南京社会科学》2018 年第 1 期。

李璐楠：《李材的心性论及其定位》，《中国哲学史》2018 年第 1 期。

马晓琴：《明清回儒心性论探析》，《西北民族大学学报》（哲学社会科学版）2017 年第 6 期。

任鹏程：《"心性论与早期中国儒家哲学"高端论坛综述》，《哲学动态》2017 年第 5 期。

杨肇中：《晚明心性学论争与儒学形态的经学转向》，《中国矿业大学学报》（社会科学版）2017 年第 4 期。

霍俊国：《论中国佛教的心性观》，《五台山研究》2017 年第 4 期。

田湖：《竺道生"理"思想的本体与心性指向》，《佛学研究》2017 年第 2 期。

许淑杰：《中国传统心性论与马注的伊斯兰伦理哲学》，《元史及民族与边疆研究集刊》2017 年第 2 期。

李世平、Chi Zhen：《心性之"才"的双重内涵与孟子性善》，《孔学堂》2017 年第 1 期。

高全喜：《心性儒学与政治儒学》，《国学学刊》2017 年第 1 期。

许惠琪：《"知识当为人生求，非为知求知"——钱穆"学术"理念新探》，《人文研究期刊》2016 年第 13 期。

朱金发：《论先秦"心性"范畴理论内涵的嬗变》，《学术论坛》2016 年第 8 期。

乐爱国：《冯友兰、钱穆对朱熹心性论的不同诠释及其学术冲突》，《中共宁波市委党校学报》2016 年第 6 期。

姜颖：《胡煦心性论的三个维度》，《周易研究》2016 年第 5 期。

李敬峰：《关学的心性化转向——以冯从吾的〈孟子〉诠释为中心》，《江淮论坛》2016 年第 5 期。

孙业成：《论唯识学之"心"与中国哲学心性的渊源》，《兰州学刊》2016 年第 5 期。

杨维中：《论佛教心性本体论对宋明儒学的影响》，《江苏行政学院学报》2016 年第 4 期。

耿波：《徐复观心性观念的局限与中国艺术精神观之反思》，《文化与诗学》2016 年第 1 期。

郑开：《道教心性学的发轫与道教世界的形成》，《道家文化研究》2016 年。

张广保：《佛、道心性论比较研究——兼论印度佛教心性论问题》，《道家文化研究》2016 年。

杨维中：《论中国佛教心性论所受道家、玄学思想的影响》，《道家文化研究》2016 年。

聂清：《宗密心性论的道家倾向》，《道家文化研究》，2016 年。

刘悦笛：《评估"心性儒学"与"政治儒学"之争——兼论中国儒学的前途》，《探索与争鸣》2015 年第 11 期。

丁为祥：《孟子心性之学的信仰维度——儒家道德善性的追根溯源与深层检讨》，《人文杂志》2015 年第 9 期。

王爱琴：《先秦儒家乐教的心性论基础》，《史学月刊》2015 年第 7 期。

朱荣英：《中国古代心性哲学的核心要义与基本特征》，《天中学刊》2015 年第 4 期。

温海明等:《孟子心性论作为当代儒家全球伦理的缘发动力》,《孔学堂》2015年第1期。

朱康有:《论心性实学的现代意义》,《黄海学术论坛》2015年第1期。

董卫国:《格物致知及其心性论意涵》,《哲学动态》2014年第7期。

谢进东:《"士"与钱穆的文化历史观》,《求是学刊》2014年第2期。

徐小跃:《"无神"是中华优秀传统文化的重要特征和中华民族最深沉的精神追求——兼论中国哲学的心性之学与天人之学》,《新世纪图书馆》2014年第1期。

杨锦富:《钱穆〈孔子与论语〉义涵之探究》,《美和学报》2013年第2期。

李长银:《近30年中国大陆"本土化"思潮的缩影——钱穆的身份认同与钱穆叙事的变迁》,《东吴历史学报》2013年第29期。

张卉:《张栻对朱熹心性论的影响》,《四川师范大学学报》(社会科学版)2013年第6期。

张蓬:《近代以来学术发展的路径抉择及其反思——以钱穆与冯友兰为中心》,《河北学刊》2012年第5期。

宋薇:《钱穆"心"论探析》,《河北学刊》2012年第4期。

赵建军:《论钱穆的人文主义历史存续观》,《河北学刊》2012年第3期。

王晓黎:《从"为古人申冤"到"复兴中国文化"——钱穆人生哲学发展脉络述评》,《广东社会科学》2012年第2期。

张凯作:《朱子哲学中"心之德"的思想》,《中国哲学史》2012年第1期。

陈树林:《当代文化哲学范式的回归》,《哲学研究》2011年第11期。

谭忠诚:《郭店儒简的重"情"论》,《北京大学学报》(哲学社会科学版)2011年第9期。

赵士林:《略论"情本体"》,《哲学动态》2011年第6期。

林启屏：《心情与性情：先秦儒学思想中的"人"》，《文史哲》2011年第6期。

许刚：《宋学精神与汉学工夫——钱穆与张舜徽清代学术史研究之比较》，《齐鲁学刊》2011年第4期。

杜维明：《儒家心性之学的当代意义》，《开放时代》2011年第4期。

周良发：《梁漱溟与钱穆的文化观比较》，《阿坝师范高等专科学校学报》2011年第4期。

乔清举：《朱子心性论的结构及其内在张力》，《中国哲学史》2011年第3期。

陈勇：《论钱穆文化民族主义史学思想的形成》，《史学理论研究》2011年第2期。

[马来西亚]陆思麟：《钱穆清代学术思想史研究考论》，《江南大学学报》（人文社会科学版）2011年第2期。

郭齐勇：《综论现当代新儒学思潮、人物及其问题意识与学术贡献——兼谈我的开放的儒学观》（上），《探索》2010年第3期。

王晓黎：《钱穆与梁漱溟"文化三路向"说之比较》，《徐州师范大学学报》（哲学社会科学版）2010年第3期。

路新生：《钱穆〈中国近三百年学术史〉中几个值得商榷的问题》，《历史教学问题》2010年第3期。

陈启云：《中国人文学术的近代转型——胡适、傅斯年和钱穆个案》，《河北学刊》2010年第1期。

欧阳奇：《论新儒家的儒学现代化观和儒学的现代化路径》，《贵州大学学报》（社会科学版）2010年第1期。

侯宏堂：《钱穆对"宋学"的现代诠释》，《近代史研究》2009年第6期。

戴景贤：《论钱宾四先生之义理立场与其儒学观》，（台北）《台大文史哲学报》（总第七十期）2009年第5期。

张秀丽：《反科学主义思潮下中国现代史学的人文指向》，博士学位论文，山东大学，2009年。

王晓黎：《中国传统文化精神的准确把握——析钱穆先生关于中国道德精神超宗教性思想》，《理论学刊》2009年第1期。

张先飞：《钱穆与中国现代学术史体制的创制——以〈国学概论〉为中心》，《史学月刊》2008年第8期。

李维武：《近50年来现代新儒学开展的"一本"与"万殊"》，《南京大学学报（哲学·人文科学·社会科学）》2008年第6期。

陈泽环：《以小生命融入文化和自然的大生命——钱穆"人生论"初探》，《江苏行政学院学报》2008年第6期。

项念东：《陈寅恪与钱穆史学思想之分歧》，《博览群书》2008年第6期。

陈复兴：《关于钱穆先生国学思想的再认识》，《社会科学战线》2008年第5期。

朱人求：《钱穆文化哲学探微》，《福建师范大学学报》（哲学社会科学版）2008年第4期。

薛其林：《钱穆着眼文化创新的"合内外而开新"说》，《长沙大学学报》2007年第11期。

何仁富：《钱穆、唐君毅对新亚校训"诚明"的释义》，《湖南科技学院学报》2007年第11期。

陈启云：《钱穆的儒学观念与中国文化》，《中国文化研究》2007年（秋）。

彭定安：《论中华文化从传统向现代的转换》，《文化学刊》2007年第1期。

周如怡：《成一家之言与通古今之变：究钱穆的史学观点》，《东吴历史学报》2006年第15期。

陈良中：《"十六字心传"理论的形成及内蕴》，《兰州学刊》2007年第4期。

陈曙光：《钱穆"中国文化最优论"评析》，《中南大学学报》（社会科学版）2007年第2期。

徐公喜：《〈朱子学提纲〉之朱子学精神》，《合肥学院学报》（社会科学版）2006 年第 5 期。

苏志宏：《封建制度与游士社会——钱穆史学观初探》，《甘肃社会科学》2006 年第 1 期。

梁秉赋：《经、史之间：浅谈康有为与钱穆的经学研究》，《中国文化研究》2006 年（春）。

韩军：《钱穆的文言世界及其现代视域》，《吉首大学学报》（社会科学版）2006 年第 1 期。

肖向东：《论钱穆中西文化观与学术思维的形成》，甘肃社会科学 2006 年第 1 期。

汪学群：《钱穆的理学观》，《甘肃社会科学》2006 年第 1 期。

邓子美、孙群安：《论钱穆独特的人文教育理念》，《无锡教育学院学报》2005 年第 12 期。

孙世民：《钱宾四先生儒学和合论研究》，《彰化师大国文学志》2005 年（第 11 期）。

徐国利：《钱穆的学术史方法与史识——义理、考据与辞章之辨》，《史学史研究》2005 年第 4 期。

翁有为：《求真乎？经世乎？——傅斯年与钱穆学术思想之比较》，《文史哲》2005 年第 3 期。

孙剑秋：《融通以达变：论钱穆先生对〈易传〉的诠释》，《周易研究》2005 年第 3 期。

卢钟锋：《评钱穆的中国社会演变论》，《史学理论研究》2005 年第 3 期。

李帆：《从〈刘向歆父子年谱〉看钱穆的史学理念》，《史学史研究》2005 年第 2 期。

宫哲兵：《唯道论的创立》，《哲学研究》2004 年第 7 期。

陆玉芹、朱峰：《薪火相传各领风骚——钱穆余英时中西文化观比较》，《福建师范大学学报》（哲学社会科学版）2004 年第 6 期。

廖名春：《钱穆孔子与〈周易〉关系说考辨》，《河北学刊》2004 年第 3 期。

朱寰：《钱穆天人观的转变》，《青岛大学师范学院学报》2004年第3期。

宋薇：《"温情与敬意"的文化情怀——钱穆文化思想浅析》，《天津市社会主义学院学报》2004年第3期。

陆玉芹：《论戴景贤对钱穆学术思想的解读》，《盐城师范学院学报（人文社会科学版）》2004年第2期。

陈祖武：《钱宾四先生与〈清儒学案〉》，《北京师范大学学报》（社会科学版）2004年第1期。

柴文华：《论钱穆的文化观》，《河南师范大学学报》2004年第1期。

熊鸣琴、范立舟：《宋明理学"情欲"思想刍议》，《西南民族大学学报》（人文社科版）2004年第1期。

陆玉芹：《钱穆、余英时学术传承管窥——以中西文化观为例》，《江西社会科学》2004年第1期。

廖建平：《钱穆的人类生命观及其意义》，《江汉论坛》2003年第11期。

赵敦华：《哲学的"进化论"转向——再论西方哲学的危机和出路》，《哲学研究》2003年第7期。

朱康有：《儒家心性之学对现代人生的价值》，《哈尔滨学院学报》2003年第7期。

路新生：《理解戴震（续）——钱穆余英时"戴震研究"辨正》，《华东师范大学学报》（哲学社会科学版）2003年第3期。

徐国利：《钱穆的历史文化构成论及其中西历史文化比较观——对钱穆历史文化哲学的一个审视》，《中国社会科学院研究生院学报》2003年第2期。

白新欢：《地理环境决定论新论》，《天府新论》2003年第2期。

路新生：《理解戴震——钱穆余英时"戴震研究"辨正》，《华东师范大学学报》（哲学社会科学版）2003年第1期。

陈勇：《"不知宋学，则无以评汉宋之是非"——钱穆与清代学术史研究》，《史学理论研究》2003年第1期。

许炎初：《如何理解钱宾四先生的"孔子—朱子学脉论"——本〈论语新解〉理解〈朱子新学案〉》，华梵大学"第六届儒佛会通学术研讨会"，2002年。

赖功欧、黎康：《论钱穆的朱子学》，《中国书院论坛》2002年第3期。

陈代湘：《论钱穆与牟宗三对朱子中和学说的研究》，《泉州师范学院学报》（社会科学版）2002年第1期。

徐国利：《钱穆的人文历史认识思想述论》，《求是学刊》2002年第1期。

杨维中：《论中国佛教的"心"、"性"概念与"心性问题"》，《宗教学研究》2002年第1期。

陈代湘：《钱穆的朱子心学论评析》，《中国文化研究》2001年（秋）。

汤一介：《"道始于情"的哲学诠释——五论创建中国解释学问题》，《学术月刊》2001年第7期。

郭永玉：《先秦情欲论》，《心理学报》2001年第1期。

黄俊杰：《钱宾四史学中的"国史"观：内涵、方法与意义》，（台北）《台大历史学报》2000年第12期。

戴景贤：《论钱宾四先生"中国文化特质"说之形成与其内涵》，（台北）《台大历史学报》2000年第12期。

吴展良：《学问之入与出：钱宾四先生与理学》，（台北）《台大历史学报》2000年第12期。

周国栋：《两种不同的学术史范式——梁启超、钱穆〈中国近三百年学术史〉之比较》，《史学月刊》2000年第4期。

徐国利：《钱穆的历史本体"心性论"初探——钱穆民族文化生命史观疏论》，《史学理论研究》2000年第4期。

张立文：《儒佛之辩与宋明理学》，《中国哲学史》2000年第2期。

郑吉雄：《钱穆先生治学方法的三点特性》，《文史哲》2000年第2期。

李冬君：《钱穆的儒家本位文化观述评》，《华侨大学学报》（哲学社会版）1999 年第 4 期。

李承贵：《理欲关系的历史嬗变》，《南昌大学学报》（哲学社会版）1998 年第 6 期。

陈嘉明：《新儒家、心性之学与现代化》，《东南学术》1998 年第 3 期。

罗义俊：《论士与中国传统文化——钱穆的中国知识分子观（古代篇）》，《史林》1997 年第 4 期。

郭齐勇、汪学群：《钱穆学术思想探讨》，《学术月刊》1997 年第 2 期。

李景林：《读〈钱穆评传〉》，《中国哲学史》1997 年第 1 期。

罗义俊：《钱穆及其史学纲要》，《历史教学问题》1997 年第 1 期。

罗义俊：《论钱穆与中国文化》，《史林》1996 年第 4 期。

王晓毅：《钱穆先生文化生命史观的意义——兼论史学的困境与出路》，《史学理论研究》1996 年第 1 期。

成中英：《当代新儒学与新儒家的自我超越：一个致广大与尽精微的追求》，《中国社会科学季刊》1995 年（秋季卷）。

陈卫平：《中国近代的进化论与政治思潮》，《华东师范大学学报》（哲学社会科学版）1995 年第 6 期。

石小晋：《论钱穆的史学思想》，《江汉论坛》1995 年第 6 期。

汤一介：《读钱穆先生〈中国文化对人类未来可有之贡献〉》，《北京大学学报》（哲学社会科学版）1995 年第 4 期。

杨岚：《钱穆的"心论"浅析》，《天津党校学刊》1995 年第 3 期。

罗义俊：《活泼泼的大生命，活泼泼的心——钱穆历史观要义疏解》，《史林》1994 年第 4 期。

辛华：《话说余英时对新儒家的质疑》，《人文杂志》1994 年第 3 期。

陈勇：《从钱穆的中西文化比较看他的民族文化观》，《中国文化研究》1994 年（春）。

陈勇：《略论钱穆的历史思想和史学思想》，《史学理论研究》1994 年第 2 期。

蔡尚思：《天人合一论即各家的托天立论——读钱穆先生最后一篇文章有感》，《中国文化》1993年第1期。

蔡方鹿：《宋代理学心性论及其特征》，《哲学研究》1992年第10期。

翁有为：《钱穆文化思想研究》，《河南大学学报》1992年第4期。

蒙培元：《从心性论看朱熹哲学的历史地位》，《福建论坛》（人文社会科学版）1990年第6期。

钱碗约：《钱穆及其文化学研究》，《武汉大学学报》（社会科学版）1989年第5期。

黄克刻：《现代文化的儒学观照——读钱穆〈文化学大义〉》，《中国文化》1989年第1期。

牟宗三、徐复观、张君劢、唐君毅：《为中国文化敬告世界人士宣言——我们对中国学术研究及中国文化与世界文化前途之共同认识》，载李瑞全、杨祖汉《中国文化与世界——中国文化宣言五十周年纪念论文集》，（台北）"中央"大学儒学研究中心2009年版。

黄克武：《钱穆的学术思想与政治见解》，《台湾师范大学历史学报》1987年第15期。

蒙培元：《浅论中国心性论的特点》，《孙子研究》1987年第4期。

［美］杜维明：《儒学传统的改建——钱穆〈朱子新学案〉评介》，《孔子研究》1987年第1期。

罗义俊：《论钱穆先生的史学对象论——钱穆先生史学方法论探索之一》《史林》1987年第1期。

五　学位论文

柴文华：《现代新儒家文化观研究》，博士学位论文，黑龙江大学，2003年。

崔宇：《钱穆心论研究》，硕士学位论文，河北大学，2021年。

侯宏堂：《从陈寅恪、钱穆到余英时——以"新宋学"之建构为线索的探论》，博士学位论文，华东师范大学，2007年。

刘嫄嫄：《文化卫道的困境与理想：钱穆"传统政治非专制论"考评》，硕士学位论文，上海师范大学，2010年。

芮宏明：《钱穆文学研究述略》，博士学位论文，华东师范大学，2004年。

辛文玉：《钱穆人性论研究》，博士学位论文，河北大学，2023年。

徐国利：《钱穆的史学思想研究》，博士学位论文，中国社会科学院研究生院，2000年。

后　　记

今天，本书终于脱稿。想象中的轻松虽有一点，但更多的是惶惑不安：既担心所作整理与总结片面琐碎失于偏颇，又担心所作分析与挖掘流于表面有失钱穆先生原意。无论如何，6年了，该交稿了，权作引玉之砖吧！

走近钱穆先生，缘于一次次在图书馆中的"偶遇"。因为求学的原因，经常会在图书馆的"B"区搜索，时不时看到一本感兴趣的书，而且还有多个版本。有的版本书很厚而且被翻看得很旧，书皮上印着一位身穿长袍侧身而坐的戴着黑框眼镜的老学者，他若有所思地望向前方，看了名字，叫钱穆。当时心里就想：钱穆是谁？书这么厚并且被很多人看过，一定是个大家吧？怎么没有听说过？但当时网络还不发达，也就是想想，并没有过多地去了解，然后就继续奔着目标图书去了。多次这样的情形之后，偶尔在图书架前目的不是特别明确的时候，也会翻看一下钱穆书里面的内容。记得当时最感兴趣的是《先秦诸子系年》，但看来看去，似乎都是我理解不了的烦琐内容，于是作罢，但心里的崇敬之情一点点生根。

真正走近钱穆先生，是在西北大学中国思想文化研究所读了思想史的博士之后。渐渐地发现：研究孔孟时，能读到钱穆的书；研究老庄时，能读到钱穆的书；研究宋明理学时，读到了更多的钱穆的书。而且，先生半文半白的语言风格既古朴又通俗，喜欢；先生行文流畅，一气贯通，喜欢；先生思维敏捷，创见迭出，喜欢；先生笔力雄健，著作等身，喜欢。于是，读了一些钱穆先生的著作，并且，以先生的朱子学研究作为博士论文选题。

  2013 年博士毕业后，本想趁热打铁，继续向钱穆先生学习，深入研读其作品，由"走近钱穆"进展到"走进钱穆"，但工作中的事务繁忙与家庭中的琐事缠身，使想法一次次被搁置。一直到 2017 年，时间稍稍宽裕一些之后，久被压抑的想法开始蓬勃而出，于是就一点点地将想法落实于行动：再次阅读《钱宾四先生全集》，收集整理相关资料，这项工作又因各种原因在时断时续中进行了 4 年，其间，心急如焚。2022 年年初，正式开始了撰写书稿。又因为疫情和上网课原因，写作时间不断被拉长。好不容易等到疫情稍稍缓解。于是，泥雕木塑一般地在办公室的电脑前僵坐了一个半月，到 7 月初，完成了 80% 的书稿。接下来，又是各种琐事、封校、上网课。直至 12 月，承蒙中国社会科学出版社不弃，在本书尚未杀青之际即愿意接纳书稿，才给本书的面世带来了重要转机，感谢宋燕鹏编审！

  最后，我想说的是：钱穆是继往开来的大思想家，中国文化需要他，中国现实需要他，他的为学宗旨是为了我们的民族、国家乃至全人类。钱穆先生在告别讲坛时说过一句话：你是中国人，不要忘记了中国！我想化用这句话：钱穆是真正的大家，不要忽视了钱穆！

2023 年 9 月 9 日